차별의 성서해석학에서

정(情), 우분투, 아가페의 마음으로 성경읽기

화합의 성경해석학으로

차별의 성서해석학에서
화합의 성경해석학으로

정(情), 우분투, 아가페의 마음으로 성경읽기

제1판1쇄 인쇄 | 2011년 6월 23일
제1판1쇄 발행 | 2011년 6월 30일

지은이 | 김향모
펴낸이 | 박미옥
디자인 | 조완철

펴낸곳 | 도서출판 당대
등록 | 1995년 4월 21일 제10-1149호
주소 | 서울시 마포구 합정동 354-34 엘림오피스텔 602호
전화 | 02-323-1315~6
팩스 | 02-323-1317
전자우편 | dangbi@chol.com

ISBN 978-89-8163-155-0 93210

차별의 성서해석학에서 화합의 성경해석학으로

정(情), 우분투, 아가페의 마음으로 성경읽기

김향모 지음

당대

감사의 말씀

한국과 남아공에 사는 서로 다른 성경독자들 사이에 연합의 본질을 찾고자 하는 인문학자의 인문학적 야심(野心) 추구의 결정판인 이 책을 완성하기까지 아무것도 바라지 않고 그저 도와주신, 아래에 소개한 기관 및 사람들에게 심심(深心)한 감사의 뜻을 표할 수 있게 되어 필자는 기쁜 마음을 감출 수가 없습니다.

우선 필자를 저 머나먼 남아공 케이프타운대학에서 유학할 수 있게끔 경제적으로 지원해 준 대한민국 교육과학기술부 산하 국비유학학위과정프로그램 진행당국과 케이프타운대학 당국에 감사드리며, 국비유학이 현실적으로 가능할 수 있도록 아낌없이 응원해 준 대신고등학교에 또한 감사드립니다.

아울러 케이프타운대학 종교학과에 재직중인 여러 교수님과 직원들께 마음 깊이 감사드립니다. 특히 끝까지 저를 믿어주신 지도교수 웰리 마사미사 박사님과 필자가 연구중 길을 잃고 헤매고 있을 때 등불 역할을 해주신 키레보 퀜다 박사님께도 진심으로 감사드립니다. 두 분의 용기 있는 학자적 판단과 인내심 그리고 아낌없는 격려가 아니었다면 필자가 케이프타운대학 박사라는 지적으로 영예로운 이름을 얻기는 불가능했을 것입니다. 필자를 끝까지 믿어주신 두 학자께 다시 한번 감사드립니다.

논문을 오직 학자적 · 인간적 관심에서 처음부터 끝까지 다 읽어보시고 혜안 있는 충고를 해주신 미국 펜실베이니아대학 및 케이프타운대학 방문교수 데이비드 골던버그 교수 그리고 논문을 체계화하는 데 큰 도움을 주신 필자의 서울대 재학시절 선배학자인 김성은씨께도 감사드립니다.

아울러 논문의 영문본을 편집 및 검토해 주었고, 아프리카의 사랑인 우분투의 본질을 깨닫게 해준 나의 사랑스럽고 아름답고 똑똑한 아내 미리암 시마시쿠에게 진정으로 감사의 뜻을 표합니다. 고향이 케이프타운인 필자의 아들 김 뭘리마 예류는 논문완성의 핵심인 연합의 본질을 찾는 데 영감을 떠올리게 함으로써 논문의 완성에 큰 도움을 주었습니다. 또한 필자에게 삶의 의미를 깨닫게 해주신, 전통적 인식틀을 가지고 사시는 어머니 김인순씨와 동생 김태모를 비롯한 이 땅의 모든 호모 렐리기오수스에게도 심심한 감사를 드리며, 특히 서울대학 재학시절 호모 렐리기오수스의 인문학적 이상을 명강의(名講義)를 통해 필자의 마음속 깊이 심어주신 정진홍 교수님께 감사드립니다. 아울러 케이프타운에서 여호와 하나님의 사랑을 필자에게 가르쳐주신 앙드레 레루, 윌모트 여호와의증인 형제 및 무방가 롬베 자매를 비롯한 여호와의증인 친구들께도 진정으로 감사드립니다.

끝으로 필자의 논문이 학술진흥재단 주최 박사학위논문번역사업 지원 대상에서 안타깝게 떨어졌음에도 불구하고, 재야학자의 꿈을 살려서 필자의 영문논문을 국문으로 번역 · 출간하는 데 흔쾌히 물심양면의 지원을 아끼시지 않으신 당대출판사 심영관 실장님께 각별한 감사를 드립니다.

머리말

이 책은 필자가 서울대학 종교학과 졸업 후 국비유학생으로 선발되어 남아프리카공화국 케이프타운대학 종교학과 석사 · 박사 공부기간 동안 인문학을 공부하면서 화두로 삼은 '차별'의 문제에 대한 고민이 담겨 있는 책입니다. 나와 너의 다름이 곧 차별로 진행되는 현실 속에서, 한국과 남아공 성경해석의 역사를 정치와 문화 그리고 탈근대의 관점에서 비교 정리하고 '차별'에 대한 대안을 아시아와 아프리카 전통종교의 원시적 토양 속에서 발견해 보고자 하는 필자의 인문학적 몸부림을 담은 글입니다. 아울러 절대적 조물주가 실제로 존재한다면, 이러한 차별의 현실에서 뭔가 실질적인 대안을 제시하고 있을 것이라는 꿈을 좇아 실천을 동반한 성경읽기의 가능성, 머리로만 읽는 성경이 아닌 몸으로 읽는 성경의 가능성, 데카르트적 성경읽기가 아닌 실존적 성경읽기의 가능성에 대해 비전을 제시하고 싶은 재야학자의 마음이 녹아 있는 책입니다.

이 책은 필자의 영문 박사논문을 그대로 한국어로 번역하였기에 신학 · 인류학 · 종교학적 사전 배경지식이 있는 독자라면 쉽게 읽을 수 있을 것입니다. 책에서는 이미 학계에서 확립된 데카르트적 성서해석 방식과는 사뭇 다른 한국 및 남아공 전통종교의 토양에서 읽는 성경해석 방식의 가능성을 타진해 보고 있다는 점에서 매우 흥미로울 것입니다.

세부적으로 살펴보면, 1장에서는 현재 인문사회학분야에서 가장 잘 알려져 있는 계보학자, 역사학자, 사회학자, 인류학자, 종교학자, 신학자 들이 본 다름의 이론을 체계적으로 정리하고 있습니다. 여기서는 근대학계에서 '다름'의 화두를 풀어가는 주류 연구시각을 정리하는 한편, 주류 연구시각에서 놓치고 있는 인간에 대한 인간주의적 관점의 시대적 당위성을 공감하게 될 것입니다.

2장, 3장, 4장에서는 한국과 남아공의 성경해석사를 비교검토하면서 다름이 차별로 바뀐 정치적 성경해석사(2장), 서양 기독교와 토착종교의 문화적 충돌 속에서 나타난 문화적 성경해석사(3장), '선택받은 유대인 되기'의 거대담론을 데카르트적으로 해체한 탈근대적 성경해석의 실체(4장)를 맛볼 수 있을 것입니다.

2장을 독해하면서, 독자들은 다름이 차별로 치달았던 정치적 식민주의 시대 일본 기독교인들과 남아공의 아프리카너 기독교인들이 성경을 어떻게 읽었고, 과연 제국주의 시대 일본 기독교인들은 한국의 피식민지 기독교인들을 응원했는지, 정말 성경에는 흑인이 저주받았다고 씌어 있는지, 예수가 검은 피부의 흑인이었다는 설이 근거가 있는지 알게 될 것입니다. 또 한국 민족주의 기독교인들과 민중을 대변한 민중신학자들과 남아공 흑인기독교인들의 성경읽기에 대해서 구체적으로 맛볼 수 있을 것입니다. 이들은 똑같은 성경을 읽고 같은 하나님을 믿는다면서도 하나님의 이름으로 서로에게 총칼을 겨누었던 시대를 살았습니다.

3장에서 독자들은 왜 한국의 종교문화 속에서 단군상 절단 사건이 일어나게 되었는지, 신성한 교회에서 피아노 대신 국악기를 연주해도 되는지, 전통종교를 믿었던 한국인들이 서구 선교사로부터 기독교를 어떻게 받아들이게 되었는지, 정감록에서는 과연 기독교를 말세에 유일하게 의존할 수 있는 종교로 예언했는지, 통일교인들은 성경을 어떻게 읽기에 합동결혼식을 거행하는지를 상세히 알게 될 것입니다.

한편 아프리카 지역에서는 흑인기독교인들이 기독교 수용 후 일부다처의 아내와 어떻게 헤어졌는지 혹은 꼭 헤어져야만 했는지, 정치적 차별의 시대에 흑인은 목사가 될 수 있었는지, 교회에서 아프리카 조상신께 희생제를 어떻게 변형해서 올리는지, 전통종교를 믿었던 흑인 아프리카인들이 서구의 기독교를 받아들였을 때 인식론적 충돌양상은 어떠했는지, 조상신 숭배는 우상숭배인지, 교회에서 성경은 안 읽고 악귀만 몰아내는 치료의식을 해도 되는지, 나사렛파 교인들이 믿고 따르는 이사야 샴베는 통일교의 문선명과 같은 입장에서 예수와 같은 구세주인지에 대한 의문이 자연스럽게 풀릴 것입니다.

4장에서는 탈근대 신학의 진수를 접하게 될 것입니다. 탈근대신학자들이 선택받지 못한 이방인을 전제로 한 선택받은 유대인이라는 근대신학 거대담론의 폭력성을 어떻게 멋지게 극복하고, 동성애 주교 임명이 성경해석상 어떻게 가능하며, 아울러 탈근대 사상가들이 놓치고 있는 가장 중요한 점을 살펴볼 것입니다.

5장은 '다름'의 화두와 관련하여 이미 일어났고 지금도 우리 주변에서 일어나고 있는 차별에 대한 대안을 한국과 남아공 전통종교의 토양에서 찾아보고자 하는 고민이 담겨 있습니다. 특히 엘리아데의 인간주의적 종교학, 한국의 정, 아프리카의 우분투, 기독교의 아가페를 정리하며 머리로 신학을 하는 데카르트적 입장에서 벗어나서 몸으로 보는 '다름'의 실천적 방향성에 대한 필자의 고민이 담겨 있습니다.

그리고 6장에서는 왜 전세계적으로 여호와의증인들이 사생활에 대한 개념이 없이 집집마다 방문하고 있는지, 왜 군대를 안 가고 있는지, 이들 종교의 실천적 의례가 오늘날 다름의 주제가 해체된 탈근대시대에 어떤 의미가 있는지 조명할 것입니다. 이 두 가지 사례를 가지고 필자는 온정적 성경 독자들의 실질적 존재 가능성에 대한 인문학적 희망을 제시하고자 합니다. 마지막장에서는 온정적 성경읽기를 정리하면서 종교적 인간은 성경을 머리로만 읽기보다는 몸으로 읽을 수 있음을, 글을 못 읽어도 성경을 읽을 수 있음을 강조하면서 이 시대의 시대정신인 "위장되고 비신비적인 개인주의"를 다시 한번 생각해 볼 수 있는 또 다른 실존적 · 실천적 화두를 제시하고 있습니다.

현대인들 대부분이 아프리카 전통종교 사상에 깊은 향수를 느끼고 있으며, 지난 제국주의 시대에 힘 있는 사람들이 저지른 종교적 인간을 향한 폭력에 대한 반성이 이 시대의 시대정신으로 어느 정도 자리 잡아 가고 있는 것 같습니다. 어떤 종교학자는 아시아 및 아프리카 전통종교를 믿는 사람들은 서로 침략하지 않는데, 유일신 하나님을 믿는 유대교 · 기독교 · 이슬람교 사람들만 치고받고 싸우고 난리가 아니라고 합니다. 이 책에서는 '온정적 성경해석학'의 가능성을 점치며 전통종교의 토양 속에 있는 사람냄새 나는 성경독자들의 따뜻한 시선으로 성경을 읽어볼 수도 있다는 필자의 인문학적 소망이 잘 담겨 있습니다. 인문학에 관심 있는 사람이라면 이 책을 통해 모두 이런 꿈을 한번 함께 꿔보시길 희망합니다.

2011년 5월

아프리카 검은 아내의 남편이자
검은 피부를 가진 두 아이의 아빠가
세상을 향해 '다름'을 주제로 첫번째 화두를 던집니다.

차 례

[프롤로그]

성서와 성경

The Bible as Text versus The Bible as Scripture

통시적 관점에서 본 문화정치학에서 다름의 주제는 차별적 흐름으로 진행되어 왔다. 푸코는 계보학에서 '지식'과 '권력' 담론이 이성적이면서도 확고부동한 자아를 어떤 식으로 이분법적인 차별구조의 수동적 주체로 해체해 왔는지 역사적으로 분석하였다(Foucault 1989). 정치적 이해관계를 함께하는 특정 단체의 사람들은 자신들도 모르게 다른 단체에 속한 사람들을 차별해 왔다. 이해관계가 서로 다른 개인들은 다름 그 자체의 긴장을 유지하면서 그 상태에 머물러 있지 않고, 차별이라는 이름으로 분류될 수밖에 없는 수동적 주체가 되어버린다.

특히 한국과 남아프리카공화국(남아공)의 정치적 정황 속에서 태동한 정치적 성경해석학은 이러한 차별적 경향을 명확히 보여주었다. 예컨대 한국과 남아공의 식민주의 역사에서, 한국의 식민주의자인 일본 기독교인들은 성경을 제국주의적 관점에서 해석하였고 남아공 식민주의의 주역인 아프리카너 기독교인들은 성경을 인종주의적 관점에서 해석하였다. 이를 통해 기독교인 식민주의 주역들은 토착 한국인들과 아프리카인들을 경제적 착취의 대상이자 정치적 야욕의 희생양으로 삼는 데 거리낌이 없었다.

그러나 한편으로는 성경해석학이 핍박받는 사람들에게 해방의 출구로 이용되기도 하였다. 예컨대 일본제국주의 시대에 한국 기독교인들은 해방과 독립에 대한 열망을 가지고 성경을 읽었으며, 남아공 아파르트헤이트 시대에 흑인기독교인들은 성경을 해방의 도구로 받아들였다. 이들은 모두 자신들의 지배자인 식민주의자들을 악한 세력이라고 규정하였다. 양쪽 어느 경우든 성경을 읽는 기독교인들은 하나같이 한국과 남아공을 지배하고 있는 거대담론에 종속되어 서로를 차별하였다. 서로가 다르기에 생겨날 수밖에 없는 다름의 긴장을 연합으로 승화시키기보다는 오히려 서로를 적(敵, 원수怨讐)으로 규정했던 것이다.

같은 하나님을 믿는다면서 서로를 원수 취급한 한국과 남아공의 역사적 · 정치적 현실에서, 한국과 남아공의 정치 · 문화적 정황을 배경으로 한 온정(溫情, 인간에 내재된 마음 따뜻한 사랑)적 성경읽기의 실체를 모색하고 이를 통해 다름의 긴장을 연합(결합)이라는 큰 물줄기로 바꿀 수 있는 새로운 차원의 성서해석학의 존재 가능성을 찾고자 한다. 이것은 다름의 긴장을 해소하고 그 긴장을 연합으로 승화시키는 꿈을 현실화할 수 있다는 점에서 매우 중요하다 하겠다.

엘리아데의 성현(聖顯)에 대한 창조적 해석학과 '종교적 인간'(Homo Religiosus) 개념은 새로운 성경해석학에서 연합의 요소를 추구하는 데 매우 효과적인 방법론적 도구이다. 그리고 한국과 남아공의 전통종교 윤리인 정(情)과 우분투(Ubuntu)는 새로운 성경해석학에서 연합의 본질을 보여주는 데 촉매제 같은 역할을 할 수 있다. 이러한 연합의 요소는 거시적 차원에서 성경의 사랑윤리와 연결될 수 있다. 연합의 요소들의 본질적 동일성을 바탕으로 '온정적 성경해석학'이라는 새로운 성경해석학이 탄생할 수 있는 것이다. 즉 거시적 차원에서 볼 때 엘리아데의 종교적 인간, 정, 우분투, 성경의 아가페는 모두 본질이 같으며 그 본질은 인간의 따뜻한 마음에서 우러나오는 보편적 사랑, 온정(溫情)으로 집약될 수 있다. 온정적 성경해석학은 보이지 않게 지배적 영향력을 행사하고 있는 정치 · 문화적 담론을 넘어서서 인간의 따뜻함을 특징으로 한 인문학의 야심찬 이상을 실현시키는 데 공헌할 수 있다.

요컨대 이 책은 첫째, 성경을 읽는 독자의 정치적 정황에 따라 한국과 남아공의 성경해석학이 어떤 식으로 정치적 도구로 이용되어 왔는지를 통시적 관점에서 추적한다. 이로써 정치적 이해관계가 다른 성경독자들간의 차별성으로 그 정체성이 뚜렷이 드러나는데, 여기서는 이를 '극단적 분리' 혹은 '차별성'의 원리로 이해한다.

둘째, 한국과 남아공의 문화적 정황에서 탄생한 성경해석학의 양태가 서로 다른 종교문화의 충돌에서 비롯된, 다름에서 차별로의 경향을 어떤 식으로 극복해 왔는지 서술하고 있다. 여기서는 이것을 '흡수'의 원리로 이해한다. 흡수의 원리는 다름의 긴장을 극복하기 위해 성경독자가 한쪽의 종교문화를 중심으로 동일성을 추구하는 모습에서 잘 나타나며, 또 차별적 흐름으로 나아갈 수밖에 없는 다름의 긴장을 다른 방향으로 해소할 수 있는 중요한 단서를 제공한다. 첫번째 '극단적 분리'의 원리가 성경독자의 정치적 현실주의에 기반을 둔 것이라면, 두번째 '흡수'의 원리는 학구적 이상주의에서 도출된 것이다.

셋째, 다름의 차별적 흐름을 연합으로 전환시킬 수 있는 온정적 성경해석학의 기본 정신인 연합(결합)의 본질적 요소를 찾으려고 한다. 이를 '연합'의 원리로 이해하고 있는바, 연합의 원리는 한국과 남아공의 전통종교 윤리이자 성경의 핵심 주제인 '사랑'으로 구체화될 수 있다. 특히 앞의 '극단적 분리'(정치적 이상주의)와 '흡수'(학자적 이상주의) 원리는 성경윤리인 '사랑', 한국의 전통종교 윤리인 '정'(情), 남아공의 전통종교 윤리인 '우분투'로 대표될 수 있는 이 '연합'의 원리로 조화를 이룰 수 있다. 이 책에서는 연합의 원리가 온정적 성경읽기라는 이름으로 재조명됨으로써 서로 다른 성경독자들 사이에 연합할 수 있는 방법론적 화두(話頭)를 제시한다.

성서와 성경, 비교의 방법

이 책은 고전적인 역사신학자들의 역사비평적 성서해석 접근방식, 즉 성서(The Bible)를 역사비평적 연구대상으로서 인간의 역사서적(historical text)으로 바라보는 방식에서 나아가 하느님의 말씀, 즉 경전(Holy Scripture)으로 파악함으로써, 한국과 남아공의 정치문화 정황(context) 속에서 엘리트 기독교인들의 지적 성경읽기와 평범한 기독교인들—글을 못 읽는 사람들, 글은 읽어도 성경을 지적으로 읽기보다 마음으로 읽는 사람들, 머리로 읽기보다 몸으로 읽는 사람들—의 고백적 성경읽기 사이에서 생겨나는 '다름'(difference)의 긴장이 어떻게 전개되어 왔는지 그 역사적 자취를 살펴보고, 서로 다른 정치 · 문화적 정황 속에 살아온 기독교인들의 성경해석 측면에서 연합(unity) 가능성을 모색한다.

정치 · 문화적으로 상이한 상황에서 기독교인들의 성경해석을 역사적으로 비교 검토하고 성경을 읽는 기독교인들의 다양한 해석 즉 '다름'을

'연합' 으로 승화시키기 위한 성서해석의 요소를 찾는다는 점에서, 이 책은 분명 엘리아데식의 종교 비교방법, 즉 상동적 혹은 계보학적(homology or geneology)[1] 입장을 취하고 있다. 한편 조나단 스미스는 엘리아데식의 근대적 '원형 찾기' —이 책에서는 각기 다른 정치 · 문화적 정황에 살고 있는 성경 읽는 이들 사이에서 성경해석 측면의 연합적 요소 찾기—가 역사적 허구일 수밖에 없고 과학적 · 분석적 연구태도가 아니기 때문에 진정한 비교연구방법론은 상사적 유비관계(analogy)[2]를 전제로 해야 한다고 주장한다(Smith 1990). 스미스의 비교연구방법론이 기존 종교학계의 원형 찾기라는 근대적 횡포에 맞서, 탈근대적(post-modern) 지평에서 나온 비교방법론임을 고려할 때, 이 책의 '성경독자 중심의 해석방법' (The Bible reader oriented hermeneutics)은 근대의 절대 불변의 성서적 진리 찾기를 위주로 하는 '성서 중심의 해석방식' (The Bible text oriented hermeneutics)[3]을 지양(止揚)한다는 점에서는 스미스와 맥을 같이한다. 한마디로 이 책의 연구방법론은 탈근대적 지평에서 나온 독자 중심의 성경읽기 방식을 지향(志向)하고 있다. 그러면서도 성경을 읽는 독자들의 정치적 · 문화적 현실에서 서로의 조화의 요소, 통합의 요소를 찾기 때문에, 비교방법 면에서 엄밀하고 과학적이지 못하다는 스미스의 비판을 뒤로하고 엘리아데식 근대적 비교접근법도 함께 사용한다.

요컨대 엘리아데의 상동적(계보학적) 비교방법론과 스미스식의 탈근대적 지평과 어울리는 성경독자 중심 해석방식을 사용하는 이유는, 첫째 한국과 남아공의 정치 · 문화적 정황이 각각의 역사적 상황에 따라 다를 수밖에 없음에도 불구하고 과감하게 그 속에 살고 있는 기독교인들의 성경읽기 차원에서 공통요소를 찾는 이 책의 대의를 충족시키기 위함이고, 둘째 엘리트 기독교인들뿐 아니라 그동안 소외받은 평범한 기독교인들의 고백적 성경 해석의 목소리에 중점을 두기 때문이다.

이 책에서 말하는 성서해석학이란?

'성서해석학'은 통시적으로 "무비판적 수용을 특징으로 하는 중세의 전근대적 해석학 전통"에서 "근대의 성서학제에 따른 성경텍스트 중심의 역사비평 방식"을 거쳐 '탈근대시대의 독자 중심 비평'에 이르기까지 해석학의 양태가 다양하고 변화가 많은 만큼 그 개념을 특정한 성서해석 방식으로 규정짓기가 쉽지 않다(Aichele 1995, p. 13). 그럼에도 불구하고 오늘날 세계학계의 주류해석학 입장은 주로 독자 중심의 탈근대적 해석학이라는 데 대해서는 이견(異見)이 많지 않다(Lategan 1984; West 1996; Adams 1997; Leffel 2004).

리쾨르가 해석학분야에서 선언한 그 유명한 '의심의 해석학'(Ricoeur 1970)은 성서텍스트에 관심을 두었던 해석학 경향이 이제 독자 쪽으로 선회하고 있음을 알리는 신호탄이었다(Robinson 1995; Berlinerblau 1999, p. 31; West 1991, p. 28; Tracy 1987, p. 79). 비록 아담은 의심의 해석학이 데카르트의 철학 기반에서 나온 의심할 수 없이 확고부동한 '근대의 절대적 토대'[4]를 바탕으로 성서텍스트 안에서 반드시 숨어 있어야 하는 무시무시한 진실을 발견하고자 하기에 근대의 역사비평적 성서해석학의 연장선상에 있는 것으로 파악해야 한다고 하지만(Adams 1995, p. 12), 리쾨르의 의심의 해석학은 "텍스트의 허위의식 및 텍스트에 대한 잘못된 이해"를 폭로한 점에서 근대 역사비평과의 인식론적 단절을 명확히 선언하고 있다(Ricoeur 1970, pp. 33~34).

나아가 에첼레는 '독자 중심의 탈근대 비평'은 성서주석에서 코페르니쿠스적인 혁명과 같은 역할을 하고 있다고 강조한다(Aichele 1995, p. 13). 독자 반응비평은 성서비평가들이 이제 역사비평에서 벗어나 탈근대 해석학으로 전반적으로 이동하고 있음을 보여주고 있다는 것이다. 웨스트의 세 가지 방식 콘텍스트를 바탕으로 한 성경읽기 역시 '텍스트 안 중심'(저작비평)에서 '텍스트 뒤(배경) 중심'(텍스트의 사회 · 역사 · 문화적 정황 연구)을 거쳐 '텍스트 앞 중심'(독자의 정황 연구)으로 성서주석의 역사적 변화양상을 종합적으로 보여주고 있다(West 1993).

매우 다양하고 다변화한 근대의 성서텍스트 중심의 역사비평적 해석연구법이 존재함에도 불구하고, 오늘날의 탈근대적 특징을 띠고 있는 '독자 중심의 성경읽기'는 성경해석학에서 다름의 주제가 역사적으로 한국과 남아공의 정치 · 문화적 맥락에서 어떻게 구성되고 또 재구성되었는지 가장 잘 보여준다. 에첼레 역시 탈근대적 독해법에서는 과거의 전통적 해석방식 자체를 배타적 지배의 시작, 즉 정치적 권력게임이라고 비판하는 점을 강조한다(Aichele 1995, p. 3). 이러한 '독자 중심의 성경읽기'에 더하여 이 책에서는 성경독자를 일반적으로 두 집단—첫째 '역사적 저작 비평에 능한 근대적 양식의 성서해석'과 '탈근대 성서해석'에 능한 엘리트 신학자집단, 둘째 성경을 하나님의 말씀으로 여기며 우리 주변에서 흔하게 볼 수 있는 일반교회에 다니는 신도들—으로 구분하여 다음과 같이 성서해석학을 폭넓게 정의한다.

성서해석학이란? 성경독자의 다양한 정치 · 문화적 정황을 고려한 성서해석이다. 이는 성경을 믿음으로 받아들이는 일반신도들의 말씀에 대한 이해와, 성서를 학문적 연구대상으로 보고 학자적 통찰력을 바탕으로 역사비평적인 분석을 주로 하는 신학자들의 성서텍스트 해석, 양자 모두를 포함한다.

드레이퍼스와 래비나우가 언급한 바와 같이, 일반신도의 해석학은 일상생활에서 경험하는 삶의 의미와 진리를 발견하는 일종의 '감탄사'인 반면 근대 성서학자들의 성서해석학은 오래전부터 왠지 모르게 고의적으로 반드시 숨겨져 있어야 하는 깊이 있는 진리를 추구한다는 점에서 '의심의 해석학'이라 분류되었다(Dreyfus & Rabinow 1982, p. xix). 근대 성서학자들은 일반신도들의 '평범하고' '세련되지 않고' '틀에 박힌' 성경읽기를 무시하는 경향이 많지만, 통시적 관점에서 보면 한국과 아프리카의 성경독자들이 엘리트 성서학자들처럼 성경을 읽을 수 있었던 것은 아니다. 어떤 이들은 문맹이었고 무엇보다 그들은 여전히 전통적인 인식틀로 성경을 이해하고 있었다. 다시 말해 대다수의 한국과 아프리카 성경독자들은 머리로 성경을 읽기보다 정치 · 문화 · 종교적 경험으로써 성경을 이해하고 해석하였으며, 이러한 경험은 다양한 종교적 실천의례로 구체화되었다(이 책 제2장과 제3장 참조). 근대 성서학자들의 해석의 출발점 역시 아이러니하게도 탈근대 성서학자들에게 비판의 대상이 되었는데, 이는 근대 성서학자들이 사회구성원들은 자신들의 인생에서 별로 큰 비중을 차지하지 않기에 대다수가 잘 알지도 못하는 사실을 대상으로 그것에 다른 의미를 부여하고 이해하기 어려운 심오한 의미를 찾는 데 집착함으로써 대중과 유리된 해석학을 하였기 때문이다(Dreyfus and Rabinow, 1982, p. xx).

그리하여 이 책에서는 독자 중심의 탈근대적 해석학의 관점에서 근대

신학자들의 학문적 연구대상인 '텍스트로서의 성서' 뿐 아니라 일반신도들의 믿음의 대상인 '경전으로서의 성경' 까지 성서해석 연구의 출발점으로 삼고 있다(McKnight 1988). 이는 필자의 연구목적을 달성하는 데 필요충분조건이며, 바로 그 때문에 성서해석학 용어를 새롭게 정의할 필요가 있었다.

[주]

1. "X는 Y를 닮았다"라는 형식의 비교방법을 말한다. 예컨대 인간의 손과 고래 지느러미는 겉보기엔 다른 것 같지만, 유전학적 계통을 거슬러 올라가 보면, 똑같은 원형에서 출발한다는 설명이다. 이러한 원형 찾기 비교접근법은 프레이저 · 캠벨 · 엘리아데가 주로 사용한 접근법인데, 포스트모던시대의 조나단 스미스 같은 학자들로부터 통렬한 비판을 받게 된다. Smith 1990, p. 51.
2. "어떤 기준으로 볼 때 X는 Z와 Y를 더 닮았다" "어떤 기준으로 비교해 볼 때 X는 W가 Z를 닮은 것보다는 Y를 더 닮았다"라는 형식의 비교방법을 말한다. 예컨대 고래 지느러미와 물고기 지느러미는 계보학적 측면에서는 다르지만, 즉 원형은 다르지만 겉보기에는 닮았다. 조나단 스미스는 이러한 비교분석방법이 종교학 전통에서 학자들이 사용해야 할 방법이라 권한다. 같은 책, p. 61 ; Gill 1998.
3. 최근 발표한 Goldernberg 교수의 "The Curse of Ham"(2003)은 역사적 측면에서 본 성서중심해석방식을 잘 보여주고 있다. 여기서 그는 역사적 관점에서 본 성서텍스트를 가지고 흑인의 조상으로 여겨져 왔던 저주받은 Ham의 신화적 측면과 서구의 역사정치학적 측면을 분석하면서, 인종주의와 관련된 성서텍스트의 정치적 오용을 어원적으로 증명한다. 성서구절(text)에 숨겨진 진리를 밝히고자 한 것이다.
4. 적어도 이 세상에 확실한 것 하나는 존재한다. 그것은 바로 내가 '생각한다' (cogito)는 것이다.

1. 다름이란

이 장은 지금까지 주류 근대신학의 해석학 관점에서는 성경독자들의 정치적 · 문화적 정황을 자세히 논의하기보다 소홀하게 다루는 경향이 있다는 전제 아래, 인류학자나 종교학자의 폭넓은 시각을 바탕으로 다름의 이론을 전반적으로 논의하고 있다. 다양하고도 역동적으로 변해 온 다름에 관한 정치 · 사회 · 문화적 담론은 다음과 같이 크게 세 가지 흐름으로 구체화시킬 수 있다.

첫째, 조던과 위던의 문화정치학에서 문화의 역할 분석(Jordan & Weedon 1995), 푸코의 자아(the self)에 대한 계보학적 분석(Jordan & Weedon 1995), 지라르의 성스러움(聖, the sacred)에 대한 통시(通視, Girard 1978; 1986; 1987), 더글라스의 새로운 분류체계인 이율배반론(antinomy, Douglas 1996)은 정치 · 사회 · 문화적 정황에서 다름의 물결이 어떤 식으로 '차별' 혹은 '극단적 분리' 로 흘러가게 되었는지 이론적으로 밝혀주고 있다. 둘째, 엘리아데의 성현(聖顯, hierophany)의 변증법은 한 학자가 '동일성 추구' 의 차원에서 어떤 식으로 다름의 긴장을 이상적으로 해소시킬 수 있는지 보여주고 있다(Eliade 1959; 1974; 1976). 셋째, 스미스의 다름에 대한 탈근대적 접근법은 다름을 "다름의 긴장 그 자체를 즐기는 유희"의 차원으로 승화시킴으로써 또 다른 측면의 다름의 흐름을 보여주고 있다(Smith 1978; 1986; 1990).

이상 세 가지 흐름은 정치 · 사회 · 문화적 담론이 사회 속의 구성원들의 주체(자아, 성경독자)를 어떤 식으로 만들어가고 해체시키고 재구성해 가는지 구체적으로 설명해 준다. 오늘날 학계에서 다름의 긴장을 연합으로 구성해 보려는 노력에 대해 충분한 검토가 이루어지지 않고 있고 또 근대학계의 '종교적 인간'에 대한 관점이 다소 기능적으로 치우쳐 비판의 여지가 많다는 점에서, 이 장에서는 연합으로 흘러갈 수 있는 다름의 방향성을 진지하게 고민한다. 즉 역사적으로 다름의 주제가 어떻게 발전해 왔는지 요약하고, 이러한 변천사가 이 책 전반에서 논의되고 있는 성경해석사에도 적용될 수 있음을 보여주고 있다.

1) 다름에서 차별로: 정치적 현실주의

이분법적 차별구조에 종속된 수동적 주체성

조단과 위던이 명시한 것처럼, 문화정치학 영역은 공식적 문화와 이에 종속된 문화, 드러난 문화와 숨어 있는 문화, 서술된 역사와 주변으로 밀려난 역사 등 크게 이분법적 분류체계로 서술되고 있다.

누구의 문화가 공식적인 것이고 누구의 것이 종속된 것인가? 어떤 문화

> 가 전시될 가치가 있는 것이며 또 어떤 문화가 숨어 있어야만 하는 것인가? 누구의 역사가 기억되어야 하며 누구의 역사가 잊혀야 하는 것인가? 사회적 삶 중에 어떤 삶의 이미지가 표면에 서술되어야 하며 어떤 이미지가 주변화되는가? 어떤 목소리가 들려지는 것이며 어떤 목소리가 침묵을 강요받고 있는가? 누가 누구를 대변하고 있는 것이며 도대체 무슨 근거로 그렇게 하고 있는 것인가? 바로 이것이 문화정치학의 영역이다. (Jordan & Weedon 1995, p. 4)

그리고 해리슨은 '공식적 역사와 비판적 역사'의 이분법적 분류체계를 전제로 차별이라는 특징이 명확하게 드러나는 공식적 역사를 다음과 같이 서술한다. "공식적 역사는 체제에 저항하는 반대와 저항의 목소리를 억압하였고 과거를, 간직할 가치가 있는 승리의 역사 혹은 그럴 수밖에 없었던, 반드시 필요했던 역사로 서술하고 있다."(Harrison 1985, p. 250)

한편 지룩스는 이러한 차별적인 이분법적 분류체계는 '근대주의적 문화정치학'에서 도출되었다고 설명한다.

> 근대주의적 문화정치학에서 유럽 문화는 문명의 중심이고, 상류문화는 일상을 바탕으로 한 대중문화와는 정반대되는 용어로 정의되며, 중요한 기억을 되찾는 역할을 하는 역사는 여러 가지 이미지들만으로 넘쳐나는 홍수로 묘사되고 있다. (Giroux 1991, p. 22)

특히 지룩스는 문화의 역할에 주목하여, 문화는 '지배, 종속, 불평등'의 관계를 결정하는 경계를 만들어내는 원리라고 강조한다(같은 곳). 이로써 다름의 주제는 '극단적 분리' 혹은 '차별'의 이름으로 문화정치학에서 구체화된다.

조단과 위던은 인간이 왜 차별적 이분구조 속에서 살아왔는지를 '자기정체성'과 '자기주체성, 즉 자기주체화' 개념을 가지고 설명한다. "자기정체성(identity)이란 주로 자아에 대한 의식적 지각을 말하며, 자기주체성 혹은 자기주체화(subjectivity)란 자아의 무의식을 수용하며 나아가 잠재의식 차원까지 포함할 수 있고 자기모순성, 스스로 변해 가는 과정, 변화의 결과물"을 의미한다(Jordan & Weedon 1995, p. 15). 이처럼 "자아의 무의식 및 잠재의식 차원"을 포함한 자기주체화 개념에서 볼 때, 자기주체성은 본인의 의도와 상관없이 문화정치학의 '지식과 권력' 담론 메커니즘에서 생겨난 지배구조에 무의식적으로 종속될 수밖에 없다. 다시 말해 자기주체성은 사회적이면서도 문화적인 구성물이다. 바로 이 점에서 조단과 위던은 문화의 역할을 강조한다. "다소 급진적 이론이라 할 수 있는 구조주의 학자와 탈구조주의 학자의 이론에서는 다름 아닌 문화가 자기주체성을 결정한다."(같은 책, p. 8). 이들이 논하는 문화정치학에서는 지식과 권력의 지배담론 구조에 종속된 개인의 수동적 주체성이 핵심 주제인 것이다.

코페르니쿠스 시대 전에는 지식을 대표하는 지배담론이 천동설이었으나 코페르니쿠스를 계기로 지동설로 바뀌었다. 코페르니쿠스 시대 전의 사람들은 태양이 지구를 돈다고 믿었지만 오늘날 사람들은 지구가 태양을 돈다고 확신한다. 마찬가지로 문화정치학의 역사에서는 인종주의, 계층주의, 성차별주의, 인도주의적 자유주의로 대표되는 시기가 존재했다.[1] 문화정치학에서 지식과 권력 담론의 메커니즘에 종속된 개인의 수동적 자기주체성을 고려할 때, 인종주의 · 계층주의 · 성차별주의가 지배담론이던 시대에는 지배층에 속한 사람들은 피지배층 사람들을 차별했다. 반대로 인도주의적 자유주의 시대에는 무릇 인간은 평등하게 대우받아야 한다는 거대담론의 힘에 종속되어 사람들은 앞의 명제를 인정할 수밖에 없었다.

요컨대 인종차별주의자이건 인도주의자이건 사람들의 주체성(subjectivity)은 스스로를 문화정치학의 역동관계 속에서 수동적 주체라고 여기기보다는 논리적으로 완전하고 정확하고 일관된 의식을 가진, 자기정체성(identity)이 뚜렷한 주체로 파악한다. "남성성(masculinity) 혹은 여성성(femininity) 같은 사회적 구성물인 자기주체성은 가끔씩 자기모순적이지만, 그럼에도 불구하고 우리는 스스로를 논리적으로 정확히 맞는 일관된 의식을 갖고 있는 자기정체성이 뚜렷한 주체로 여긴다."(같은 책, p. 16) 바로 이런 이유 때문에, 사람들은 문화정치학의 권력과 지식 담론 메커니즘에서 파생된 지배적 구조에 종속되어 자신의 수동적 주체성을 인식하지 못한 채 다른 사람들[他者]을 차별해 왔다.

마찬가지로 푸코 역시 '지식과 권력' 담론의 메커니즘에 의해 여성, 동성애자, 사회적 약자들의 역사가 어떤 식으로 슬럼화되어 왔는지 분석한 바 있다(Foucault 1979; 1989). 이들은 '지식과 권력' 이라는 담론에 의해 만들어진 피구성체로서 세상의 소외된 곳으로 주변화되었다. 이런 점에서 한국과 남아공 식민주의의 역사적 배경을 보면, 억압자의 정치 · 문화적 제도에 속해 있는 사람들은 피억압자의 정치 · 문화적 제도에 속한 사람들을 차별하였다. 한국에서 식민주의의 주인인 일본 성경독자들, 남아공에서 식민주의 주인인 아프리카너 성경독자들은 이러한 차별성을 보여주는 대표적인 예라 할 수 있다.

상류문화–하류문화, 드러나는 문화–숨어 있는 문화, 공식적 역사–비판적 역사, 서술된 역사–주변으로 밀려난 역사와 같은 이분법적 분류체계는 근대의 문화정치학에서 문화의 작용으로 지속되어 왔다. 또 푸코는 '지식과 권력' 이라는 지배담론의 메커니즘에 의해 수동적 주체화로 특징지어지는 자아를 계보학적으로 분석하여 드러냄으로써 결국 자아해체를 선언하며 이러한 차별적 구조의 존재성을 증명한다(같은 책). 이리하여 다름의 주제는 문화정치학에서의 '극단적 분리의 원리' 로, 다시 말해 '차별' 적 흐름으로 나타났다(Kaplan 1987, p. 194).

폭력: 차별의 또 다른 이름

푸코가 계보학적 관점에서 지식과 권력의 지배담론 메커니즘을 분석하여 차별이라는 이분법적 구조에 종속된 개인의 수동적 주체성을 강조하였다면(Foucault 1979; 1988; 1989), 지라르는 다양한 고대신화에 대한 분석을 토대로 세상이 차별과 폭력으로 가득한 이유는 인간의 모방본능 때문이라고 주장한다(Girard 1978; 1986).

지라르는 모든 사람들에게 모방본능이 있고 이 모방본능이 세상의 무질서와 폭력의 원인이라고 말한다. 예컨대 우리는 다른 사람이 빵을 먹는 것을 보면 왠지 모르게 자신도 빵이 먹고 싶어지는데, 그 이유는 배가 고파서라기보다 그 사람의 행동을 따라하고 싶기 때문이라는 것이다(모방본능). 이때 빵의 공급이 충분하여 모든 사람의 욕구를 충족시킬 수 있고 분배 역시 공평하게 이루어진다면 사회 · 경제적 문제가 발생하지 않겠지만, 먹고 있는 행동을 모방하는 사람들이 점점 더 많아져 그 사람이 먹고 있는 똑같은 빵을 먹고 싶어한다면 모방본능의 공통 대상인 빵은 곧 사라질 터이다.

빵의 사례에서와 같이, 지라르는 프로이트가 발견한 오이디푸스 콤플렉스[2)]를 모방본능으로 설명한다(Girard 1978). 오이디푸스 콤플렉스가 성적 욕망(리비도)에 기초하여 그 대상이 어머니 쪽으로만 치우쳤다면, 모방본능 추구는 태어날 때부터 결정된 대상에 대한 욕망추구와는 거리가 멀다. 다시 말해 남자아이든 여자아이든 어머니라는 대상에 대한 집착보다는 어머니로부터 사랑받는 아버지의 행동을 모방하고 따라한다는 것이다.

흥미롭게도 이러한 개인의 모방본능은 가족과 같은 소규모 대인관계 속에서만 영향을 끼치는 것은 아니다. 더 많은 사람들이 빵을 먹는 행위에 대한 욕망이나 어머니로부터 사랑받고자 하는 욕망을 모방하고 따라할수록, 욕망대상인 빵 혹은 어머니는 한정된 공급으로 인해 그만큼 빨리 부족해져서 결국 사라진다.

일단 이 욕망대상이 사라지면 '모방본능의 광기'가 강렬해져 정점에 이르게 되고, 이들의 가족과 공동체는 폭력이라는 태풍 전야를 맞이하게 된다. 이런 극단적 긴장을 누그러뜨리기 위해, 이들 모두는 연합하여 하나의 희생양을 찾는다. 마침내 희생양은 이들의 폭력으로 처형되고 희생양은 곧 희생제물로 봉헌된다. 이러한 의례과정을 통해서 사회는 통합되고 질서가 회복된다. 지라르는 이렇게 말한다. "갈등관계를 초래한 모방은 결국 공공의 적을 향한 사실상의 연합으로 바뀌어 결국 최고조의 위기 다음에 나오는 결과는 다름 아닌 공동체 구성원들 전체의 화해이다."(Girard 1987, p. 26) 희생양을 처형시킨 뒤, 이들은 죄책감을 없애고자 자신들이 처형시킨 희생양을 이제는 성스러운 대상으로 신격화시킨다. 지라르의 가설은 결국 '모방본능 추구하기' '희생양 만들기' '폭력이론' 등의 이론으로 정리될 수 있다(Golsan 1993, p. 88).

오이디푸스 신화에서, 오이디푸스는 자신의 모방본능을 좇아 고대그리스 도시국가 테베의 왕 아버지 라이우스(Lious)를 따라한다. 모방본능의 정점에서, 오이디푸스는 아버지를 살해하고 자신의 어머니인 아버지의 아내를 자기 아내로 맞이한다. 아버지의 왕권을 빼앗아 새로운 왕이 되는 과정을 통해 오이디푸스는 아버지에 대한 모방본능을 완벽히 발현하여 결국 자신과 아버지를 동일시한다. 아버지 사후 테베에 역병이 만연해지자, 역병을 막고자 테베 사람들은 오이디푸스를 희생양으로 삼는다. 오이디푸스가 희생양이 된 이유는 그가 희생자의 표징을 보였기 때문이다. 그 표징이란 "오이디푸스의 약점(오이디푸스는 절름발이였다), 유아기 때 다른 도시에서 성장한 것, 외국인, 테베에 온 손님, 테베의 왕으로서의 그의 위치를 말하는데 이 모든 요소가 희생양이라는 낙인이 찍히기에 충분했다"(Girard 1986, p. 26).

나아가 그는 아버지를 살해하고 근친상간을 함으로써 사회질서를 무너뜨린 위협적인 존재였다. "부친살해와 근친상간은 개인과 집단의 벽을 허물어 양자를 공공연하게 연결시켜 주는 매개체와 같은 역할을 하는데, 이러한 범죄는 사람들로 하여금 서로 다름이 존재한다는 다름의 경계를 잊게 함으로써 그 파장이 공동체 전체에 미치는 매우 전염성이 있는 요소"라고 지라르는 설명한다(같은 책, p. 25). 따라서 사회의 위계질서를 무너뜨린 오이디푸스는 죽어 마땅했다. 한편 오이디푸스는 이런 실수를 고의가 아니라 잘 몰라서 저질렀는데, 바로 이 때문에 예언자는 오이디푸스에게 그가 죽을 때는 평화롭게 죽을 것이며 그의 무덤은 신성시되고 축복받을 것이라는 신비한 계시를 내린다.

이와 같이 지라르는 오이디푸스 신화를 가지고도 '모방본능 추구하기' '희생양 만들기' '폭력이론'을 설명하는데, 이 이론은 또한 성경에 나오는 예수와 '카인과 아벨 이야기'에도 적용될 수 있다.

예수는 성육신(聖育身)으로 잘 알려져 있다. 예수는 신으로서의 특별한 능력이 있어 예언하고, 치료하고, 죽은 자를 되살리는 것으로 알려져 있었다. 예수시대 사람들은 예수의 능력을 모방하고 싶어했다. 그러나 이런 신적 능력은 누구에게나 주어질 수 있는 공급이 풍부한 성질의 것이 아니었다. 사람들의 능력은 부족하나 그들의 모방욕구는 급기야 극도의 광기에 이르러 공동체는 일촉즉발의 폭력으로 팽배해졌다. 이렇게 폭력 가능성이 정점에 이르렀을 때 그 방향은 공공의 적인 예수에게 집중되었고 결국 예수는 희생양으로 낙인찍혀 처형당했다. 하지만 예수를 죽인 사람들의 후손은 조상들의 죄를 씻고자 예수를 신(神)으로 다시 신성화함으로써 예수를 죽였다는 죄책감에서 벗어나고자 하였다.

양치기 아벨은 첫번째 태어난 양을 제물로 바침으로써 야훼의 총애를 받았다. 그런데 땅을 일구는 카인은 곡식을 바쳤으나 야훼의 총애를 얻지는 못했다. 이에 모방본능을 발현시켜 카인은 아벨이 곡식이 아닌 어린 양을 야훼께 바친 것처럼 동생 아벨을 죽여 희생제물로 바쳤다. 야훼는 아벨을 살해한 벌로 카인을 추방시켰으나 카인에 대한 보호 차원에서 그에게 표적을 남겨 카인을 죽인 자는 일곱 배의 처벌을 받으리라고 천명한다. 그리고 카인은 '에덴의 동쪽' 땅에 정착하였다(Golsan 1993, p. 90).

지라르는 고대그리스 신화텍스트와 성서텍스트의 차이에 주목하였다. 오이디푸스는 부친살해, 근친상간과 같은 대죄(大罪)를 범해 죽어 마땅했다. 하지만 예수와 아벨은 아무런 죄 없이 살해되었다. 그리고 성서에서는 박해자인 카인이나 로마인들 대신 아벨이나 예수 같은 희생자에 대해 논의를 집중하고 있다. 그리스신화의 오이디푸스 왕에서 박해자인 테베 사람들은 절름발이, 부친살해, 근친상간과 같은 오이디푸스의 결함에 주목하여 그들의 폭력을 정당화시켰다. 오직 박해자의 폭력을 감추려는 목적달성을 위해서만 희생자인 오이디푸스를 강조하였던 것이다. 겉보기엔 희생자인 오이디푸스에 대한 논의가 주를 이루더라도 결국 '박해자 중심의 이야기'가 오이디푸스 왕의 신화에서 중심이라고 할 수 있다. 따라서 박해자 중심의 고대그리스 신화텍스트와 달리 희생자 중심의 논의가 전개되고 있는 성서텍스트는 지라르의 가설 '모방본능 추구하기' '희생양 만들기' '폭력이론'과 완전히 일치한다고는 볼 수 없다.

그럼에도 불구하고 성서텍스트의 주된 구조는 고대신화 텍스트와 매우 유사하다. 대표적으로 예수를 신성화하는 과정과 카인의 모방본능 추구과정이 고대신화와 매우 비슷하다고 할 수 있다. 그래서 지라르는 성서텍스트를 '신화'에서 좀더 진화된 형태의 '급진적인 비신화화' 과정으로 가는 중간지점에 위치하는 텍스트로 파악한다(Girard 1987, p. 127).

특히 지라르는 유대기독교 성서기자(記者)가 성(聖) 속에 숨어 있는 인간의 폭력성을 드러냈다는 점을 높이 평가한다(같은 책). 만약 성서텍스트가 고대신화의 양식을 그대로 따랐다고 한다면 예수와 아벨은 죽어 마땅한 실수를 범했을 것이고 바로 이 실수의 존재 때문에 박해자들은 자신들의 폭력성을 정당화시킬 수 있었다는 것이다. 그러나 예수와 아벨은 무죄였고, 그로써 박해자였던 로마인들과 카인의 폭력성은 명확히 드러나게 되었다.

요컨대 완전함으로 여겨지는 성(聖) 역시 인간의 폭력이 만든 부산품일 뿐이다. "성(聖)은 사람들이 그것의 기원을 잘못 해석한 것이며… 성의 영원불멸성, 초월성, 창조성은 성의 기원이 원래 폭력적인 구조적 환영(幻影)일 뿐이라는 사실을 가리고 있다"(Mckenna 1992, p. 15, 18). 푸코의 '자아'가 지식과 권력 담론의 메커니즘을 통해 이분법적 차별구조 속에서 해체되었다면, 성(聖) 역시 폭력의 이름으로 해체되었다.

다름의 흐름이 차별로 진행되는 관점에서 보면, 다름의 주제는 차별이라는 이중구조 속에서 다음과 같이 설명될 수 있다. 첫째, 차별은 이분법 구조를 갖고 있다. 상류문화－하류문화, 드러나는 문화－숨어 있는 문화, 공식적 역사－비판적 역사, 서술된 역사－주변으로 밀려난 역사, 성(聖)－속(俗), 근대－원시, 우리－그들, 자아－타자 등이 그 예이다. 흔히 전자에 속한 사람들은 후자의 사람들을 차별해 왔다. 둘째, 차별구조에서는 푸코가 주장하듯 전자에 속한 자아(the self)가 지식과 권력 담론의 메커니즘에서 파생된 이분법적 차별구조 속에서 수동적 주체로서 해체되었고, 지라르가 강조하듯 전자에 속해 있는 성(聖) 역시 폭력의 부산물에 지나지 않는다는 점에서 해체되었다. 여기서 주목할 것은 첫번째 차별구조 혹은 두번째 차별구조 어디에 속하든지, 사람들은 지식과 권력 담론의 이름으로 그리고 보이지 않는 폭력의 이름으로 이분법적 차별구조 속에서 서로를 차별해 왔다는 점이다.

위험: 차별의 또 다른 이름

더글러스는 이분법을 넘어선 이율배반법[3] 으로 차별의 또 다른 모습을 서술한다(Doglas 1996). 그녀는 상류문화 대(對) 하류문화, 드러나는 문화 대 숨어있는 문화, 공식적 역사 대 비판적 역사, 서술된 역사 대 주변으로 밀려난 역사, 성(聖) 대 속(俗), 근대 대 원시, 우리 대 그들의 차별적인 이분법적 분류체계를 넘어 '순수와 위험' '청결과 오염' '명확성과 모호성' 과 같은 이율배반의 분류체계를 새롭게 제시한다.

앞에서 푸코와 지라르가 두번째 차별구조에 대한 분석으로 자아(the self)와 성(the sacred)의 해체를 논하였다면, 더글러스 역시 첫번째 차별구조를 넘어선 영역을 논하고 있다. 다만 다른 점이라면, 푸코와 지라르는 후기구조주의 혹은 탈근대주의 관점에서 권력과 지식의 지배담론 메커니즘에 의해 형성된 이분법적 지배구조 안에서의 역사를 전제로 '자아' 와 숨어있는 '성' 의 폭력성을 드러냄으로써 자아와 성을 해체하였다면, 더글러스의 경우에는 근대주의 관점에서 새로운 형태의 분류체계를 소개한다는 점에서 찾을 수 있다.

첫번째 차별구조에서 차별적 이분법으로 나눠진 요소들은 이제 '동일함' 혹은 '순수' 라는 하나의 범주로 묶이고 '위험' '오염' '신비한 힘' '모호성' 이라는 새로운 범주가 탄생한 것이다. '그들과 우리' '원시와 근대' 의 분류체계가 차별적 이분법으로 분류되었다면, '순수' 와 '위험' 의 새로운 분류체계는 이율배반법으로 분류되었다. 더글러스의 관점이 차별적 이분법으로 일컬어지든 혹은 이율배반법으로 불리든, 분명한 것은 그녀가 근대주의 관점에 기초해서 연구를 진행했다는 점이다.

더글러스는 성서텍스트 레위기를 분석하여, 동물 중 전형적인 생물학적 특징이 없는 동물은 유대 사회에서 '깨끗하지 않는' 동물로 받아들여졌다는 결론을 내린다(같은 책). 예컨대 레위기에서는 유대인들이 먹을 수 있는 것이라고 지정한 동물의 특징을 언급하고 있다. 유대인들은 날 수 있는 두 발 달린 가금류(家禽類)와 지느러미와 비늘 있는 바다생물을 비롯하여, 특히 목축이 생업인 이들은 발굽이 갈라지고 땅을 걸어다니고 되새김질하는 동물은 먹을 수 있다. 그 밖에 뛰지 않고 땅을 기어다니는 동물이나 물에 사는 것들 중에서 비늘과 지느러미가 없는 것들(갑각류)은 먹을 수 없는 것으로 금기시되었다. 또 발굽은 갈라졌지만 유일하게 되새김질을 하지 않는 돼지 역시 못 먹는 동물로 분류되었다.

이러한 분류체계 틀 안에 들어가는 것은 순수한 것, 정상적인 것으로, 반대로 그 경계에 놓여 있는 것은 '토할 것 같고' '더럽고' '오염되고' '건강에 안 좋고' '위험한' 것으로 여겼다. 이런 식으로 더글라스는 그들과 우리, 원시와 근대와 같은 그전에 논의되었던 차별적 이분구조와는 사뭇 다른 의견을 제시한다(같은 책).

19세기에 "야만적이고 미개한 것"의 개념은 '더러움'과 '깨끗함' 사이에 경계가 "뚜렷이 구분되지 않는 존재"로 정의되었다.

> 19세기 사람들은 원시종교에는 세계의 위대한 종교와 차별되는 두 가지 특징이 있다고 보았다. 하나는 원시인들이 경이감에 사로잡혀 있다는 것이고, 또 하나는 그들이 아무리 잘하려고 해도 더러움과 깨끗함을 혼동하고 있다는 것이다. …미개의 뜻은 결국 구분이 안 되는 것이며,

근대의 뜻은 구분이 되는 것이다. (같은 책, p. 1, 78)

그러나 더글러스는 원시인들도 근대인들처럼 더러움과 깨끗함을 구분하는 개념이 있었고, 따라서 그들과 우리, 원시와 근대를 구분하는 것은 결국 양자가 동일함이라는 하나의 범주에 속할 수 있기에 자연스럽게 그 실익이 없다고 보았다.

더글러스는 그들과 우리, 원시와 근대의 1차적인 차별적 이분법을 넘어서 '순수'와 '위험'이라는 이율배반적 차별을 제시한다. 즉 분류체계의 틀 안으로 분류될 수 있는 것은 순수 영역에 속한 것인 반면, 틀 밖에 위치하는 것은 위험 영역에 속한다. 예컨대 하나님 아버지와 아담을 '영(靈)과 인간'이라는 분류체계로 분석해 볼 때 하나님 아버지는 영(靈)의 영역에 속해 순수하고 아담은 인간의 영역에 속해 순수한 반면, 예수는 하나님의 아들로서 영의 영역에 속한 것이라고도 볼 수 있고 십자가에 못 박혀 죽은 사람으로서 인간의 영역에 속한 것이라고도 볼 수 있기에 결국 분류체계의 경계에 위치함으로써 위험한 존재로 여겨져 처형되고 말았다는 것이다.

또한 더글러스는 분류체계의 경계에 위치한 것들은 혐오의 대상이면서도 엄청난 힘의 원천이라고 설명한다. "세상에는 여러 종류의 불가능한 일들, 비정상적인 일들, 안 좋게 섞인 것들, 혐오감을 주는 것들이 있다. …의례의 형식에서는 혐오감을 주는 것들이 위대한 힘의 원천으로 간주되어 의례가 계속될 수 있었다."(같은 책, p. 166) 비록 위험한 것들은 세상의 질서를 어지럽히는 위협적 요소로 여겨지지만 역으로 이들은 또한 힘을 가진 존재로 묘사된다.[4] 나아가 이들은 인간의 범주를 넘어선 곳에 있는 것으로 여겨

지기에 초자연적 힘을 가진 존재로 묘사되어 성스러움과 밀접히 관련된다.[5]

깨끗하고 순수한 것들과 반대로 인간의 분류체계 틀 밖에 위치한 것들은 더럽고 오염되고 질서가 없으며 위험하고 신비하고 힘이 있고 성스러운 존재로 받아들여졌다. 앞에서 서술했듯이, 예수는 힘이 있고 성스러운 신이었지만 결국 위험한 존재로 여겨져 처형되었다. 그외에도 더글러스의 학설에 부합하는 여러 사례가 존재한다.

첫째, 인간과 물고기의 경계에 위치한 인어는 신비한 존재로 여겨졌다. 둘째, 그리스신화에서 등장하는 센토르(Centaur)는 인간과 말의 경계에 있는 존재로서 더러운 괴물이자 힘이 넘치는 신으로 묘사되었다. 셋째, 호모와 레즈비언 같은 동성애자들은 정상적인 남자 혹은 여자로 쉽게 분류될 수 없기에 세상에서 비도덕적인(더러운) 존재로 여겨졌다. 넷째, 귀신은 이승과 저승의 경계를 넘나들어 위험하면서도 두려운 대상으로 여겨졌다. 다섯째, 가부장적 사회에서 폐경을 맞이한 여성은 위험하면서도 신비한 힘을 지닌 마녀와 같은 존재로 분류되었다. 이는 그녀가 아이를 낳을 수 있는 정상적인 여성으로 분류될 수도 없으며 또 남성의 성적 욕구를 충족시킬 만큼 아름답지도 않았기 때문이다. 마지막으로, 남아공의 아파르트헤이트 시대의 인종간 결혼 금지정책이 더글러스의 학설로써 설명될 수 있는데, 남아공의 백인 학대자들은 '흑인과 백인'을 나누는 아파르트헤이트(분리정책)라는 경계를 허물어버리는 인종간의 결혼에 대해 두려워할 수밖에 없었다.

더글러스는 이런 식으로 새롭게 만들어진 '위험' '더러움' '애매모호함' '비정상'과 같은 범주가 생각을 조직적으로 정렬시키는 과정에서 자연스럽게 파생된 것으로 보았다.[6] 이 관점에서, '순수와 위험' '명확함과 모호함' '질서와 무질서'의 이율배반적 구조의 존재를 가시화시킴으로써 기존의 '그들 대 우리' '원시 대 근대'의 이분법적 차별구조와 구별되는 새로운 분류기준을 제시하였다.

그럼에도 불구하고 순수 영역에 속한 사람들은 위험이라는 이름으로 순수 영역 밖에 위치한 이들을 차별할 수밖에 없었다. 이로써 위험의 영역에 위치한 사람들의 존재성은 그 정당한 존재가치를 계속적으로 확보할 수 없었다. 더글러스의 '순수와 위험'은 이율배반적 구조에서 파생된 또 다른 형태의 차별을 보여주었던 것이다. 요컨대 푸코와 지라르가 자아와 성을 해체함으로써 이중적 차별구조를 보여주었다면, 더글러스는 자신의 학설 '순수와 위험'을 통해서 차별의 또 다른 측면을 드러냈다고 볼 수 있다.

차별의 원리로 읽는 정치적 성경해석

다름의 주제는 다양한 측면으로 전개될 수 있지만, 큰 주류는 '이분법적 차별구조' '폭력' '위험'과 같은 '차별'이라는 일원화된 물줄기로 요약될 수 있다.

상류문화 대 하류문화, 드러나는 문화 대 숨어 있는 문화, 공식적 역사 대 비판적 역사, 서술된 역사 대 주변으로 밀려난 역사, 성(聖) 대 속(俗), 근대 대 원시, 우리 대 그들, 자아 대 타자 같은 이분법적 차별구조에서 전자에 속한 사람들은 후자에 속한 사람들을 차별했다. 특히 근대주의적 문화정치학에서 문화는 이러한 이분법적 범주 나누기를 유지시키는 데 커다란 역할을 했다. 푸코는 계보학 연구에서 지식과 권력이라는 지배담론의 메커니즘에 따라 형성된 자아의 정체성을 밝힘으로써 자아해체를 통해 지배구조가 현실적으로 존재한다는 것을 다시금 확인시켜 주었다(Foucault 1979; 1989).

또 푸코는 왜 전자에 속한 사람들이 후자에 속한 사람들을 차별해 왔는지 그 물음에 대한 답을 지식과 권력의 메커니즘에 따라 움직이는 지배담론의 영향을 받을 수밖에 없는 개인의 수동적 주체성에서 찾았다(같은 책). 거대 담론의 영향력 아래 계보학적 관점에서 수동적 존재가 될 수밖에 없는 개인은 이런 수동적 자기주체성 혹은 자기주체화(subjectivity)를 능동적 자기정체성(identity)으로 쉽게 동일시한 것이다. 수동적 자기주체성은 '자아의 무의식 및 잠재의식적 차원'을 포함하여 지배담론에 의해 만들어지는 것인데, 자기주체성(subjectivity)이 자기정체성과 동일시되어, 사람들은 스스로를 "일관되고 이성적이며 확고부동한 판단력을 소유한 최고의 이성적 존재"로 생각하게 된다는 것이다(Jordan and Weedon 1995, p. 15). 그런데 여성, 동성애자, 사회적 약자의 역사가 증명하듯, 전자에 속한 사람들은 이러한 동일시 과정을 통해 부지불식간에 후자에 속한 사람들을 차별했다. 바로 여기서 우리는 후기구조주의 혹은 탈근대주의 관점을 통해 차별로 흐르는 역사의 또 다른 일면을 엿볼 수 있다.

지라르는 '성'(聖)의 해체를 통해 차별의 또 다른 측면을 드러내었다. 지라르의 '성'과 푸코의 '자아'는 철학적으로 해체의 대상이 된 점에서는 분석적으로 같은 위치에 있다. 푸코의 자아가 이분법적 차별구조 속에서 해체되었다면, 지라르의 성은 폭력으로 해체되었다. 푸코의 자아는 지식과 권력 메커니즘에 의해 형성된 정치 · 문화적 담론에서 차별이라는 이름으로 해체되었고, 지라르의 성은 보이지 않는 힘 즉 폭력이라는 이름으로 해체되었다. 푸코와 지라르는 후기구조주의 혹은 탈근대주의적 관점에서 다름의 실체가 '차별' 혹은 '폭력' 임을 보여준 것이다.

한편 더글러스는 차별의 또 다른 차원을 제시하였다. 상류문화 대 하류문화, 드러나는 문화 대 숨어 있는 문화, 공식적 역사 대 비판적 역사, 서술된 역사 대 주변으로 밀려난 역사, 성(聖) 대 속(俗), 근대 대 원시, 우리 대 그들, 자아 대 타자로 나타나는 차별적인 이분법 분류체계를 넘어서 '순수와 위험' '청결과 오염' '명확성과 모호성' 같은 감추어져 있는 이율배반의 분류체계를 새롭게 제시하였다(Douglas 1986). 푸코와 지라르가 자아와 성을 해체함으로써 다름의 큰 물줄기를 차별 혹은 폭력으로 규정한다면, 더글러스는 차별의 또 다른 측면을 '위험' 으로 본 것이다.

이런 식으로 푸코와 지라르, 더글러스 등 다양한 분야의 종교학자들이 다름의 긴장이 결국 차별로 흘러왔음을 증명하였다. 차별의 역사는 다음 2장에서 논의하고 있는 차별의 원리 혹은 극단적 분리의 원리로 읽는 정치적 성경읽기에도 그대로 적용될 수 있다. 한국과 남아공의 정치적 성경해석학에서도 다름의 주제는 다름 그 자체로 머물기보다 곧바로 차별이라는 큰 흐름으로 변했고, 이는 2장에서 자세히 논의된다.

2) 동일성 추구: 학자적 이상주의

성현의 변증법에서 동일성 추구

다름의 긴장이 차별로 귀결되는 상황에서 만약 서로 다른 대상이 동일한 것이 되거나 같은 범주로 묶일 수 있다면 이론적으로는 다름의 긴장이 해소됨으로써 다름이 차별로 나아가는 것을 막을 수 있다. 엘리아데는 성현의 변증법이라는 이름으로 성(聖)과 속(俗)의 동일성을 추구하였다(Eliade 1959; 1974). 우선 그는 '성과 속' '영원과 순간' '신화적 시간과 역사적 시간' '질서와 혼동' 등의 이분법적 구조의 존재를 인정한다(Eliade 1959, p. 10). 하지만 성과 속의 관계를 이분법적인 차별구조로 파악하기보다, 서로 역설적인 관계로 공존하는 것이라고 주장한다. 엘리아데의 주장은 '성현' 의 변증법적 존재증명에서 확인할 수 있다.

엘리아데는 성현(聖顯, hierophany, 그리스어로 hiero 聖와 phainein 드러나는 것)의 의미를 '성이 드러나는 것' 으로 설명한다(같은 책, p. 11).[7] 종교의 역사는 평범한 물건이나 돌, 나무에서 성의 실체가 발현되는 것에서부터 기독교에서 예수를 통한 신의 육신화(肉身化) 같은 초월적 존재의 발현에 이르기까지 성의 실체 발현, 즉 성현으로 서술되어 왔다.

초월적 성은 흔히 신, 신성(神性), 초자연, 절대적 존재, 존재, 영원, 역사의 초월, 무한, 생명의 원천, 힘, 축복과 같은 용어로 구체화되었는데(같은 책, p. 28), 이런 요소들은 인간의 이성적 인지영역 밖에 있기에 스스로의 '지위를 낮추고' '영역을 국한시키며' '역사화하고' '특정화하며' '한정시켜' 인간이 인식할 수 있도록 더 낮은 존재, 더 낮은 단계의 영적 현상으로 나타날 필요가 있었다(Douglas 1998, p. 82). 예수를 통한 신의 성육신화(聖育身化)가 성이 속이 되는 변증법적 변화과정을 보여주는 대표적인 예이다. 이로써 신화시대의 초월적 성은 역사시대로 흡수될 수 있었다. 역사시대로 흡수된 성의 존재 덕분에, 신화시대의 원형(原型)에서 멀리 떨어져 역사시대에 사는 사람들은 불완전한 인간의 조건을 뛰어넘어 마침내 '완전구원'을 얻어 성현(聖顯)을 직접 경험하고 조우함으로써 진정한 종교적 '자유'를 얻을 수 있었다(Eliade 1974).

한편 성현에는 속에서 성으로 가는 반대방향의 변증법적 변화과정도 존재한다. 초월적 성은 오히려 스스로의 "초역사적 · 보편적 · 신화적 지위를 낮추어 좀더 자신을 구체화시키고 조건에 맞추며 역사화시키고 개인이 체험할 수 있도록 이른바 영역을 국한시켜, 즉 국부화 · 부족화 · 역사화의 이름으로" 속의 영역에서 성을 드러내었는데, 속의 영역에 있는 여러 종교들은 신화시대의 성의 원형을 찾아 성의 영역에 다가가고자 노력함으로써 '영원으로 회기, 영원을 향한 의례적 반복, 재창조'라는 '단순화'와 '원형닮기'를 추구한다(Douglas 1998, p. 82). 역사시대의 종교는 성의 영역에 다가감으로써 그것의 '역사적 흔적과 냄새'를 제거하고자 한 것이다(같은 곳; Eliade 1976, p. 462). 엘리아데는 "모든 여신은 위대한 여신이라는 여신의 원형적 모습에 걸맞은 신적 능력과 자질을 부여함으로써 그들 자신을 위대한 여신이라 여기는 경향이 강하다"고 설명한다(Eliade 1976, p. 462). 그리하여 엘리아데는 속에서 성으로 반대방향의 변증법적 움직임에 더욱더 주목한다(Eliade 1961, p. 121). 그 이유는 역방향의 변증법이 없다면 완전함(위대한 여신이라는 원형, 예수를 통해 나타난 완전한 신)은 다양한 형태의 신성이나 신화, 의례(여러 가지로 부족한 여신들, 불완전한 인간으로 온 예수) 속으로 사라지게 되고 그렇게 되면 "종교에 대한 역사적 연구 자체가 불가능해지기" 때문이다.

> 이 과정이 없다면, 위대한 종교적 경험은 하루에도 수십 번 생겼다 사라지는 순간적인 신들, 신화들, 이론들의 형태로 양산되어 결국 종교학도는 이런 현상을 체계적으로 정리할 수 없게 된다. (같은 곳)

요컨대 속에서 성으로 성현의 역방향 변증법적 움직임을 통해 속은 성의 영역으로 순방향 변증법적 움직임과 동시에 흡수될 수 있었다.

예를 들어 예수를 통해 드러난 신의 성육신화(聖育身化)를 살펴보면, 성의 영역에 있는 완전한 신(성)은 불완전한 인간 예수로 스스로를 역사화시켜 인간에게 다가왔다. 이 때문에 역사시대에 살고 있는 불완전한 사람들은 신을 인식하고 가까이 다가갈 수 있었다. 모두가 육신으로 다가온 예수를 눈으로 볼 수 있었다. 그런데 역사화된 신은 사람들이 볼 수 있다고 해서 역사의 구성물이 될 수 없었고 따라서 역사적 시공 밖에 있는 완전한 신이라는 원래 지위를 되찾을 필요성 때문에 예수는 완전한 신과 같은 능력—기적적인 치유, 예언, 부활 등의 신적 능력—을 발휘하였다. 다시 말해 신이 역사의 시공 속으로 역사화되자마자 신은 그 본래 위치를 되찾고자 한 것이다. 바로 이것이 성에서 속, 동시에 속에서 성으로 성현의 변증법적 움직임을 양방향으로 잘 보여주는 예이다.

하지만 예수를 통해 성육신이 된 신은 범인(凡人)이 볼 수 있는 아역사적(亞歷史的) 존재라 하더라도, 예수는 역사적 시공 밖에 있는 원래의 초월적 신과는 분명히 다르며 그렇다고 평범한 불완전한 인간이라고 할 수도 없는 존재였다. 왜냐하면 예수는 스스로를 불완전한 인간이 아니라 완전한 신과 동일시한 바 있었기 때문이다. 요컨대 성육신화 사건에서 예수는 인간이

자 신이며 또한 신도 아니고 인간도 아닌 역설적인 존재라고 할 수 있다.

흥미롭게도 성(신)과 속(인간) 양자는 오직 성현(예수를 통한 신의 육신화)을 통해서만 그 존재의미가 있다. 만약 역사 안의 시공간 속에서 성현(성 육신화)이 일어나지 않았다면 신과 인간 양자 모두의 존재의미는 사라질 수밖에 없다. 불완전한 인간이 성에 다가가지 못함으로써 인간은 어쩔 수 없이 '추락한' 존재로 남아 있을 것이기 때문이다(Eliade 1976, p. 11, 38; Douglas 1998, p. 77).

더글러스는 엘리아데가 인간을 "성으로 가는 길을 잃어버린 추락한 존재", 성이 위장되고 감추어져 그것을 찾지 못한 존재로 보는 데 주목했다(Douglas 1998). 앨런 역시 엘리아데의 관점을 평하면서 "심지어 전통종교 사회에서도 성이 드러나는 변증법은 항상 성이 역사 속에 어떻게 감춰지고 위장되었는지를 보여주는 변증법과 같다"고 언급한 바 있다(Allen 1998, p. 77). 엘리아데가 인간을, 성이 감추어져 찾지 못해 성에 가까이 갈 수 없는 존재론적 결함이 있는 추락한 존재로 파악한다고 할 때, 인간의 결점은 오직 성과의 만남, 성현을 경험함으로써 치유될 수 있다. 엘리아데는 '성 대 속' '원형 대 다양한 형태의 신성이나 신화, 의례' '신화적 시간 대 역사적 시간' '완전 대 불완전' 이라는 이분법적 구조를 인정하면서도, 이 모든 현상은 잠재적으로 성현으로 설명될 수 있다고 주장한다. "인간이 다루고 느끼고 접촉하고 사랑한 모든 것들은 하나의 성현(聖顯)이 될 수 있다."(Eliade 1976, p. 11). 성현의 변증법을 통해 성과 속 양자는 역설적 관계 속에서 공존한다. 아울러 양자는 성현의 다양한 현상들이 없다면 그 존재의미를 쉽게 잃어버린다.

한마디로 엘리아데는 성과 속의 다름의 긴장을 해소하기 위해 성현의 변증법이라는 이름으로 동일성을 추구한다. 인간을 속의 영역에 있는 추락한 존재로 보았고, 그래서 인간은 성의 영역에 있는 원형을 찾으려 노력한다고 본 것이다. 이러한 존재론적 결함 때문에 인간은 성현의 변증법에서 드러나는 성을 만나고자 한다는 것이다. 성현을 통해 양자는 서로의 존재이유를 발견하게 되며 동시에 양자 사이에 형성된 다름의 긴장은 성현의 변증법 속에서 해소될 수 있다. 인간과 신은 성현의 변증법을 통해, 성육신적 존재인 예수를 통해, 다름의 긴장이 없는 같은 범주 속에 함께 존재할 수 있는 것이다.

엘리아데의 동일성 추구 비판, 흡수의 원리로 읽어가는 문화적 성경읽기

앞에서 논의한 바와 같이, 엘리아데는 성현의 변증법을 통해 성과 속의 다름의 긴장을 해소하였다. 한편으로 초월적 성은 스스로의 "초역사적 · 보편적 · 신화적 지위를 낮추어, 좀더 자신을 구체화시키고 조건에 맞추며 역사화시키고 개인이 체험할 수 있도록 이른바 영역을 국한시켜, 즉 국부화 · 부족화 · 역사화의 이름으로" 속의 영역에 흡수되었다(Douglas 1998, p. 82; Eliade 1976, 462) 또 한편으로 속은 "영원으로 회기, 영원을 향한 의례적 반복, 재창조"라는 '단순화' 과정과 '원형닮기' 과정을 통해 성의 영역으로 흡수되었다(Douglas 1998, p. 82). 이 과정을 통해 이분법적 차별구조로 분류된 서로 다른 두 요소는 성현의 변증법이 작동하는 같은 범주로 분류될 수 있었다.

그럼에도 불구하고 엘리아데는 성 대 속, 신화적 시간 대 역사적 시간,

질서 대 혼동의 구조에서 전자의 우월함을 전제한다. 특히 엘리아데는 인간을 우월적인 전자의 지위에서 멀어져 열등한 후자의 지위로 떨어진 추락한 존재로 보았다. 이리하여 전자인 성의 관점에 서서 후자인 속의 영역, 역사적 시간, 혼동 속에서 가시적으로 드러난 인간의 존재론적 결함을 성현의 변증법을 통해 치유할 수 있다고 본 것이다. 바로 이 때문에 엘리아데는 성에서 속으로 가는 변증법적 움직임보다는 "영원으로 회기, 영원을 향한 의례적 반복, 재창조"라는 단순화 과정과 원형닮기 과정을 통해 속에서 성으로 움직이는 역방향 변증법에 더욱 주목하였다(Eliade 1961, p. 121).

엘리아데가 바라보는 다름의 주제는 흡수의 원리로 귀결될 수 있다. 성의 영역을 중심으로 한 관점에 서서 성과 속의 다름의 긴장은 성현의 변증법을 통해 사라질 수 있었다. 특히 속이 성으로 흡수됨으로써 이분법적 구조는 동일한 하나의 범주로 흡수될 수 있었다. 그러나 엘리아데가 다름의 주제를 '동일성 추구' 로 해결하고자 하였지만 그럼에도 불구하고 그가 속보다는 성 쪽에 더 비중을 둔 점은 명확한 사실이다. 한편 엘리아데가 다름의 긴장을 해결하기 위해 '동일성을 추구' 한 방법론은 한국과 남아공에서의 문화적 성경읽기에도 그대로 적용될 수 있다. 특히 세번째 유형의 토착엘리트 성서학자들은 전통종교에 대한 믿음과 성경을 바탕으로 한 믿음 사이에 나타난 다름의 긴장을 동일성 추구로 해결하였다. 하지만 이들의 '동일성 추구' 는 '선택받은 유대인 되기' 라는 거대담론의 보이지 않는 폭력에서 완전히 자유로울 수는 없었다. 이는 다름의 긴장을 해결하기 위한 학자적 이상주의의 대표적 예이며, 이에 대해서는 3장에서 자세히 논의할 것이다.

3) 다름의 긴장 해소를 위한 대안을 찾아서: 탈근대논리

다름의 긴장을 즐기는 조나단 스미스의 놀이

스미스는 상동적(계보학적) 비교방법론을 채택한 지라르와 엘리아데의 관점을 비판한다(Smith 1978; 1986; 1990). 그는 19세기 오웬 리처드의 관점을 따라 상동(相同)적 비교방법과 상사(相似)적 비교의 차이를 다음과 같이 정의한다.

> 상동적 비교법(homology)은 조상이 같은 두 개의 종 사이에 형태나 구조가 비슷한 점을 비교하는 방법, 상사적 비교법(analogy)은 조상이 다른 두 개의 종 사이에 형태나 구조가 비슷한 점을 비교하는 방법이다. (Smith 1990, p. 47)

예컨대 인간의 손과 고래의 지느러미는 겉보기엔 전혀 다르나 그 기원은 같은 데 반해, 고래의 지느러미와 물고기의 지느러미는 겉보기에는 같지만 그 기원은 전혀 다르다. 다윈 이후 분류학자들은 상사적 비교법보다는 상동적 비교법을 강조함으로써 종(種)들의 기원이 동일하다는 점을 밝혀 진화론의 완성에 공헌하였다.

앞절에서 서술한 바와 같이, 지라르는 고대신화의 근원적 요소는 바로 폭력이며 이 폭력이 '성'이라는 이름 속에 감추어져 있다고 보았다. 마찬가지로 엘리아데는 역사화된 인간들은 추락한 존재라는 존재론적 오명을 씻고자 신화시대(태곳적 시대)의 성의 원형을 찾으려 한다고 주장하였다. 지라르와 엘리아데는 다양한 신화의 원천으로서 분명히 변치 않는 보편자나 원형이 존재한다고 가정하고 비교의 방법으로 상동적 접근법을 채택한 것이다. 그러나 이들과 달리 스미스는 비교의 방법으로 상사적 접근법을 강조한다.

상동적(계보학적) 비교방법이 2자관계(dyadic) 형식으로 "X는 Y를 닮았다"고 분석한다면, 상사적 비교방법은 3자관계(triadic) 형식이나 다자관계 형식으로 "어떤 기준으로 비교해 볼 때 X는 Z보다 Y를 더 닮았다" 혹은 "어떤 기준으로 비교해 볼 때, X는 W가 Z를 닮은 것보다는 Y를 더 닮았다"고 분석하는 방식이다. 즉 상동적 비교법이 은연중에 X와 Y의 공통적인 이상형을 전제한다면, 상사적 비교법에서는 한 쌍의 2자관계(X와 Y)의 비교가, 어떤 이상형의 존재 때문에 가능한 것이 아니고 오히려 다른 쌍의 2자 혹은 다자 관계(W와 Z와…)의 존재를 전제로 할 때 비로소 비교가 가능한 것이라고 규정한다. 또한 상사적 비교는 학자의 의도(어떤 기준으로 비교해 볼 때)에 따라 재구성될 수도 있는 비교방식이다.

다시 말해 스미스는 태곳적 신화나 원천적 신화는 원래부터 존재하지 않고 다만 모든 신화는 역사적 영향 속에 형성된 부산물이라고 주장한다(Smith 1978). "시원(始原)의 신화는 존재하지 않으며, 다만 신화를 어떻게 적용시키는가에 달려 있을 뿐"이라고 주장한다(같은 책, p. 299). 특히 그는 성경 이야기가 널리 퍼져 모든 신화의 원천이 되었다고 주장하는 엘리아데를 비롯한 유럽의 여러 종교학자들의 호교론적 입장을 단호히 비판한다. 엘리아데는 인간을 추락한 존재로 전제함으로써 기독교 호교론적 입장에 서 있는데 비해, 스미스는 이러한 비판의 근거로 뉴기니에서 얼마 안 떨어진 서부에 위치한 몰루칸섬의 하나인 세람섬 웨멜레 부족의 하이누엘레 신화[8]를 재구성한다(같은 책, p. 303).

스미스에 의하면, 하이누엘레 신화 연구의 거장 얀센(Jensen 1963)은 하이누엘레의 살인사건에서 성별(性別)과 죽음의 개념이 생겨났고 하이누엘레가 죽고 난 뒤 비로소 경작이 시작되었다고 해석한다(Smith 1978, p. 303). 얀센은 이 신화를 성경의 태초이야기가 변형된 여러 신화들 중 하나라고 본 것이다. 성경 창세기에 따르면 인간의 죽음은 아담의 원죄로부터 시작되며 이 사건 이후 인간은 땅을 경작해야만 했다. 그러나 스미스는 하이누엘레 신화이야기는 죽음의 기원에 대한 이야기도 아니며 감자의 기원 이야기도 아니라고 주장한다. 하이누엘레의 배설물 모두가 세람섬에서 돈으로 사용되던 무역품이었다는 점에서 하이누엘레 신화는 오히려 '더러운 상업적 이익' '더러운 돈'의 기원에 관한 이야기라는 것이 스미스의 주장이다. 나아가 그는 이 신화를 20세기 초반의 원주민경제와 유럽경제의 충돌이라는 역사적 정황을 파악할 때 비로소 이해할 수 있다고 강조한다. 요컨대 신화가 만들어진 배경은 아주 먼 옛날이 아니고 쓰라린 경험으로 점철된 유럽의 제국주의적 식민시대 이후의 '현재며 바로 이곳'이라는 것이다(같은 책, p. 307).

바로 이 점에서, 스미스는 궁극적으로 기독교 호교론을 주장하기 위해 상동적 계보학적 비교방법을 사용한 얀센과 엘리아데를 비판한다. 특히 속(俗)이 아닌 성(聖) 중심의 관점에서, 속에서 성으로 가는 성현의 역방향으로의 변증법적 움직임을 통해 태곳적 원형을 추구한 엘리아데는 스미스의 비판을 피할 수 없었다. 따라서 스미스의 경우, 신화의 주제가 기독교 호교론을 주장한다거나 또는 성이나 태곳적 원형 같은 불명확한 신화적 보편자를 찾는 것과 같은 궁극적 전제 추구로 환원될 수 없는 상사적 비교방법을 연구방법론으로 채택했다.

상사적 비교법을 적용한 신화구조는 농담이나 수수께끼와 그 구조가 유사한데(같은 책, p. 206), 이런 유사한 구조가 신화의 유희적 차원을 만들어낸다. 뿐만 아니라 이 구조는 의례의 구조, 종교학 방법론의 구조와 상응할 수 있다. 길은 스미스의 신화, 농담, 의례, 종교학에서의 구조적 유사성이 '병치' '비교' '차이' '생각'의 순서로 전개되고 있다고 설명한다(Gill 1998, p. 295).

하이누엘레 신화에서 유럽과 세람 세계의 차이점이 다름의 긴장을 유발시켰고, 결국 이것이 새로운 이야기(생각)를 만들어내게 하였다. 스미스는 '사냥의례'의 사례를 들어 "사냥꾼들이 어떤 상황이 오면 이렇게 잡아야지라고 계획하며 말하는 것과 실제로 그들이 잡는 것"은 분명한 차이가 있다고 강조한다(Smith 1978, p. 302). 즉 사냥 의례는 규범적인 내용인 반면, 실제 사냥은 현실이라는 것이다. 스미스는 "식량을 얻기 위해 사냥하는 한 집단이 꼭 특정한 자세로만 동물을 사냥할 것이라고 믿을 수 있겠는가?"라고 반문한다(Smith 1982, p. 61). 그리하여 그는 종교학자들이 신화나 의례를 연구할 때 정합적인 내용과 부정합적인 내용 사이에서 무엇이 적용될 수 있을지에 대한 고민이 투영된, 다차원적으로 전개되는 복잡한 양식을 고려해야 한다고 주장한다. 신화 연구과정을 아프리카인의 점치는 행위와 비유하면서 '정합'과 '부정합' 사이의 진동, 즉 이것이 맞을까 저것이 맞을까에 대한 고민이 결국 '즐거움'을 주어 유희적 차원까지 새롭게 만들어낼 수 있다고 강조한다.

> 그[아프리카 점술가]가 제시한 제안과 고객의 상황 속에서 점술가는 가능한 '정합' 부분을 제시하고, 이후 점술가와 고객은 점술가의 그 제시가 맞는지 맞지 않은지 서로 맞추어보는 가운데, 고객은 점술가 제안의 의도와 적용 가능성 등을 생각해 보며 그 속에서 즐거움을 얻을 수 있다. (Smith 1978, p. 300)

스미스는 구조적으로 유사한 신화, 의례, 종교학 방법론에서 유희적 차원을 강조한 것이다. 마치 종교학자들이 농담이나 유머를 즐길 때 정합과 부정합 부분 사이의 긴장을 동일성을 추구함으로써 원형 찾기로 환원시키지 않듯이, 스미스는 다름의 긴장을 맞이하여 무엇이 맞는지 따지기보다 농담과 유머에서처럼 정합부분과 부정합부분을 왔다갔다하는 유희적 진동 그 자체를 즐겨야 한다고 강조한다. 길은 스미스의 핵심 주장을 다음과 같이 요약한다. "지렛대를 놓을 자리는 아예 처음부터 없었다.[9] 유희적 인간이고 싶은 조나단 스미스, 유희적 학문인 종교학."(Gill 1998, p. 283)

엘리아데와 비교해 볼 때, 스미스는 신화시대에 존재한 성(聖)의 영역을 제거하면서 역사시대 속에 자리 잡은 다름의 유희적 공간에 학문적 관심을 두었다. 스미스에게 원형신화란 원래 존재하지 않고 다만 수많은 2차, 3차적 신화의 변형만 존재할 뿐이기 때문에 모든 신화는 역사적 콘텍스트 속에서 재구성되어야 하는 대상이었다. "태곳적 원형신화는 존재하지 않고 다만 그것의 적용만이 있으며… 신화의 부정합은 잘못된 것이 아니라 힘의 원천이며 신화란 상황에 대처하는 하나의 전략"이라고 강조한다(Smith 1978, p. 299). 아울러 비교방법론과 관련하여 상동적 계보학적 비교법보다는 상사적 비교법을 따라야 한다고 주장한다. 요컨대 종교학자가 다름의 긴장을 맞이하였을 때 동일성 추구로 문제를 해결하기보다는 다름의 긴장 그 자체를 즐길 수 있어야 한다는 것이다.

다름의 긴장을 즐기는 스미스의 놀이 비판

다름의 긴장을 맞이하여 동일성을 추구한 엘리아데와 달리, 스미스는 기꺼이 다름의 긴장을 받아들였다. 그에 따르면 정합과 부정합 사이에 생기는 긴장은 자연스럽게 '사고'(思考)를 유발하고 농담이나 유머 같은 유희적 차원을 생성해 낼 수 있다.

예컨대 스미스의 관점은 유전학자의 인간 유전자지도(게놈)상의 DNA를 분석하는 연구시각과 비슷하다. 인간의 유전자지도에서 DNA의 정합적이면서도 부정합적인 복잡한 배열의 조합을 통해 인상, 피부색 등과 같은 다양한 유전형질이 결정된다. 유전학자는 이러한 유전형질과 실제 개인의 용모에 나타나는 인상 · 피부색을 비교하면서, 인간 유전자지도상에 정합적인 DNA와 부정합적인 DNA를 분석하며 유전연구를 즐길 수 있다. 그렇지만 유전학자는 연구영역을 인간 유전자에서 더 나아가 인간의 사회적 행동연구까지 범위를 확장시키지는 않는다.

마찬가지로 상사적 비교방법론을 중시하는 스미스의 연구방법론에서는 인간의 존재론이나 사람들간의 관계에 대해서는 별 관심이 없다. 엘리아데의 학자적 이상주의에서 살펴본 것처럼 철학적 존재론이나 윤리학이 통상 다름의 긴장을 해결할 수 있는 보편자를 찾고자 노력한다는 점을 감안한다면, 이 보편자의 존재성을 부인하는 스미스가 이와 같은 입장에 서 있다는 것은 이해할 만하다.

한편 스미스의 다름에 대한 유희적 차원은 다름의 주제가 차별 · 폭력 · 위험이라는 본질은 같으나 각기 다른 이름으로 차별적으로 흘러온 정치적 현실을 다루고 있지도 않다(Smith 1986). 요컨대 유전학자가 인간 그 자체에 관심을 두기보다 유전자지도에 관심이 있는 것처럼 스미스는 다름에 대한 정밀하고도 미시적 견해에만 집중한다. 이런 점에서 스미스는 다름의 또 다른 측면, 즉 인간과 인간의 관계를 중시하는 존재론에 기반을 둔 연합으로의 발전 가능성에 대해 침묵하였다.

아울러 다름의 주제가 차별적 흐름으로 바뀌었다는 정치적 현실[10]을 고려한다면 성경독자들은 다름의 긴장을 즐길 수도 없었다. 2장에서 논하고 있듯이, 오히려 그들은 서로를 차별했다. 설령 지금 이 순간부터 사람들이 다름의 긴장을 즐길 수 있다손 치더라도 그들에겐 즐기기 위해 필요한 럭비공이나 야구방망이 같은 놀이기구도 필요했다. 비유컨대 이 책에서는 바로 이 웃음을 줄 수 있는 놀이기구가 다름의 긴장 속에서 파생된 차별의 물결을 연합의 흐름으로 바꿀 수 있는 연합의 실질적이며 본질적인 요소임을 가시화하고 있다. 연합의 본질적 요소가 다름에서 연합으로 가는 흐름 속에서 즐길 수 있는 웃음을 주는 도구로 비유되고 있는 것이다.

그럼에도 불구하고 스미스의 엘리아데 비판은 역사화된 인간이 성의 영역에 있는 태곳적 원형으로 환원될 수 없는 존재라는 사실을 드러냈다는 점에서 매우 설득력이 있다. 속의 영역에 속한 존재는 정합적으로 정확하게 성의 영역에 흡수될 수 없고 반드시 부정합의 부분, 뭔가 맞지 않는 부분이 생겨나게 마련이다. 이 때문에 스미스는 엘리아데가 환원주의의 오류에 빠졌다고 주장한다(Smith 1978; 1990). 이러한 비판을 통해 동일성을 추구하고자 한 엘리아데식의 학자적 이상주의의 약점을 드러낸 것이다. 그래서 이 책에서는 '다름 속에 연합' 이라는 이름으로 다름의 또 다른 차원을 탐색해 보고자 한다.

중심 해체에 따른 다중심이론: 다원주의의 다차원적 공간에서 다름의 축제

트레이시는 "오늘날의 철학적 사조에 이름을 붙이면서" 다름의 문제와 관련된 다양한 현대의 철학적 경향을 근대주의, 반(反)근대주의, 탈(脫)근대주의로 구분한다.

> 어떤 사람들에게 이 시대는 근대성과 부르주아 주체가 지금까지도 승리를 맛보고 있는 시기이고, 또 어떤 사람들에게 이 시대는 고유 전통이 자기 목소리를 읽고 전반적으로 보편화되어 너무 실망함으로써 억압받은 고유의 전통적인 공동체적 자아가 되돌아오기만을 학수고대하며 기다리고 있는 시기이다. 또 어떤 사람들에게 이 시대는 탈근대의 시기로서 신의 죽음이라는 마지막 썰물이 다가와 마침내 주체의 죽음을 맞이하고 있는 시기이다. (Tracy 1994, p. 3)

근대성이 두드러진 시기에는 다름의 주제가 다름 아닌 '차별' 또는 '극단적 분리' 그 자체였다. 이 책에서는 이 주제의 본질을 '차별' '폭력' '위험' 으로 구체화시킨다. 한편 엘리아데의 학자적 이상주의는 '반근대주의' 적 사조와 맥을 같이하며, 이는 근본주의 혹은 신보수주의로 그 특징이 드러난다. 트레이시는 반근대, 반자유, 반개인화, 지구상에 벌어지고 있는 과격한 종교운동 현상을 다음의 예—"아야톨라 호메이니가 이끄는 이슬람 근본주의, 대주교 르페브르가 이끄는 로마가톨릭 전통주의, 랍비 케한의 유대교 다시 읽기 운동, 인도에서의 힌두교 근본주의 운동, 일본의 신도 근본주의 운동, 여러 신종교들의 종파운동"—로 구체화시킨다(같은 책, p. 11). 신보수주의는 과거의 기억이나 전통이 없는 현재는 자기기만이며 결국 자기파괴라고 규정하는데, 엘리아데의 경우 이 입장과 비슷하게 역사화된 자아는 신화적 시기의 성(聖)과 다시 연합(결합)함으로써 진정한 인간성(humanity)을 달성할 수 있다고 강조하여 이른바 신화적 시기로의 회기에 연구초점을 맞추고 있다.

스미스의 유희적 평면은 탈근대주의에 속한다. 탈근대주의의 선구자 보드리야르는 탈근대주의를 '시뮬라시옹', 즉 "모사된 이미지가 실재를 대체하는 것이나 더 이상 모사할 실재가 없어지면서 실재보다 더 실재 같은 극실재"가 되는 것으로 규정한다(Baudrillard 1983, p. 3; Sardar 1998, p. 37).

> 재현은 시뮬라시옹이 잘못 재현하고 있다고 여겨 시뮬라시옹을 흡수해버리지만, 시뮬라시옹은 재현의 전반적 체계를 감싸안아서 재현을 실재의 인위적 대체물인 시뮬라크르로 만들어버린다. 이런 과정에는 연속적인 이미지화 단계가 존재한다. 첫째, 그것은 기본적 실재를 보여준다. 둘째, 그것은 기본적 실재를 가리고 왜곡시킨다. 셋째, 그것은 기본적 실재가 빠져 있다는 사실 자체를 가린다. 넷째, 그것은 이제 어떤 실재와도 관련이 없게 되어, 결국 완전히 순수한 실재의 인위적 대체물인 시

뮬라크르가 된다. 첫번째, 이미지는 보기 좋으며 재현은 성례(聖禮)적 모습이다. 두번째, 그것의 이미지는 악하고 해악의 요소를 갖고 있다. 세번째, 그것은 보이지 않음에 즐거워하고 마법적 요소를 갖고 있다. 넷째, 그것은 더 이상 실재 모습을 띠지 않고 모사된 이미지가 실재를 대체하는 시뮬라시옹만이 남게 된다. (Baudrillard 1998, p. 170)

보드리야르의 핵심 주장은 탈근대시대에 살고 있는 사람들은 모사된 이미지가 실재를 대체하는 시뮬라시옹의 세상에 살고 있기에 실재와 가상을 구별할 수 없다는 데 있다.

사다르는 보드리야르의 탈근대주의적 관점이 제국주의적 식민주의 속에서 형성되었는데, 이러한 탈근대주의적 관점이 근대주의를 통해 세계로 퍼진 진리의 위계질서를 해체시키는 데 공헌할 수 있다고 주장한다. "탈근대주의는 '이성'의 전체주의화에 반대하고 여러 문화와 문명을 대상으로 하는 유럽의 인종주의적 견해에 반대하며 모든 계층과 모든 인종의 목소리를 존중하고 나아가 '다양성, 다원주의, 다양한 전통과 근대주의가 폭넓게 섞여 있는 것'을 최고의 가치"로 여기고 있다고 본 것이다(Sardar 1998, p. 7). 스미스가 신화의 원형이 존재한다는 사실을 부인하고 엘리아데의 성과 속이라는 거대담론의 존재성을 의심하듯이, 보드리야르는 '실재'와 '이성'의 존재를 부인한다(Baudrillard 1983). 그는 '실재'와 '이성'을 상징하는 "유럽의 문명 · 문화 · 사회가 그 밖의 다른 모든 문명, 문화, 사고 및 행동방식 들을 판단하고 측정하는 보편적 표준"은 아니라고 주장함으로써 실재와 이성의 존재를 부인한다(Sardar 1998, p. 6).

'성 대 속' '질서(cosmos) 대 혼동(chaos)' '문명 대 야만' 이라는 이분법적 구조에서 탈근대주의적 관점을 적용시킨다면, 성 혹은 질서의 본질은 0으로 수렴되고 다만 속과 혼동의 영역이 배수가 되어 확산되어 간다고 볼 수 있다. 이에 따라 이분법적 구조 속에서 성 혹은 질서의 영역에서 태곳적 원형이 있던 중심은 점점 해체되어 마침내 사라지고, 대신에 부수적인 다중심이 속과 무질서의 영역인 변방에서 생겨나 다원주의라는 이름으로 탄생한다.

바로 이런 관점에서 스미스는 과거의 정신적 지주인 원형적인 축이 해체되고 사라진 대신에 새롭게 형성된 다름의 유희적 차원을 강조하면서, 동시에 잇따라 생긴 수많은 축이 원형신화의 여러 가지 변형된 모형으로서 실재를 대체할 수 있는 시뮬라시옹이 되었다고 설명한다. 따라서 어떤 유형도 '수많은 민족성, 문화, 성별(性別, gender), 진리, 실재, 성적 정체성(sexuality), 이성(理性)들' 의 다원화된 평면에서는 특권을 누릴 수 없었다(같은 책, p. 11). 한마디로 다름은 탈근대주의에서 '축제' 의 대상이 되었다. 트레이시가 재확인한 바와 같이 "변두리가 존재하는 중앙에 있는 하나의 축[중심]은 더 이상 존재하지 않고 다만 변두리에 여러 축[중심]들만이 존재할 뿐이었다"(Tracy 1994, p. 4).

중심 해체에 따른 다중심이론 비판

탈근대론자들이 제국주의적 식민주의 영향 아래 근대주의를 통해 확장된 진리의 위계질서를 파괴했음에도 불구하고 사다르는 이러한 탈근대주의가 '새로운 형태의 문화적 착취' 이자 '구시대적인 거대담론의 변형물' 일 뿐이며 또 '새로운 제국주의 이론'에 불과하다며 강력히 반박한다.

> 탈근대주의는 구시대의 거대담론을 새롭게 꼰 이론 아닌가? 새로운 형태의 문화적 착취 아닌가? 새로운 제국주의 이론 아닌가? …탈근대주의는 숨 막힐 정도로 확산된 근대성, 도구적 이성, 전체주의적 전통주의에 정통적 방식으로 반대하였지만, 탈근대주의는 비서구인들과 비서구사회의 사람들 인생에 깊이와 삶의 의미를 주는 모든 것을 다 죽이는 보편적 이데올로기가 되었다. 탈근대주의는 억압에서 유혹으로, 경찰에서 시장(market)으로, 군대에서 은행으로, 인식론에 대한 깊은 연구에서 해석학에 대한 일반적 연구로 이름만 바꾸었을 뿐이다. (Sardar 1998, pp. 12~14).

또한 피터스는 공평성보다는 경제학의 효율성 원리로 움직이는 자유시장 경제가 탈근대주의의 영향력 아래서 급속도로 발전했다고 주장한다. "시장자본의 잠재적이고 유동적인 생산능력이 다원성, 다양성, 개인주의, 다름의 가치를 강조하는 이론에서 어마어마한 혜택을 받았다"고 역설한다.

보드리야르의 시뮬라크르와 시뮬라시옹의 세계에서는 "스스로를 인정할 수 있는 초월적 신도 존재하지 않고, 참과 거짓을 구분하거나 인위적 부활과 진짜 부활을 구분해 줄 수 있는 마지막 심판의 날도 존재치 않는다. 왜냐하면 모든 것은 이미 죽었고 과거에 일어난 일이기 때문이다"(Baudrillard 1998, p. 171). 다시 말해 다차원적으로 전개된 다름의 유희적 차원을 강조한 나머지, 어떤 게임이든 보편적 규칙은 존재할 수 없다는 것이다. 각 개인은 스스로의 중심을 갖고 또 선택권을 가지고 살고 있으나 그 누구도 부자와 가난한 자, 서구문화와 비서구문화 사이에서 파생된 긴장을 조화시킬 필요성 자체를 느끼며 살 필요가 없다. 왜냐하면 시뮬라시옹의 세계에서는 조화로운 관계가 처음부터 존재할 수가 없기 때문이다. 심지어 탈근대적 시뮬라시옹의 세계에서는 수많은 죽음과 처참한 황폐를 동반하는 무시무시한 전쟁도 하나의 극실재로만 설명된다. 이것은 보드리야르의 유명한 선언, "걸프전 절대 일어나지 않았다"에서 단적으로 증명된다(Baudrillard 1995). 바로 이런 이유로 사다르는 탈근대주의자들의 비인간주의적 관점을 다음과 같이 비판한다. "탈근대의 시뮬라크르는 차단된 공간이며 이것은 선택의 여지가 무수히 많은 세계에 사는 사람들과 본인의 의도와 상관없이 희생자가 되어버린 타자들, 즉 단 한 가지 선택을 할 수밖에 없는 사람들을 분리시키고 있다."(Sardar 1998, p. 25) 나아가 "서구세계가 멈추지 않고 계속적으로 행하고 있는 억압을 도덕적으로 정당화시키지 못하자, 이제 도덕이 설 자리는 처음부터 존재할 수 없었다고 주장하려고 한다"고 공표함으로써 탈근대주의자들의 거대한 음모를 폭로한다(같은 책, p. 26).

스미스가 다름의 유희적 차원에서 미시적인 시선으로 다름의 긴장이 차별적 흐름으로 나타났다는 현실을 무시하였다면, 탈근대학자들의 중심 해체에 따른 다중심이론에서는 다차원의 공간에 실질적으로 존재하는 다름의 요소들간의 조화 문제에는 침묵할 수밖에 없었다. 오히려 탈근대학자들의 접근법은 '차별이 새롭게 이름을 바꾼 것' '새로운 형태의 문화적 착취' '구시대적 거대담론의 변형' '새로운 제국주의 이론' 등과 같은 이름으로 불리며 주요한 비판의 대상이 되고 말았다.

4) 다름에서 연합(결합)으로의 역사적 당위성: 현상학적 · 윤리적 인식론의 요청

이 책에서는 사람 냄새가 나는 개인, 같이 어울려 서로의 관계를 중히 여기며 살고 싶은 개인이 연합의 물결 속에 함께 어울려 살아갈 수 있는 연합의 실체를 찾고자 한다. 이것은 탈근대 다차원 평면상에 존재하는 비인간적인 개인주의—비인간적인 개인주의는 다름 아닌 데카르트적 사고방식 "코기토 에르고 숨, 나는 생각한다 고로 존재한다"(cogito, ergo sum)를 기본 전제로 한다—를 극복하는 대안이 될 수 있다.

특히 다름에서 차별로 흐르는 정치적 현실주의 및 근대주의와 동일성 추구의 물결로 흐르는 학자적 이상주의 및 반(反)근대주의는 탈근대 다차원 공간을 뛰어넘어 윤리학적 · 현상학적 차원의 연합적인 흐름으로 하나가 될 수 있다. 이러한 연합의 흐름은 모사된 이미지가 실재를 대체하는 시뮬라시옹과 같은 탈근대의 유희적 차원과는 다르다. 여기서는 중심 해체와 그에 따라 변방에 형성된 다중심의 존재를 드러내는 데 그치지 않고, 다름 속에 연합(결합)의 본질까지도 찾을 것이다.

이를 위해 연합의 몇 가지 요소를 제시한다. 이 요소는 세 가지 영역에서 검토할 수 있는데, 첫째는 엘리아데의 '종교적 인간'(Homo religiosus) 개념에서 나온 현상학적 관점이고, 둘째는 '정'(情)과 '우분투'로 대표될 수 있는 아프리카와 한국의 전통적인 윤리이며, 셋째는 성경에 나오는 사랑의 개념에서 연합의 요소를 발견할 수 있다.

이들 연합의 요소는 본질적으로 '인간의 마음 따뜻한 사랑' 속에서 서로 연결될 수 있는 개념이고, 따라서 필자는 한국과 남아공의 정치적 · 문화적 정황을 바탕으로 한 성서해석학 분석을 통해 연합의 본질을 '온정적 성서해석학' 이라고 따로 이름 붙였다.

5) 현재 주류 종교학계에서는 왜 인간을 기능적 시민으로만 보려 하는가?

필자의 연구관점은 현재 남아공의 주류학계의 그것과 다르다. 특히 『같음과 다름: 남아공의 시민사회에서의 문제점과 가능성』에서는 시민사회를 주제로 정치 · 문화적 콘텍스트에서 나타나는 다름의 긴장을 해결할 수 있는 다양한 방법을 모색하고 있다. 여러 학자들이 다양한 관점에서 각자 다른 목소리를 내고 있지만 공통적으로 이들은 종교라는 이름으로 신에게 기도하는 사적 영역에 있는 '실존적 신앙인' 보다는 시민사회가 위치해 있는 공적 영역에 있는 '기능적 시민' 에 대한 연구에 주안점을 두고 있다.

근대에 접어들어 종교가 개인화되고 세속화됨에 따라, 종교의 자리는 통상 세 구역—국가(정치영역), 시장(경제영역), 자발적 참여 구역—으로 나눌 수 있는 공적 영역에서 제외되었다(Casanova 1994, p. 36; Wuthnow 1991, p. 6). 마찬가지로 매클린에 따르면, 아리스토텔레스의 시민사회 세 가지 요소[11]에 의해 고전적으로 설명되고 정의될 수 있었던 시민사회는 계몽주의의 시대에 들어와서 개인화되었다(Mclean 1997, pp. 3~13). 왜냐하면 시민사회가 '이성' 적 요소보다는 '느낌' '친근함' 같은 주로 '감성' 적 요소로 대표될 수 있는 특징으로 자리 잡았기 때문이다(같은 책, p. 13; Cochrane 2005, p. 35).

종교의 개인화, 다시 말해 공적 영역에서 소외된 종교의 주변화는 인간의 실존적 위기를 불러왔고, 이에 사회의 부도덕 · 비인간성이 주를 이룬 이른바 종교의 세속화 현상이 사회 속에 현실화되어 나타났다. 카사노바는 "성스러운 자질을 신이 아닌 인간주체에게 부여하는 일이 늘어남에 따라, 세속화 현상뿐 아니라 사회구조 전반이 비인간적인 흐름으로 나가는 현상이 지속되었다"고 주장한다(Casanova 1994, p. 37).[12] 이러한 종교의 개인화가 불러오는 부도덕적 악영향을 극복하기 위해, 종교 단체나 기관을 시민사회의 일부로 보는 하버마스(Habermas 1976)의 학풍을 따르는 코헨과 아라토는 이제 시민사회는 탈개인화 과정을 거쳐 사적 영역에서 공적 영역으로 이동해야 함을 강조하면서, 종교단체도 국회 위원회 활동에 참여하여 캠페인 활동도 하고 시민사회 조직은 국가경제개발 및 노동의회(NEDLAC)[13]에 참여하는 등 시민사회가 정치 · 경제 영역에 적극적으로 참여해야 한다고 권고한다(Cohen & Arato 1992).

나아가 카사노바는 근대 종교의 탈개인화 과정에 주목함으로써 종교의 세속화 및 개인화 현상에 반대하며, "도덕영역에서 실용적인 합리화 이론이 왜 조직적으로 종교를 푸대접하고 있는지에 대해 이론적으로 어떤 이유도 발견하지 못했다"고 강조한다(Casanova 1994, p. 253). 오히려 그는 낙태 반대를 주장하는 가톨릭운동을 종교의 탈개인화 과정을 보여주고 있는 대표적인 예로 본다(같은 책, p. 228). 또한 모든 국가정책이 인간적인 공공선을 위해 존재해야 함을 여러 종교단체들이 정부에게 확인시켜 줌으로써 비인간적인 정부의 핵 방어정책의 기본 전제 또한 무력화시킬 수도 있을 거라고 주장한다. 카사노바는 근대 시민사회를 공공의 규범과 가치를 가진 동질적 사회단체로 개념화하기보다는 "공공의 규범과 연대감이 구성될 수 있고 또 재구성될 수도 있는 공공의 사회적 상호작용이 계속적으로 일어나는 과정

및 공간"으로 바라보아야 한다고 강조한다(같은 책, p. 230).[14)]

『같음과 다름: 남아공의 시민사회에서의 문제점과 가능성』에 실린 몇몇 논문에서는 공적 영역에 있는 시민들간의 연합에 대해 중점적으로 논하고 있는데, 흥미롭게도 이러한 공적 영역에는 정치 · 경제 · 자발적 영역 외에도 시민사회와 종교가 포함된다. 특히 피터슨은 남아공 역사에서 반인종주의적 차원의 여러 가지 정치적 논의를 거론하면서 '아프리카사람'[15)]이라는 이름으로 다름 속에서 동일성을 추구함으로써 다름의 긴장을 해소시키는 몇 가지 제안을 한다. 나아가 그는 남아공 헌법에 기초해서 공공의 선은 바로 '정의' '자유' '비인종주의'라고 정의하는데(Peterson 2000, p. 117), 이러한 헌법정신이 종교들간의 대화에서도 결정적인 역할을 할 수 있는 구심체라고 본다(같은 책, p. 115). 마찬가지로 프로제스키는 '과정 윤리학적' 관점에서 '종교다원주의'를 주창하는데, 이 종교다원주의를 실재를 나타내는 영적 차원의 영구적인 특징이자 차원 높은 선으로 파악하고 있다(Prozesky 2000, p. 189).

『같음과 다름: 남아공의 시민사회에서의 문제점과 가능성』에는 남아공의 공적 영역에서 시민사회를 건설할 수 있는 여러 가지 접근법에 대해 논하고 있다. 이러한 목적달성을 위해 종교적 인간들은 공적 영역에 있는 시민사회의 구성원인 기능적인 '시민'이 되어야만 했다. 근대가 시작되자 이들은 '개인화' '세속화'라는 이름으로 사적 영역에 자리 잡고 있었으나 세속화 과정을 통해 성이 속으로 환원되고 성이 사라짐에 따라 이들은 비인간적이고 부도덕하다는 비판과 오명 속에 살았으며, 따라서 이러한 개인화와 세속화의 부작용을 극복하기 위해 이 책의 저자들은 기능적 시민을 정치 ·

경제 · 자발 영역으로 구성된 공적 영역으로 이동시킬 것을 제안한다. 이들은 종교를 바탕으로 시민사회를 건설해 보겠다는 대의(大義)를 향해 공적 영역 안으로의 다양한 참여를 주장함으로써 다름 속에 연합의 본질을 탐색하는 데 큰 기여를 하였다.

그러나 필자는 종교적 인간은 시민사회 건설이라는 대의를 위해 '기능적 시민' 으로 결코 환원될 수 없으며, 그들이 사적 영역에 있든 공적 영역에 있든 여전히 '실존적 신앙인' 이라는 본질적인 사실을 역설한다. 이들이 일단 공적 영역으로 이동하는 순간, 이들의 정체성은 신앙인이라기보다는 기능적인 시민으로서 구체화될 수밖에 없다. 바로 이 때문에, 피터슨의 논문에서는 같음의 본질을 '자비' '사랑' '경의' 등과 같은 종교적 원리가 아니라 '아프리카 사람' '공공의 선' '정의' '반인종주의' '자유' 같은 헌법적 용어로 서술한다. 이런 입장에서라면, 프로제스키의 종교간의 대화, 종교다원주의도 그 존재의미가 있다고 할 수 있다. 다시 말해 사적 영역에 자리 잡고 있던 종교적 인간은 이제 공적 영역에 있는 다원적 공간으로 이동해서 시민사회의 '공공선' 을 추구하기 위한 기능적 역할을 할 것을 요구받고 있는 것이다. 이에 따라 그들은 실존적 신앙인이 아닌 기능적 시민의 자격으로 삶의 존재이유를 발견한다.

'아프리카 사람' '헌법' '민주주의' '인권' '공공선' 은 다름을 같음으로 환원시켜 버릴 수 있는 또 다른 이름의 거대담론일 수 있다(이 장 1)과 2) 참조). 또 이러한 거대담론은 해체의 대상이 되기도 한다(이 장 3) 참조). 『같음과 다름: 남아공의 시민사회에서의 문제점과 가능성』은 이상적 시민사회의 선을 전제로 함으로 해서, 시민사회의 구성원은 정치 · 경제 · 자발적 영역 속에서 동적이고 적극적으로 참여할 수 있는 기능적 시민으로 환원되었다. 따라서 기능적 시민들 사이에는 그들이 믿고 있는 종교적 확신과 상관없이 상호 종교적 대화가 가능했다. 그럼에도 불구하고 이 책에 드러난 관점은 사람들이 사적 영역에 있든 공적 영역에 있든 영적 차원에서 나타난 사람들의 꿈, 신앙심을 무시하는 오류를 범하고 말았다.

요컨대 이 책에서는 인간을 정치적 기능주의적 관점보다는 인간주의적이고 실존주의적 관점으로 바라보고 있으며, 인간을 시민사회의 시민으로만 여기기보다는, 성경을 읽으며 영적 차원의 꿈을 꾸고 있는 신앙인으로 파악하고 있다. 바로 이런 이유 때문에 이 책에서의 논의는 '같음과 다름'에 관한 남아공 주류학계의 논의와 차별화된다.

6) 맺음말

이상 살펴본 다름의 이론은 세 가지 흐름—'다름에서 차별로' '동일성 추구로' '다름의 긴장에서 놀기로'—으로 구체화될 수 있다. 여러 인류학자와 종교학자들은 정치 · 사회 · 문화적 맥락에서 다름의 흐름이 차별로 흘러왔음을 실증적으로 보여주었다. 수동적 주체인 개인은 '차별' '폭력' '위험'으로 대표되는 지배적인 사회 · 정치 · 문화적 시대정신에 종속되었다. 차별로 흐르는 다름의 긴장을 해결하기 위해 엘리아데는 '성현의 변증법'이라는 이름으로 '동일성을 추구'하였다. 스미스는 엘리아데가 이상형, 즉 성(聖)의 존재의 우월성을 전제하고 있음을 파악하고 기독교 호교론이라는 입장에 빠져서 거대담론이 무의식적으로 내포할 수 있는 보이지 않는 폭력성을 간파하지 못했다고 주장한다.

스미스의 주장 이후 이제 학계에서는 동일성 추구의 모습은 사라지고 다름의 주제는 다름의 유희적 차원에 존재하는 축제의 대상이 되었다. 스미스의 연구관점에 따라 많은 탈근대학자들은 '다원성' '다양성' '개인주의' '다름의 가치' 를 높이 평가한다. 하지만 사다르는 다름의 유희적 차원에 있는 세번째 다름의 물결은 '새로운 형태의 문화적 착취' '구시대적 거대담론의 변형' '새로운 제국주의 이론' 등의 이름으로 구체화됨으로써, 차별로 흐르는 다름의 첫번째 물결과 결코 다르지 않다고 주장한다. 앞의 세 가지 물결로 구체화된 다름의 이론전개에서는 특히 현상학적 · 윤리학적 차원에서 보는 다름에 대한 고려가 없다. 이에 이 책에서는 윤리학적 · 현상학적 관점에서 다름 속에 연합을 추구할 수 있는 대안을 찾고자 하며, 또 '종교적 인간' 을 '기능적 시민' 으로 바라보는 다름에 대한 근대학계의 주류연구 시각을 비판한다.

[주]

1. 특히 조단과 위던은 인도주의적 자유주의를 현재 서구에 살고 있는 사람들의 상식적 견해라고 밝히고 있다.
2. 프로이트는 오이디푸스 콤플렉스를 다음과 같이 설명하고 있다. "어릴 때 남자아이는 어머니를 자아발달 대상 카덱시스(부착)로 여긴다…. 남자아이는 아버지와 자신을 동일시한다. 아버지와의 양립관계가 지속되다가 마침내 남자아이의 어머니에 대한 성적 욕구가 강렬해지면 이제 아버지는 그에게 장애물로 다가온다. 바로 여기서 오이디푸스 콤플렉스가 나타난다. 이제 어머니의 자리를 차지하고 있는 아버지와의 동일시가 아버지에 대한 적대감으로 바뀌어 아버지를 제거하고 싶은 욕망에 이른다. 이렇게 되면 아버지와의 관계는 갈등관계로 접어든다…." (Freud 1953~66, pp. 31~32)

3. '이율배반'과 '이분법'은 다음과 같이 정의될 수 있는데, 첫째 이율배반은 "서로 모순 혹은 대립하여 양립하지 않는 두 원칙이나 명제가 동등한 타당성을 가지고 주장되는 것"(DOP 1968, p. 14)이고, 둘째 이분법은 "전체 혹은 어떤 집합을 서로 배타적이면서도 보완적인 두 개의 하위집합으로 나누는 논리적 분류방식"(DOP 1999, p. 67)이라 정의할 수 있다.
4. "그것(무질서)은 위험과 힘 둘 다를 표상한다."(Douglas 1996, p. 95)
5. "이제까지 더러움과 성스러움을 섞어보려는 사람들이 있을 수 있었겠는가?"(같은 책, p. 160)
6. "더러움이란 결코 독립적으로 발생한 사건이 아니다. 그것은 사고를 조직적으로 정렬하는 과정 속에서 파생되는 것이다."(같은 책, p. 42)
7. 성현의 의의에 관해서는 이 책 5장 주) 4에서 구체적으로 논하고 있다.
8. 조나단 스미스는 하이누엘레 신화를 다음과 같이 요약한다. "'태초에 9개의 부족이 누누사쿠 산에서 출현했는데, 그들은 누누사쿠 산에 있는 바나나 덩굴에서 나왔고…' 좀더 논의를 진행하자면 이름이 아메타인 조상이 수퇘지의 이빨에서 코코넛 부스러기를 발견하여 그 뒤 그의 꿈속에서 시키는 대로 그것을 땅에 심었다. 6일이 지나자 땅에 심은 코코넛에서는 야자나무가 자라 꽃을 피웠다. 아메타는 그의 손가락을 잘라 그 피를 꽃봉오리에 묻혔다. 9일 뒤 꽃봉오리에서 소녀가 나왔고 3일이 되자 그 소녀는 젊은 10대가 되었다. 아메타는 그녀를 나무에서 자른 뒤 떼어내서 이름을 하이누엘레, 코코넛 소녀라고 이름 붙였다. 하지만 그녀는 보통 사람과 달랐다. 왜냐하면 그녀가 응가가 마려워 배설을 하게 되면 그 배설물은 고급 중국산 도자기나 종(鐘)과 같은 온갖 종류의 귀중품이 되었다. 그래서 아메타는 부자가 되었다. 중요한 종교적 의례행사에 하이누엘레는 춤판 한가운데 서서 여러 종류의 귀중품 세트(중국산 도자기, 금속으로 된 칼, 구리 보석상자, 금귀고리, 황동으로 된 종)를 배설하였다. 이 사건이 있은 지 9일 뒤, 사람들은 그 일을 기이하게 여기고… 하이누엘레가 엄청난 부를 나누어줄 수 있음에 시샘하여 결국 그녀를 죽이기로 결정한다. 조상들은 춤판 한가운데 구덩이를 파고 하이누엘레를 그 안에 던진 후 그녀를 묻고 그 위에서 땅이 굳으라고 춤을 추었다. 아메타는 그녀의 시체를 파내어 그 시체를 분리하여 시체조각을 화장하였다. 이 시체조각에서는 그전에는 알 수 없었던 여러 신기한 식물이 자랐고, 특히 혹이 있는 식물(감자)은 그 이후로 세람섬 식량의 주공급원이 되었다."(Smith 1978, p. 303)
9. 스미스가 근원적 원형신화의 존재나 엘리아데의 성과 속, 지라르의 폭력 같은 거대담론의 존재에 대해 부인하는 점을 고려할 때, 스미스에게 세상을 움직일 수 있는 아르키메데스의 지렛대를 놓을 수 있는 공간은 존재하지 않는다. 그는 아르키메데스와 같은 입장에 서 있는 엘리아데와 지라르 학설의 불가능함을 주장한다. "나에게 서 있을 공간을 준다면 세상을 움직일 수 있다."
10. 이 점은 2장의 한국과 남아공의 정치적 성경해석에서 충분히 논의하고 있다.
11. 아리스토텔레스가 말한 시민사회의 세 가지 요소

시민사회의 요소

1. 통치(원리): 행동의 시작, 목적을 향한 행동의 개시
2. 의사소통(연대감): 다른 단체에 속해 있는 사람들과의 연대
3. 참여(보충성): 공공의 선을 향하여 '전체라는 울타리' 속으로 참여하는 것 (통치에 최대한 참여하고, 공동체성원들끼리 서로 자유권을 행사하여, 그들 집단들 사이에서 서로 사람답게 잘살게 됨으로써 결국 모두를 위한 최고 번영사회를 이룩할 수 있다.)

12. 카사노바는 니콜라스 루만의 세속화에 관한 논문 「보이지 않는 종교」(The Invisible Religion)의 견해를 인용하고 있다.
13. 남아공에 새로 설립된 이 조직(National Economic Development and Labour Council)은 정부, 산업, 노동의 3자관계를 구체화시켜 여러 가지 정책이 3자 모두에게 유익하게 적용될 수 있도록 하고 있다. 특히 노동부문이 소외되지 않도록 배려하고 있다(Cochrane 2000, p. 51).
14. 공공의 규범과 연대감이 지속적으로 이루어지는 구성과 재구성이 목표이긴 하지만, 피터슨은 현재 헌법을 남아공 사회의 표준규범으로 삼아야 한다는 주장을 펴고 있다(Peterson 2000).
15. "흑인계아프리카 사람, 유색인계아프리카 사람, 인도계아프리카 사람, 유럽계아프리카 사람… 다름의 언어를 같음 속에 다시 생각하는 것은… 근본적으로 과거와 단절하고 미래를 향해 새로운 영역을 개척하는 것이다." (같은 책, p. 114)

2. 정치적 성경읽기

다름의 긴장에서 차별의 흐름으로, 선택받은 유대인과 그렇지 못한 이방인

한국과 남아공의 정치적 콘텍스트[政況]를 바탕으로 한 성경읽기에서 다름의 주제는 '극단적 분리', 즉 '차별'적 흐름으로 구체화된다.

한국에서 정치적 성경읽기의 경우, 일본의 한반도 식민주의 시대에는 일본 제국주의자 대 한국 독립운동가로, 박정희 독재시기 동안에는 지배계층 대 민중[1)]계층으로 대치되는 적대적 관계 속에서 극단적 분리와 차별적 원리로 성경독해가 이루어졌다. 예컨대 한국 성경독자와 일본 성경독자 모두 아이러니하게도 스스로를 이집트의 전제적 폭정에 시달려 약속의 땅으로 유랑을 떠난 선택받은 유대인들로 동일시하였다. 이에 따라 이들의 성경읽기에서는 선택받은 유대인 대 그렇지 못한 가나안 사람들, 하나님 대 사탄과 같은 상호 적대적 관계에서 극단적 분리, 즉 차별의 원리가 구체적으로 드러났다.

마찬가지로 남아공의 정치적 성경읽기에서도, 보수적인 백인 기독교 식민주의자들 대 흑인 아프리카 기독교해방 운동가들이라는 적대적인 관계

속에서 극단적 분리, 즉 차별의 원리가 성경을 읽는 주된 독해방법이었다. 한국에서의 정치적 성경읽기에서처럼, 남아공에서도 양자 모두는 스스로를 선택받지 못한 유대인이 아니라 선택받은 유대인과 동일시하였다. 이런 정황을 배경으로 한 정치적 성경읽기에서 다름의 주제는 차별적 흐름으로 나타났다. 앞장에서 언급한 다름의 이론이 정치적 성경읽기에도 그대로 적용됨으로써 다름의 긴장은 극단적 분리, 즉 차별적 흐름으로 극명하게 나타난 것이다.

1) 한국의 정치적 성경읽기

식민지시대 일본 제국주의 기독교인들의 성경읽기

일본에서는 메이지 시대(1868~1912)에 서양 선교사들을 통해 기독교가 재수용되었다.[2] 정권이 도쿠가와 막부에서 천황으로 넘어가는 과정에서, 무사(사무라이) 계급은 기존의 특권이 박탈되고 지난날 높은 사회적 지위를 뒤로하면서 경제적으로 궁핍한 상태가 되었다. 제닝스는 이렇게 소외받게 된 사무라이 계급과 지방 엘리트층이 제1세대 성경독자를 형성했다고 말한다(Jennings 1997).

브라운은 제1세대 성경독자들이 그 숫자에 비해 정치 · 사회적 영향력이 커서 당시의 정치적 이데올로기 형성에 큰 역할을 하였다고 증언하고 있다. 비록 통계적으로는 기독교인 숫자가 1천 명 중 1명 정도에 지나지 않았지만 교육받은 학자층의 경우 100명 중 1명 정도가 기독교인이었다(Brown 1919, p. 634). 또한 '교회 밖에서 기독교'의 영향력도 무시할 수 없는 정도여

서, 기독교는 성장속도는 느리지만 계속해서 일본사람들의 가족종교인 유교를 대체하고 있었다(같은 책, p. 638). 이는 1908년 일본 민의원 380명 중 14명이 기독교이었던 점을 볼 때 더욱 분명해진다(Best 1966, p. 163). 1904년 2월부터 1905년 10월까지 이어진 러일전쟁 동안 정부와 군부는 기독교청년회(YMCA)에 대해 호의적인 태도를 보였고 그 뒤로도 대중들 사이에서 기독교청년회의 인기는 지속된 것으로 보인다고 브라운은 기록하고 있다. 러일전쟁의 18개월 동안 한국과 만주 지역에서 11개의 기독교청년회에 모인 군인숫자만도 150만 명에 이르렀다.[3] 심지어 일본 황태자 이토까지도 1908년 12월 4일 서울에 있는 기독교청년회 개회식에 참석했다.

오늘날 많은 성경독자들이 일본 기독교의 국수주의적 경향에 대해 비판하는 추세를 의식하여, 제닝스는 제1세대 성경독자들이 본의 아니게 그리고 무의식적으로 일본 제국주의 편에 선 것이라고 주장한다(Jennings 1997). 그에 따르면, 일본 기독교는 개인화되어 공적 영역에 속하는 제국주의 정치에는 직접적으로 간여하거나 지배적인 영향력을 행사하지 않았다는 것이다. 또 그는 "대부분의 일본 지성인들은… 제국주의 헌법 아래 국가의 정치 · 사회 · 경제 조직과 관련된 사안에는 직접적으로 비판하거나 문제제기하는 데서 비켜나 있었다"고 밝히면서(같은 책, p. 17; Nolte 1979, p. 7), 일본 기독교가 교회로서의 모습을 갖추고 당시 정치적 상황에서 자리 잡기 위해서는 제국주의적 정부에 종속되는 것은 피할 수 없었다고 변호한다. 국가정교(國家正教)에 대해 감히 비판하거나 반대하는 자는 누구든지 국가에 대한 반역 및 이단으로 몰려 도저히 용서받을 수 없었기 때문이라는 것이다(Jennings 1997, p. 10; Kiyoko 1978, pp. 94~95). 이에 제닝스는 당시의 정치적 상황 속에서의 엄청난 압박감을 고려하여 제1세대 독자들의 성경읽기를 '어쩔 수 없는 침묵'으로 규정하고 있다.

그러나 앞서 논의한 바와 같이, 인종차별주의자이건 혹은 인도주의자이건 이들 모두는 지배적인 정치담론의 메커니즘에 따라 좌지우지되는 수동적 주체라기보다는 스스로를 논리적으로 정확하게 들어맞는 일관된 의식을 가진 자기정체성이 뚜렷한 주체로 여겼다. 즉 1세대 성경독자들은 당시 제국주의 이데올로기의 영향 아래 일본 제국주의자들의 주류 관점에서 '자기 의지로' 성경을 읽었다고 보는 것이 마땅하다. 이 점은 대다수의 1세대 성경독자들이 천황을 섬겼던 사무라이(무사계급) 출신이라는 데서 분명해진다(Choi 2002, p. 3).

게다가 브라운은 일본 기독교의 특징을 설명하면서 일본 기독교에는 상충되는 이중적 잣대가 존재한다는 점을 강조한다. 일본사람들은 "개인적으로는 기독교인이었다가 이와 동시에 시민으로서는 이방인일 수 있었다"(Brown 1919, p. 579). 그리고 일본 기독교인들에게 "종교는 정치나 경제와 전혀 상관이 없어도 되었다"(같은 책, p. 576). 따라서 일본 성경독자들은 자연스럽게 천황이 다스리는 제국을 위해 성경을 읽을 수 있었다. 이러한 특징은 한국에서 일어났던 신원미상의 목사 체포사건에서 극명하게 드러났다. 브라운은 "어떤 목사가 천국소식을 전파하였다는 이유로 체포되었고, 체포되고 나서 그 목사는 세상에 단 하나의 왕국만이 존재할 수 있고 그것은 일본 제국뿐이라고 했다"고 기록하고 있다(같은 책, p. 569). 이 같은 관점에서 도시오는 일본 기독교의 민족주의적 특징을 다음과 같이 정리한다.

① 미쿠니[천황의 제국]와 미쿠니[하나님의 천국]는 발음이 같은데, 천황을 섬기고 일본이 중국[과 한국]에 가서 이들을 병합하는 것은 하나님의 천국이 오는 것이다.
② 천황과 그리스도는 동일하다. 만약 그렇지 않았다면 일본인은 기독교를 믿으려 하지 않았을 것이다.
③ 서구인들의 압력 없이 일본인들만 순수하게 생각한다면, 그들에겐 신도 고대서적, 예컨대 고지키(古事記)와 니혼소키(日本書紀)가 구약성경과 같다.
④ 구약의 하나님 야훼와 고지키의 신 아메노미나카누시노카미는 동일한 존재이다.
⑤ 구약에 씌어 있는 바와 같이, 특히 이사야서에는 일본인의 임무가 이스라엘을 회복시키는 것으로 명시되어 있는데 이 임무를 달성하기 위해 일본은 중국[과 한국]에 대항하여 전쟁을 일으키고 있는 것이다. (Toshio 1997, p. 57)

동양 선교회의 공동 설립자이자 초대회장을 지냈으며 사무라이 가문의 셋째아들인 주지 나카다(1869~1939) 역시 일본인 중심의 극단적 시온주의를 주장하며 일본을 이스라엘의 잃어버린 부족(지파 支派) 중 하나로 보았다(Choe 2002). 일본이 아니라면 이스라엘의 회복은 이루어지지 않을 것이고, 따라서 그리스도의 재림 또한 불가능하다고 파악한 것이다(Yamamori 1974, p. 118; Choe 2002, p. 10). 이에 따라 나카다는 일본의 의미가 해 뜨는 땅이라는 점에 착안하여 계시록 7장 2절의 "태양에서 올라온 다른 천사"를 일본으로 해석한다. 또 기독교 신학자이자 유교적 소양을 닦아온 구마노토가의 무사아들 히로미치 고자키(1856~1928)는 유교의 삼강오륜을 기독교에 적용시켰다(Dohi 1997, p. 16). 그는 천황의 나라인 일본의 기독교인들이 천황의 백성인 한국과 중국 사람들을 교화시켜야 한다고 주장하면서 한국인과 중국인을 기독교의 선교대상으로 삼았다. 도히는 나카다와 고자키의 이러한 민족주의적 성경해석이 "태양에서 올라온 다른 천사"인 일본으로 하여금 아시아 여러 국가를 침략하고 정복하는 성서적 근거를 마련해 주었다고 적시한다(Dohi 1997, p. 16). 결국 이러한 성경해석을 바탕으로 일본 성경독자들은 천황의 선전포고가 한국의 독립과 아시아 평화에 기여할 것임을 믿어 의심치 않았다(Dohi 1993).

1907년 일본 감리교 선교사들은 다음과 같이 새로운 감리교 교리를 소개한다.

> 우리는 지구상 어떠한 권력에도 복종한다. 왜냐하면 세상의 모든 권세는 하나님에 의해 설립되었기 때문이다. 따라서 우리는 일본 천황을 섬기고, 일본 헌법을 존중하며, 일본법을 지킨다. (같은 책, p. 211)

이 교리는 신약성경 로마서 13장 1절, 2절을 인용하고 있으며,[4] 일본 성경독자들이 일본 제국주의에 충성할 수 있도록 구체적인 명분을 제공한다. 아울러 일본의 감리교 감독교회 초대 감독인 혼다 요이츠는 1905년 국제기독교인 모임에서 러일전쟁의 발발은 정당하며 모든 아시아인들에게 필요한 것이라고 자신의 입장을 당당하게 밝혔다. 그런가 하면 최이매생은 카우

만과 킬버른(Cowman & Kilbourne 1904, p. 9)을 인용하면서 전쟁중 일본의 성경독자들이 러시아를 그리스도의 정통 사자(使者)인 일본을 받아들이지 않는 사탄으로 묘사했다고 전한다(Choe 2002).

1910년 일본이 한국을 침략했을 때, 일본인들은 일선동조론(日鮮同祖論)을 주장하였다. 즉 한국인과 일본인은 조상이 같다는 것이다. 도쿄 출신의 신학자이자 편집자 겸 전도사인 마사히사 우에무라(1858~1925)는 한국 땅은 일본인 조상들(용감했던 조상 열조 烈祖)께 예전에 바쳤어야만 했던 땅이라고 주장하면서 다음과 같이 구약성경 신명기 31장 7절과 8절을 인용했다.

> 모세가 여호수아를 불러온 이스라엘 목전에서 그에게 이르되 너는 마음을 강하게 하고 담대히 하라. 너는 이 백성을 거느리고 여호와께서 그들의 열조(烈祖)에게 주리라고 맹세하신 땅에 들어가서 그들로 그 땅을 얻게 하라. 여호와 그가 네 앞서 행하시며 너와 함께하사 너를 떠나지 아니하시며 버리지 아니하시리니 너는 두려워 말라 놀라지 말라. (개혁한글판)

우에무라는 일본이 한국의 조상으로서 정당하게 한국을 합병한 것이라고 주장했으며, 일본 '천황'(하나님)의 칙령을 근거로 자신의 이론을 정당화시켰다(Dohi 1993, p. 52). 우에무라의 관점에서 볼 때 일본사람들은 한국 땅을 천황의 '선물'로 받은 것이고 따라서 그들은 한국 땅을 잘 가꾸고 잘 다스려야 할 책무를 천황으로부터 부여받은 것이라고 믿었다.

1919년 3 · 1독립운동이 일어났을 때, 당시 한국에 있던 일본 감리교신자 와다세는 체제 저항적 성격의 독립운동에 참여한 한국 기독교인들을 맹비난하였다(같은 책, p. 69). 그는 기독교란 보편주의나 세계적 형제애에 마음을 쏟아야 하는데, 한국 기독교인들은 독립운동에 참여하여 일본 제국주의 정권에 저항하고 있기 때문에 한국 기독교인들이 3 · 1독립운동의 주도세력인 한 마땅히 비판을 받아야 한다고 주장했다. 그가 보기에 3 · 1독립운동은 유대교적 애국주의에 사로잡힌 한국인들이 저지른 폭동이었던 것이다(같은 책, p. 64).

한편 3 · 1독립운동 이후에는 식민주의 교육상황 속에서 한국인들을 천황의 신하와 백성[皇國臣民]으로 만들고자 하는 식민교육이론이 일본 제국주의 정부의 핵심 정책으로 본격적으로 등장하기 시작하였다. 도히의 기록에 의하면[5] 원칙적으로 일본 식민주의 시기에 한국인들은 일본인들과 동등한 황국신민으로 대우받아야 했지만 실제로는 일본인들에게 차별을 당했다(Dohi 1993).

일본 식민주의 시기 전반에 걸쳐 일본의 성경독자들은 한국인들을, 약속의 땅을 부당하게 점유하고 있는 가나안 사람들과 동일시하였다. 나아가 일본 성경독자들은 한국인들을 천황이 지휘하는 제국의 권위에 기꺼이 복종할 수 있도록 계몽시켜야 하는 대상으로 파악하였다. 일본인들이 그리스도와 빛이라면, 한국인들은 사탄이며 어둠이었다.

앞장에서 강조하였듯이 일본 식민주의 시기 동안 일본 성경독자들은, 아시아의 다른 국가 사람들에겐 차별을 의미했던 일본 제국주의라는 정치적 지배이데올로기의 수동적 주체일 뿐이었다. 요컨대 일본인과 한국인 사이의 다름의 긴장은 정치적 성경읽기 속에서 '극단적 분리' 및 '차별'로 그 특징을 드러내었다.

식민지시대 민족주의 기독교인들의 성경읽기

일본의 기독교 수용과정과 비슷하게 한국에서도 기독교는 서구 제국주의 시기에 재수용되었다.[6] 1885년 이후 미국 · 캐나다 · 오스트레일리아에서 많은 선교사들이 공식적으로 한국으로 들어와 본격적인 선교활동을 하기 시작했다. 그중 브라운 선교사는 한국 기독교인들이 일본 기독교인들보다 교회활동에 훨씬 더 열성적이었다고 기록하고 있다.

> 인구 8천 명 정도 되는 일본의 도시에 100~200명 정도의 기독교인이 있었다. 교회건물은 다소 작고 교회집회는 불교인의 모임이나 일반 세속인들의 모임에 비해서 자주 있지는 않았다. 그러나 인구 8천 명 정도 되는 한국의 도시 선천에서는 종교적 갈등이 최초로 일어난 진원지였는데, 절반의 인구가 기독교인이었고 이웃마을도 대다수가 기독교인들이었으며… 일요일에는 기독교인들의 모임이 1200~1500명 정도의 신도가 다니는 교회에서 줄지어 열렸고, 주중에 열린 기도회에는 700~1천 명 정도의 신도들이 참석하였다. 다른 도시와 마을 곳곳에서도 이와 같은 상황은 마찬가지였다. (Brown 1919, p. 568)

16세기 후반부터 이미 학자층 사이에서는 기독교가 사회개혁의 대안으로서 자리 잡은 상황이었기에 특히 국난(國難)을 맞이한 한국인들은 기독교를 통해 희망을 찾고자 하였다. 더욱이 1894년 청일전쟁과 1904년 러일전쟁 이후에 한국 교회는 나라를 잃어버린 한국인들에겐 피난처이자 정치 · 사회적 운동을 도모할 수 있는 정치적 공간으로 자리 잡게 되었다(McCully 1903, p. 137, 155).

1905년 일본 제국주의자들이 한국인들로부터 외교권을 박탈했을 때, 한국 기독교인들은 구국을 위한 기도회를 열어 고종과 나라를 위해 기도했다. 1907년에는 민영환을 포함한 기독교 군인과 장교들이 일본의 식민지배에 저항하여 나라를 위해 스스로 목숨을 끊었다. 1908년 3월에는 평양 출신의 기독교인 장인환이 샌프란시스코 주재 친일 미국 대사고문 스티븐스를 저격하였다. 또한 1907년부터 여성 기독교인들은 쌀모으기협회와 같은 여러 기관을 설립하여 나라의 빚을 갚고자 하였다. 이러한 정치적 독립운동은 1919년 3 · 1운동을 계기로 정점에 이르러, 길선주와 이승훈을 비롯한 교회의 많은 목사와 장로들이 다른 종교지도자와 힘을 합쳐 시위대 조직에 앞장섰다(이덕주 2001; 박정신 1997).

이 시기에 기독교인들은 〈믿는 사람들은 군병 같으니〉 〈십자가 군병들아〉와 같은 주로 전투적 찬송가를 교회에서 불렀다(Brown 1919, p. 569). 성서 해석학적 측면에서 한국 기독교인들은 특히 다음에서 설명하는 주제를 중심으로 성경을 읽으며 서로를 격려하였다.

한국 기독교인들은 우선 구약성경에서 첫째, 이집트 군대로부터 탈출한 이스라엘 백성들의 자유를 주제로 한 출애굽(出Egypt)기를 주로 읽었다. 둘째, 다니엘 · 이사야서를 포함한 구약성서에 주로 예언되어 있는 바와 같이 바벨론이 멸망하고 이로써 바빌론에서 이스라엘 백성들이 바빌론 유수상태에서 탈출한 주제가 성경읽기의 또 하나의 중심이었다. 셋째, 블레셋 사람들을 포함하여 여러 이방부족으로 구성된 적들에 둘러싸여 위협받던 이스라엘 사람들의 지정학적 상황이 주요 논점으로 부각되었다. 그리고 신약성경에서는 한국 기독교인들이 주로 계시록을 읽었는데, 그 이유는 바로 계시록에 믿는 자들이 언젠가 새 하늘과 새 땅을 보게 될 것이라는 희망 가득한 메시지가 담겨 있었기 때문이다(박정신 1997, 189쪽).

박정신에 따르면, 스왈렌은 당시 주일학교 교재의 내용을 이렇게 전했다.

> 이집트가 이스라엘인들에게는 사악한 세력이었던 것처럼 일본은 한국 사람들에게는 사악한 세력이었다. 이스라엘인들이 이집트인들의 사악한 야만성을 깨달았던 것처럼, 한국인들은 점차 악의 세력의 본질을 깨닫게 되었다. (Swellen 1907, p. 4. 박정신 1997, 189쪽에서 재인용)

이 사실은 한국인들이 스스로를 이스라엘인과 동일시하였음을 알 수 있게 해준다. 이집트가 이스라엘인들에게 사악한 세력이듯이 제국주의 일본은 한국 사람들에게는 사악한 세력이었다. 박정신은 한국 기독교인들이 당시 예수를 전쟁의 수장(首將)으로, 성령을 검으로, 자신들의 믿음을 방패로 여겼다고 주장한다(같은 책, 190쪽).

브라운에 따르면, 한국에 파견된 미 북장로교 선교사 매쿤이 한국인을 다윗으로, 일본인을 가드 출신의 블레셋 전사 골리앗으로 비유하였다고 한다(Brown 1919, p. 569). 매쿤은 한국인들이 국가적 위기상황을 맞이하여 어려울 때 한국인들을 다윗에 비유하며 이들을 격려하기도 했다. 한편 일본

경찰당국은 한국 기독교공동체를 반일 독립운동 지도자들의 소굴로 여겼다. 결국 이들이 중심이 되어 일어난 3 · 1독립운동은 일본 제국주의에 저항하며 비폭력 무저항의 원칙 아래 전국적으로 확산되어 거의 1년 동안 지속되었다. 그러나 일본 정부는 군사무력을 사용하여 한국인을 억압하였으며, 그 결과 3804명의 한국 기독교인들이 체포되었다(한국교회사연구소 1997, 2권, 37쪽).

기독교인 독립운동 지도자인 길선주는 성경해석을 근거로 한국 기독교인 지도자들의 3 · 1운동 참여를 정당화하였다. 길선주는 일본이 유교의 충사상을 강조하면서 "나라가 존재해야 내가 존재한다"는 제국주의적 선언에 근거해서 한국인들을 일본 천황의 통치권 아래 강제 복속시켰다고 주장하면서, 성경의 원칙에 근거하여 정반대의 논리를 편다. "단 한 사람 아간(여호수아 7:18)으로 인해 이스라엘 사람들은 '아이'(Ai)와의 전쟁에서 패하였고, 단 한 사람 모세로 인해 모든 이스라엘 백성들은 이집트의 압제로부터 해방되었다. 비록 나이는 많았으나 갈렙은 젊은이와 같은 힘이 있어 가나안 땅에서 이교도들을 축출할 수 있었다."(길선주 1926, 10~11쪽) 그리하여 "내가 존재하기에 나라가 있고, 내가 존재하기에 세계가 존재하는 것"이라고 결론을 내린다.

이를 바탕으로 길선주는 기독교인들이 자신들의 가족과 교회와 민족의 마지막 염원인 나라독립을 위해 정성껏 힘써 줄 것을 주문한다. 그는 사탄의 나라와 정반대되는 단 하나의 하나님의 나라가 존재한다고 보았고, 이에 모든 한국 기독교인들은 반드시 일본 제국주의인 사탄의 나라에서 나와 "자유와 평등과 정의를 사람들이 한껏 누릴 수 있는" 외세에서 해방된 하나님의 나라로 이동해야 한다고 강조한 것이다(Kim Insu 1993, pp. 175~76).

심지어 음주와 흡연 같은 기독교인들의 일상적인 생활방식과 관련해서도, 길선주는 "사탄이 지금까지 발명한 가장 간악한 습관이 음주와 흡연이며 바로 이 두 가지가 한국에 내린 저주"라고 주장한다. 잠언 23장 29~35절의 "화 있을진저…. 포도주 곁에 오래 머물러 있는 자들… 그 끝에 가서는 그것이 뱀처럼 물고 독사처럼 독을 뿜는다…"를 인용하여 일본인들이 담배와 술을 한국에 들여와 경제적으로 착취를 일삼고 한국 사람들의 혼을 빼놓으려고 담배공장을 계속 짓고 있는 것이라고 경고하면서, 그는 3・1운동 이후에도 계속 금연과 금주 운동을 강력히 전개했다(Cooke 1915, p. 108; Kim Insu 1993, pp. 172~74).

한편 길선주는 요한계시록 해석을 바탕으로, 한국 기독교인들은 언젠가 자신들의 땅을 되찾게 될 것이기 때문에 절대로 자신들의 땅을 버리지 말아야 한다고 거듭 권고했다.[7] 그는 한국 기독교인들이 주(主)의 강림하심을 늘 대비하고 우리나라를 억압한 악의 세력과 싸울 준비를 꾸준히 해나가야 한다면서, 기독교인들은 두 개의 세상—하나는 이 세상, 또 하나는 다가올 세상—모두를 위해서 살아야 하는 것이라고 강조했다(에베소서 2:21). 이런 점에서 길선주의 성경해석은 기독교인들이 3・1독립운동을 주동하는 데 사상적 초석이 되었다.

요컨대 제국주의 시대에 한국 기독교인들은 일본 기독교인들과 마찬가지로 극단적 분리 및 차별의 원리로 성경을 읽었다. 양쪽 성경독자들 모두 자기중심의 민족주의적 관점에서 성경을 정치적으로 읽었던 것이다. 한국의 성경독자들에게 한국인은 다윗이었고 하나님 나라의 백성이었으며 선택받은 유대인이었고, 반면 일본사람은 골리앗이었고 사탄나라의 백성이었으며 야만적인 이집트인이었다. 브라운은 당시 선교사로서 이러한 반어적이면서도 상충되는 상황을 이렇게 묘사한다.

> 만약 선교사들이 한국인들 편에 서서 그들을 동정적 태도로 대하면 일본인들이 분개하기 시작했고, 선교사들이 일본인들 편을 들고 있으면 한국인들이 매우 분개하여 더 이상 한국인들에게는 어떠한 선교적 영향력도 끼칠 수가 없었다. 그것은 마치 악마와 깊은 바다 사이에 놓인 팽팽한 밧줄 위를 걷는 것과 같았다. (Brown 1919, p. 576)

일본 성경독자들이 일본 제국주의라는 지배적 담론에 종속된 수동적 주체가 되었듯이, 한국 성경독자들 역시 민족독립이라는 지배적 정치이데올로기에 그들 스스로를 수동적으로 종속시켰다. 이런 점에서 한국 성경독자와 일본 성경독자 사이의 다름의 주제는 정치적 성경해석에서 극단적 분리 및 차별로 구체화되었다고 할 수 있다.

1970년대 한국 민중기독교인들의 성경읽기

박정희 군사독재시기에 민중신학은 민중의 반정부 민주화운동의 기폭제 같은 역할을 했다.[8)] 군사독재시기에 압제자와 피해자, 부자와 빈자 사이에는 차별적인 이분법적 사회 · 정치적 구도가 형성되어 있었고 여러 민중신학자들의 활동이 두드러졌는데 그중 민중신학계의 대표적인 지성인 안병무는 하나님은 늘 피해자와 가난한 계층, 즉 민중의 편에 서 있었다고 강조하였다(안병무 1991). 구약의 시대에는 이집트인으로부터 억압받았던 이스라엘 사람들 편에 야훼가 서 있었고, 예수가 지상에 온 이후 하나님은 예루살렘 사람들로부터 차별받았던 갈릴리 사람들 편이었다는 것이다(같은 책). 그는 '히브루' 단어가 어원적으로 보면 인종이나 민족 개념이 아니라 계층 개념이고 따라서 하나님은 언제나 민중계층 편에 서 있다고 확신하였다. 하나님은 이스라엘인들을 선민(選民)으로서 선택한 것이 아니고, "야훼는 오직 한분 뿐"이라는 히브루 사상을 받아들인 히브루인들 즉 민중계층을 선택했다는 것이다.

안병무에 따르면, 이스라엘 민족만이 유일하게 가나안을 정복한 것은 아니다(같은 책, 139쪽). 오히려 시리아와 팔레스타인에 사는 농민들과 가난한 사람들이 팔레스타인(가나안)에 있던 독재정권에 저항한 것이라고 보았다. 다시 말해 억압받는 이스라엘 사람들뿐만 아니라 억압받는 가나안 사람들을 모두 포함하는 개념인 다름 아닌 '히브루' 사람들이 모두 함께 모여 가나안의 독재정권에 저항하였고 또 이들이 "야훼는 오직 한 분뿐"이라는 기치 아래 고대이스라엘을 건국하였다.[9] "야훼는 오직 한 분뿐"이라는 히브루 사상이 계층차별로 고생하고 억압받던 사람들을 통일시키는 보편적 대의명분이 되었고, 이들은 인종과 민족에 관계없이 통합과 연대 속에서 하나님을 믿을 수 있었다.

그러나 이 같은 히브루 사상은 그로부터 200년 후인 기원전 1070년에 다윗왕국이 세워지면서 모두 사라졌다. 안병무는 그 이유로 다윗왕과 솔로몬왕이 억압받는 사람들이 섬기고 있던 보편적인 하나님을 성전(聖殿)에 가두었기 때문이라고 설명한다(안병무 1993a). 다윗왕은 북쪽의 고대이스라엘과 남쪽 유다를 통일하여 이스라엘왕국을 세웠고, 그후 그의 서자(庶子)인 솔로몬왕은 예전의 이스라엘 땅이 아닌 남쪽 유다 땅에 있는 예루살렘에 성전을 건립하였다. 이에 따라 예전 고대이스라엘 땅에 살던 사람들은 성스러운 땅 예루살렘으로 순례의 길을 떠나야 했다. 게다가 하나님께 예배를 드리고자 할 때는 사제계급에게 번제물(燔祭物, 구운 짐승)을 바쳐야만 했다. 그런데 예루살렘에 있는 사제계급은 위생법을 적용해서 가난한 자와 노동자들을 배척했기 때문에, 더러운 옷을 입은 자는 예루살렘 성전에 들어갈 수가 없었다. 이리하여 억압받은 사람들 편에 섰던 보편적 하나님은 오직 예루살렘 성전 안에만 존재하는 일개 지방신으로 환원될 수밖에 없었다(같은 책, 167쪽).

이런 상황을 놓고, 안병무는 성경 아모스를 인용하여 예언자 아모스가 "야훼는 오직 한분 뿐"이라는 히브루 사상을 다시 회복시키고자 이스라엘 고위계급의 전제(專制)에 항거했던 사례와 당시 고대이스라엘의 전략적 요충지에서 저항운동이 이어졌던 현상에 주목한다(같은 책).[10] 이런 여러 차례의 저항운동이 '하시딤 운동' '에세네파', 세례 요한, 심지어 예수 그리스도를 통해 지속적으로 구체화되었다고 그는 주장한다(같은 책, 66쪽).

특히 그는 마가복음 1장 14절2—"요한이 체포된 후에, 예수께서는 갈릴리로 가셔서 하느님의 좋은 소식을 전파하시며"—에서 드러난 예수 그리스도 '사건'에 주목한다. 즉 갈릴리는 남쪽 유다가 아닌 고대이스라엘 땅인데, 그 땅에 사는 민중들은 "야훼는 오직 한 분뿐"이라는 히브루 사상에 대해 강한 믿음을 갖고 있었다. 그런데 예루살렘은 사제계급이 민중들을 잔인하게 다룬 땅이었다. 예수는 "야훼는 오직 한 분뿐"이라는 보편적인 히브루 사상을 복원시키고자 하였고, 따라서 예수는 예루살렘보다는 갈릴리를 더 소중하게 생각하였다. 그리하여 예수는 예루살렘이 아닌 갈릴리에서 "하나님의 나라(Kingdom)가 가까이 오고" 있음을 천명했다(마가복음 1:15). 누가와 달리 마가는 예수가 부활하자마자 예루살렘이 아닌 갈릴리에서 예수 제자들과 갈릴리 민중들 앞에 처음으로 나타나셨다고 기록하고 있다.[11] 또한 예수는 마가복음 10장 42절에서 인용하고 있듯이 전제정치를 맹비난하였다.[12]

한편 안병무는 예수가 다윗왕과 솔로몬왕이 세운 '예루살렘 성전'을 파괴하였다고 주장하면서(안병무 1993a, 67쪽), 그리하여 예수는 "야훼는 오직 한 분뿐"이라는 히브루 사상을 복원할 수 있었다고 본다. 비록 "야훼는 오직 한 분뿐"이라는 구호가 "오직 예수 그리스도를 통해"라는 구호로 바뀌기는 했지만, 저항운동은 민중들과 함께 호흡하며 계속되었다. 요컨대 구약과 신약 성경에서는 그 이름이 "야훼는 오직 한 분뿐"이라는 히브루 사상에서의 야훼든지, "오직 예수 그리스도를 통해"의 구호에 나오는 예수 그리스도이든지 상관없이, 민중계급인 억압받은 자의 편에선 하나님이 성경 전체 줄거리의 중심에 서 있다는 것이다.

안병무는 1970년대 한국의 정치적 사건인 민중운동을 성경해석의 출발점으로 삼았다(안병무 1991). 유럽의 성서해석학이 하나님의 말씀으로서의 성경문자 의미 분석에 중심을 두고 있었지만, 안병무는 수많은 민중운동가들이 부당한 독재정권에 맞서 피 흘리며 쓰러지는 바로 그 민중운동의 현장 속에 예수가 살아 있다고 보았다(안병무 1993b, 5쪽). 특히 사느냐 죽느냐의 위급한 상황에서 사람들은 하나님의 말씀과 같은 추상적 의미를 생각할 여유나 시간이 전혀 없었다. 그들에게 중요한 것은 야훼와 예수가 민중의 편에 서서 민중들이 부당한 독재정권에 저항할 수 있도록 힘을 실어줄 수 있다는 점이었고, 바로 이런 점 때문에 안병무는 성경 '말씀' 보다는 '사건' 이 더 중요하다고 역설한다.

민중의 이름으로 성경을 읽는 사람들은 '극단적 분리' 의 원리를 바탕으로 성경을 읽었다. 압제자와 피해자, 부자와 가난한 자, 예루살렘과 갈릴리의 다름은 하나님이 늘 후자의 편에 서 있었기에 차별에서 연합으로 승화될 수 없었다. 오히려 하나님은 '차별' '폭력' '위험' 을 특징으로 하는 이분법적 차별구조에서 공모자 수준으로 전락할 수밖에 없었다. 민중을 뜻하는 단어 히브루의 어원을 살펴보면 하나님은 민족적 · 국가적 경계를 뛰어넘어 전혀 치우치지 않는 보편적인 하나님을 의미할 수 있지만, 그럼에도 불구하고 이 하나님은 민중(民衆) 대 반민중(反民衆)이라는 또 다른 이름의 이분법적 차별구조에 종속될 수밖에 없었다는 점에서 진정한 의미의 보편적 하나님은 될 수 없었다.

한국의 정치적 성경읽기

돌이켜보면 한국에서 정치적 성경읽기는 극단적 분리 및 차별의 원리로 구체화될 수밖에 없었다. 앞장에서 푸코, 지라르, 더글러스가 이론적으로 다름의 주제를 '차별' '폭력' '위험' 으로 구체화한 것처럼, 일본과 한국의 정치적 성경독자들은 극단적 분리 및 차별적 시각으로 다름의 주제를 이해하였다.

첫째, 한국과 일본 성경독자들 사이의 다름은 차별로 구체화되었다. 양쪽 모두 일본 제국주의가 되었든 혹은 한국 독립운동 정신이 되었든 당시의 정치적 지배이데올로기의 영향을 받을 수밖에 없는 수동적 주체였다. 이러한 차별과 극단적 분리는 바로 국적의 다름에 의한 긴장에서 비롯된 것이었다.

둘째, 억압자 대 핍박당하는 자, 부자 대 가난한 자, 예루살렘 대 갈릴리의 다름 역시 차별 및 극단적 분리로 구체화되었다. 억압받는 자들은 설사 그들이 또 다른 이름의 이분법적 차별구조에 종속된다고 하더라도 억압상태에서의 해방이 그들의 절실한 과업이었다. 비록 그들이 민족의 다름에서 비롯된 차별은 극복할 수 있었다 하더라도 또 다른 차원의 차별, 즉 하나님의 전적인 지지를 받는 민중과 그렇지 못한 계층 사이에 나타나는 차별은 극복할 수 없었다.

마찬가지로 남아공의 성경독자들 역시 성경을 정치적으로 읽었다. 이에 다름의 긴장은 차별과 극단적 분리로 구체화되었다. 한국의 정치적 성경읽기 속에서 국가와 계층의 다름이 차별로 드러났듯이, 남아공의 정치적 성경읽기에서는 인종의 다름이 차별의 서막을 알리고 있었다.

2) 남아공의 정치적 성경읽기

아파르트헤이트 시대 아프리카너 기독교인들의 정신착란 및 이중잣대 시각의 성경읽기

일본과 한국인들이 유럽 선교사들을 통해 외부에서 들어온 기독교를 받아들인 반면, 기독교 문화의 영향 아래 살았던 유럽 식민주의자(남아공 백인)

들은 내적으로 스스로를 성경을 읽는 기독교인들로 자처하였다.[13)]

흑인노예의 역사가 시작된 이래 창세기 9장 18~27절에 나오는 "함에 대한 저주"와 관련된 성서이야기—함의 자손들이 저주를 받아 셈과 야벳의 노예로 살아야만 하는 운명이 결정되었다는 내용—는 백인 식민주의자들 사이에서 널리 받아들여졌던 사실이었다. 실제로는 "함이 죄를 저질렀고 가나안이 저주를 받았음"[14)]에도 불구하고, 저주는 가나안뿐만 아니라 함과 함의 모든 자손들에게까지 영향을 끼쳤다. 함에게까지 미친 저주의 영향력에 관한 내용은 근동지역권(아랍 이슬람권 및 동방 시리아 기독교권)에서 나온 문헌자료에서 확인할 수 있는데, 이 이야기는 7세기부터 근동지역권에서 시작되어 그 다음은 서방 기독교권으로 전해졌고, 이어 인류역사상 최악의 인종차별의 역사를 간직하고 있는 아메리카까지 널리 보편화되었다(Goldenberg 2003).

함의 어원은 일반적으로 '열' '어두움' '검은 것' 이라는 의미를 지닌 것으로 알려져 있었기 때문에, 흑인조상으로 알려진 함이 흑인노예제도를 정당화하기 위한 희생양으로서 저주를 받아야 했다는 것은 결코 놀라운 일이 아니었다. 또한 아프리카계 미국 시인 필리스 휘틀리가 1773년에 지은 시를 보면, 함과 더불어 아벨을 죽인 카인 또한 아프리카 흑인들의 조상으로 묘사되고 있다. "기독교인들이여, 기억하시라. 카인과 같은 흑인 니그로들이 언젠가 다시 정화되어 천사의 기차에 함께 탈 것이니."(같은 책, p. 178에서 재인용).

이처럼 카인이 흑인이 되었다는 믿음은 심지어 5~6세기경의 저작이라고 추정되는 동방 기독교권의 아르메니아어로 된 '아담(Adam) 책' 에서도 찾아볼 수 있다. 아담 책에는 "주께서 카인을 긍휼(矜恤)히 여겨… 그분께서 우박을 내려 카인의 얼굴을 때렸고, 이때 우박은 마치 석탄처럼 검게 되었는데 바로 이 때문에 그의 얼굴은 계속해서 검게 되었다"(같은 책, 180쪽에서 재인용)[15]고 씌어 있으며, '함이 저주받은 것'과 '저주받은 카인이 검게 된 것'이라는 추론은 18~19세기에 유럽의 다원발생론 유전학자들이 주장했던 창조 당시 원래의 피부색과 관련한 주장과도 일치한다. 즉 일원(一元)발생 유전학자들이 모든 인간은 아담의 자손이라는 설에 동의한 반면, 다원발생 유전학자들은 흑인은 동물이 태어난 시점과 똑같이 맞추어 여섯번째 날에 창조되었고 그래서 흑인은 에덴동산에서 쫓겨났다고 주장했다(Haasbroek 1981, p. 3). 또 와데와 고셋에 따르면, 이 시기에는 "모든 인간이 다 아담의 자손은 아니며, 노아를 통해 이어질 수 있었던 아담의 후손과 관련된 성서 이야기는 여러 종(種)의 인간들 중 단 한 종의 인간에 관한 이야기이고, 결국 오직 백인만이 진정한 의미의 아담의 자손들이다"는 주장이 지배적이었다. 1703년 남아공 서케이프 지방 드라켄스타인 교회연합모임인 주교총회의에서 '함'의 자손에 대한 저주와 관련된 성경구절을 언급한 이래로, 이러한 인종차별적 관념은 20세기 초 사반세기까지도 생생하게 살아 숨쉬고 있었다(Loubser 1987, p. 7).

1899~1902년에 일어난 앵글로-보어전쟁[16]에서 아프리카너들은 성경 이야기를 인용하며 스스로를 선택받은 유대인들로 여기고, 영국 제국주의자들을 이집트 지배자로 여겼으며, 흑인 원주민들은 가나안 토착민으로 간주하였다.

대이동에 나선 보어인들은 자신들을 이집트[케이프 식민지, 영국의 압제]에서 탈출하여 약속의 땅[남아프리카 내륙, 가나안]으로 이동한 이스라엘 민족과 동일시하였다. 보어인들은 약속의 땅에서 함의 자손들[당시 흑인은 함의 자손들이라고 여겨졌다]로부터 핍박받았다. (Loubser 1987, p. 18)

비록 1974년 네덜란드개혁교회(Dutch Reformed Church)는 외부적으로 가나안에 내린 저주에 관한 여러 의견에 대해 공식적으로 반박하였지만,[17] 본질적으로 아프리카너 성경독자들의 중추적인 인종차별적 견해가 바뀐 것은 결코 아니었다. 오히려 그들의 시각은 훨씬 세련되고 정제되어 마침내 아파르트헤이트 신학이라는 이름으로 그 절정을 맞았다. 『성서적 관점에서 본 남아공의 정황과 인간관계』(이하 『인간관계』 *HR*)[18]라는 책은 "아파르트헤이트 성경의 최고 정점에 오른 세련된 단계"를 보여주는 살아 있는 예이다(Loubser 1987, p. 100).

이에 대해 백스는 『인간관계』가 이중잣대를 적용한 정신분열적 신학에 근거하고 있다고 맹비난한다(Bax 1981, p. 74). 마치 일본인들이 상충되는 이중적 기준[19]으로 성경을 읽었던 것처럼 아프리카너들은 '하나님과 민족(Volk)'[20]이라는 이중적 시각으로 성경을 읽었다. 일본 성경독자들에게 천황은 하나님의 또 다른 이름이었고, 그래서 그들은 자연스럽게 일본 제국주의 권위에 복종하였다. 따라서 하나님과 동등한 비교가치를 지니고 있는 일본이라는 국가는 매우 중요한 위치에 있었다. 마찬가지로 아프리카너 성경독자들에게도 성경을 읽는 이중적 기준이 있었고, 한쪽 눈은 하나님을 향하면서 또 한쪽 눈은 민족을 향할 수 있었다.

16세기 종교개혁 시기 동안, 장 칼뱅은 면죄부에 연루된 가톨릭교의 부패한 관료주의에 반대하여 "오직 성경만으로" "오직 믿음으로" "오직 은총으로"라는 기치 아래 하나님께 순수하게 헌신해야 함을 강조하였다(EOB 1998; Bax 1981, p. 36). 칼뱅이 활동하던 당시는 초월적인 신보다 인간의 이성 및 사랑에 더 가치를 두는 낭만주의가 유럽사회 전체를 지배하고 있었다. 이런 낭만주의 시대[21]에는 인간의 이성에 기초한 과학과 기술이 급격히 발전하였고 수많은 예술가들이 사랑이라는 이름으로 다양한 소설과 시를 썼다. 이러한 강력한 세속주의 흐름에 저항하여, 칼뱅은 "오직 성경만으로" 사상을 강조했으며, 세속적인 인간의 명예 · 돈에 대한 욕망과 사랑, 이성보다 하나님을 가장 우선시하였다.

칼뱅의 종교 근본주의적 경건주의 운동에도 불구하고, 20세기 초반까지는 낭만주의 흐름이 주류를 이루어 줄곧 민족주의 이데올로기 형성의 사상적 기반이 되었다. 니체의 신의 죽음 선언에서 알 수 있듯이, 하나님에 대한 신앙심은 점차 약해지고 쪼그라들어 사라지게 되었고 그 대신 민족이 신앙의 중심 대상으로 떠올랐다. 헤겔이 언급한 것처럼, 절대정신이 민족의 존재를 통해 드러났던 것이다(Hegel 1982).[22] 이는 당시 20세기 초의 지배적인 사회정치 이데올로기였던 '막스 뮐러와 드 고빈의 아리아족 출현 신화'와 '독일인을 유기체로 보는 독일 낭만주의' 그리고 '다윈의 진화론'에서 공통적으로 추론되는 주된 철학적 사조이다. 중요한 것은 Volk(국가, 민족)가 신의 위치를 대신하는 유기체로 자리 잡았다는 점이다. 이 또한 자연신학의 주요 이론을 살펴보면 명확하게 드러난다.

자연신학은 진화론과 과학기술 발전 등에 필수요소인 인간의 이성을 기반으로 한 낭만주의 사상으로부터 크게 영향을 받았다. 자연신학에서는 성서적 증거 또는 신의 은총이 없다 하더라도, 인간은 이성적 사고[23]를 바탕으로 자연존재 그 자체를 통해 하나님의 창조 목적을 알 수 있다고 설명한다(Hick 1973). 왜냐하면 자연은 하나님의 영적 속성을 모두 갖고 있는 존재이기 때문이다. 이런 관점에서 20세기 초반에 독일 민족주의자들 다수는 민족(Volk)을 살아 있는 유기체 혹은 하나님의 피조물인 자연으로 해석하였다. 이 사상은 민족(나치즘)이라는 또 다른 하나님 이름으로 정치적 민족주의 이데올로기를 형성하는 데 결정적 역할을 했다.

이와 같은 측면에서 아프리카너들도 아파르트헤이트를 유지시키기 위해 민족을 살아 있는 유기체로 여기면서 성경을 읽었다.

> 당시 사회적 지도자이던 아프리카너 지성인들은 1930년대와 1940년대에 아프리카너 민족주의 이데올로기를 한층 강화해 나가기 시작했다. …그 이데올로기의 실체는… 아프리카너형제연맹으로 구체화되었고… 다니엘 에프 말란은 유럽의 낭만주의적 사고의 영향을 받아 민족 개념을 정립했고… 특히 말란의 아들인 다니 말란 목사가 최근에 증언한 대로, 말란은 헤겔철학에서도 깊은 영향을 받았다. (Bax 1981, p. 31)

따라서 칼뱅이 "오직 성경만으로"라는 기치를 바탕으로 하나님을 우선으로 삼는 근본주의적 경건주의 운동을 전개한 것과 달리, 아프리카너 성경독자들은 '하나님과 민족' 이라는 이중잣대를 가지고 이론적으로는 양자 모두를 동등한 비교가치가 있는 대상으로 파악하였다. 그러나 실제로는 일본 성경독자들이 일방적으로 천황을 중심에 두고 성경을 읽은 것처럼, 아프리카너 성경독자들은 민족 편에 서서 성경을 읽었으며 이렇게 민족을 중심으로 성경을 읽는 것이 결국 하나님을 중심으로 성경을 읽는 것과 같다고 믿었다. 이처럼 민족을 강조하는 것은 하나님을 찾는 또 다른 방식이 될 수 있었기 때문에, 아프리카너 성경독자들은 스스로를 선택받은 유대인으로 여기고 아프리카너가 아닌 사람들은 이단이라고 보았다(Loubser 1987, p. 5). 이에 남아공 백인들 대부분으로 이루어진 아프리카너와 남아공 흑인들이 대부분을 차지하는 비아프리카너의 다름은 정신착란과 이중잣대에 기초한 아파르트헤이트 신학이라는 이름으로 '극단적 분리' 및 '차별'로 구체화되었다.

*HR*에서는 하나님과 민족이라는 이중잣대 외에도 정신분열적이며 이중적인 관점이 매우 다양하고 세밀하게 드러난다. 예컨대 한편에서는 흑인들의 아프리카 고유문화의 다양성이 중요하다고 주장하면서 '상황신학'의 존재의의에 대해 특히 강조한다.

> 유럽에서는 미국 기독교가 서구화되었고, 동방정교회에서는 미국 기독교가 동양화되었으며, 같은 방식으로 아프리카에서 기독교 믿음은 반드시 아프리카화되어야 한다. (*HR*, p. 87)

이렇게 아프리카너들은 다양성의 존재를 강조함으로써 아파르트헤이트[24] 체제를 정당화시키려고 했다. 하지만 다른 한편에선 아프리카 전통문화를 대표하는 일부다처제, 조상신 숭배, 주술행위 등을 정면으로 반박하였다. "로볼라[25]는 기독교 복음과 전혀 조화를 이룰 수가 없고… 일부다처제, 조상신 숭배, 주술행위는 비난받아 마땅한 대상이었다."(*HR*, p. 88) 바로 여기서 아프리카너들의 성경독해 방식이 정신분열적이고 이현령비현령식의 이중잣대를 임의로 적용하고 있다는 점이 분명해진다. 앞에서 열거한 아프리카인들의 문화적 관습이 사라진다면, 기독교 믿음은 아프리카화되는 것이 아니라 오히려 서구화되어야 한다고 주장하는 것이 더 타당할 것이다.

한편 *HR*을 저작한 두뇌집단은 논리학에서 가장 기본이 되는 개념인 당위명제와 사실명제를 동일시하는 오류에 빠졌다. 예컨대 이들은 성서에서 여러 민족들이 따로 떨어져서 분리된 채로 살아가고 있다는 사실을 강조한다(같은 책, p. 87; 마태복음 28:19; 사도행전 2:5; 로마서 1:16). 게다가 이들은 다양성(창세기 1:28, 11:1~9; 사도행전 2:5~11; 계시록 7:9)과 경계선(신명기 32:8~9; 사도행전 17:26)을 중심 소재로 해서 성경을 읽고자 했다(Kim 2003). 바벨탑 사건이 일어난 이후로 수많은 국가 · 민족 · 부족 및 어족이 분열되어 살아가는 것은 적어도 심판의 날이 오기 전까지는 역사적 사실이 될 것이다. 그 누구도 국가 · 민족 · 부족 · 어족 간의 다양성과 경계선의 현실적 존재성은 역사적 사실이기에 부인할 수가 없을 것이다. 이러한 사실을 근거로 *HR*을 집필한 두뇌집단은 아파르트헤이트가 바로 하나님의 섭리이며 따라서 따로따로 발전하는 것이 당연한 순리라고 결론을 내린다.

> 결국 우리는 사회의 질서를 유지하기 위해서라도… 다양한 인종의 존재가 하나님의 궁극적 뜻임을 존중한다. 그리고 다양한 인종과 다양한 민

족이 함께 있는 사회에서는 모든 면에서 다양한 인구집단이 각각 떨어져 존재해야 공공의 질서가 가장 잘 유지될 수 있는 것이다. (*HR*, p. 94, 96)

그러나 논리학에서 사실명제와 당위명제는 개념구조가 다르다. 예컨대 A가 B라는 사실명제는 A는 B가 되어야 하는 당위명제의 타당성을 보증할 수 없다. 인간이 죽는다는 사실명제는 인간이 꼭 죽어야만 한다는 불변의 규범명제(당위명제)가 될 수는 없다. 만약 그것이 사실이라면, 종교는 설 자리가 없어질 것이다. 왜냐하면 기독교의 초월적 하나님은 인간의 죽음이라는 역사적 현실을 변화시킬 수 있는 기적을 행할 수조차 없기 때문이다. 하지만 나사렛의 경우에서처럼 하나님은 예수 그리스도를 통해 부활의 기적을 몸소 보여주었고 기독교 성경독자라면 하나님의 나라가 새 하늘과 새 땅에 세워질 때가 되면 더 이상 눈물도 더 이상 죽음도 없을 것이라는 믿음에는 의심의 여지가 없을 것이기 때문이다(요한복음 11:11, 14~44; 계시록 20:4; 이사야 65:17).

*HR*의 두뇌집단은 국가 · 민족 · 인종 · 어족이 다양하게 존재하는 현실에 기초한 사실명제를 이들의 존재가 하나님의 뜻이어야만 한다는 당위명제(규범명제)와 동일시하는 오류를 범했다. 그 결과 이들은 정신착란적 이중잣대를 기준으로 논리학에서 가장 기본이 되는 명제의 개념구분조차 이해 못한 채 성경을 독해하였다. 백스는 이들의 천박한 수준의 성경읽기 방식을 이렇게 비판한다. "설령 하나님께서 민족간의 국경을 각각 정해서 민족을 따로 살게 하는 것이 하나님의 섭리라 하더라도, 그렇다고 해서 이것

이 아파르트헤이트라는 미명 아래 인간을 '마음대로 지배' 하라는 의미는 아닌 것이다."(Bax 1983, p. 133)

그럼에도 불구하고 앞의 2장에서 논의한 바와 같이, 아프리카너 성경독자들은 자신을 지배적인 인종주의적 담론의 영향 아래 놓여 있는 수동적 주체로 여기기보다는 논리정연하고 일관된 의식을 가진 자기정체성이 뚜렷한 주체로 생각했다. 일본의 성경독자들이 적극적으로 이중잣대의 기준을 자연스럽게 받아들인 것처럼(이 책 2장 1) 참조), 아프리카너 성경독자들은 정신분열적 이중잣대의 우월성에 대해 추호도 의심도 없었다. 이것은 네덜란드 개혁교회 목사의 45%가 사실상 '형제연맹' 의 주요 구성원이었다는 사실에서 명확히 드러난다.[26]

한마디로 아프리카너 성경독자들은 정신분열적 이중잣대로 성경을 독해함으로써 인종차별을 정당화했다. 일본인들이 하나님의 또 다른 이름인 천황을 중심으로 성경을 읽었다면, 아프리카너 성경독자들은 하나님의 또 다른 이름을 민족(Volk)에서 찾았고 그 민족의 범위는 오직 아프리카너들에 국한되어 있었다. 이런 식으로 이들 성경독자들은 당시의 정치적 지배이데올로기에 스스로 종속됨으로써 다름의 대상인 한국인과 남아공 흑인들을 이단으로 몰아 차별했다. 따라서 남아공의 정치적 성경읽기에서도 백인 아프리카너들과 흑인들 사이의 다름은 정신착란적 이중잣대가 적용된 아파르트헤이트 성경읽기라는 이름의 '차별' 과 '인종적 분리' 로 구체화될 수밖에 없었다.

1970년대 남아공 흑인 기독교인들의 성경읽기

아프리카너 성경독자들이 인종의 다름을 아파르트헤이트라는 인종적 차별로 독해했다면, 남아공 흑인 성경독자들은 '있는 자 대 없는 자' '억압자 대 피해자'라는 극단적 분리의 이름으로 성경을 읽었다(Boesak 1984, p. 12). 아프리카너들의 성경읽기에 대한 반박으로, 남아공 흑인 성경독자들은 인종의 다름 문제에서는 흑인 편에 섰고 계층의 다름에서는 '억압받는 사람들' 편에 서서 성경을 독해했다. 아프리카너들의 성경독해가 '민족'을 강조함으로써 인종적 분리를 유발시켰다면, 반대로 남아공 흑인 성경독자들은 억압받는 이들(민중)의 입장을 더 중요하게 여김으로써 '억압자 대 피억압자'라는 이분법적 차별구조의 기본적인 전제에서 벗어날 수 없었다. 예를 들어 수학에서 전자가 수직선상에서 양의 방향에 서 있다면 후자는 음의 방향에 서 있는 극단적 대항관계를 이루었다. 양쪽 성경독자들 모두 당시의 지배적인 차별적 정치담론의 영향 아래 차별을 주제로 성경을 읽었던 것이다.

보삭은 『표준 영 · 아프리칸스어 어학사전』에서 흑인을 아프리칸스어로 '검은 동물 가죽'(swartnerf) 또는 '검은 뱀'(원주민을 번역한 집합명사 swartlang)으로 번역하고 신사를 백인으로 번역하고 있는 점을 미루어볼 때 남아공 흑인은 숙명적으로 백인 아프리카너 정권에 대항할 수밖에 없었다고 주장한다(Boesak 1984, p. 17). 또한 그는 아프리카너들이 성경해석을 빌미로 차별적 담론을 정당화시키는 데 대해 정면으로 비판하며 스스로 해방운동가가 될 수밖에 없었던 시대적 당위성을 강조한다. 이렇게 철저한 현실이해에서 나온 '해방' 정신은 남아공 흑인 성경독자들에게 성경읽기의 가장 중요한 주제가 되었다.

출애굽 사건과 관련해서 남아공 흑인 성경독자들은 아프리카너 성경독자들과 마찬가지로 스스로를 선택받은 유대인과 동일시했다. 아프리카너들의 성경독해가 인종을 바탕으로 백인 아프리카너와 동일시되었던 유대민족에 중점을 두었다면, 남아공 흑인의 성경읽기는 생물학적 차원의 유대민족보다는 사회계층적 측면에서 억압받는 이들을 상징하는 핍박받은 유대인계층이 독해의 중심 소재였다. 즉 한국의 민중신학과 마찬가지로 하나님께서 유대인들을 적극적으로 지지하는 이유는 그들이 선택받은 민족 혹은 선택받은 사람들이기 때문이라기보다는 근대의 서구 제국주의에 비유되는 이집트 파라오의 전제정치에 억압당한 희생자들이었기 때문이다(Mosala 1991). 흑인들은 백인 식민주의자들로부터 지속적으로 억압당했고, 따라서 억압받는 남아공 흑인 성경독자들은 스스로를 억압당하는 역사를 가진 과거의 선택받은 유대인들과 동일시하였다.

남아공 흑인신학 형성의 밑거름이 된 북아메리카의 아프리카계 감리교 현대 흑인신학의 아버지 콘은 종말론적 계시론에 근거한 미래에서 개인의 구원에 대한 강조보다는 억압받는 사람들의 실제 삶과 그들을 억압하는 현재의 사회 · 경제 · 정치적 현실을 더욱 중요하게 여겼다(Cone 1973). 백인의 성경읽기 이면에는 현재의 차별적 정치체제를 계속 유지하려는 정치적 의도가 숨겨져 있었기 때문에 콘은 이 점을 강력히 비판하였다(같은 책). 백인들은 개인의 구원이 국가의 권위에 복종함으로써 얻을 수 있는 것이고 이를 통해 현재의 체제 및 질서가 유지 가능하다고 판단했다. 이런 백인들의 주장을 "인간은 조용히 기도하고 현행법을 충실히 지킴으로써 구원에 다다를 수 있는 것"으로 콘은 간략히 정리한다(같은 책, p. 53).

그런데 콘은 백인들의 이러한 주장과 달리 인간의 구원은 억압받은 자들 편에 서서 인간사에 관여하는 신의 활동으로 얻어질 수 있는 것이라고 주장한다(같은 책). 예컨대 출애굽 사건에서 하나님은 약하고 힘없는 사람들을 대신해서 능력을 발휘함으로써 스스로 모습을 드러내었다. 야훼는 "그들의 울부짖음과 아브라함, 이삭, 야곱과 한 언역을 기억하였으며 이스라엘의 역경과 고초를 보았고 경청하였다"(출애굽기 2:24~25). 하나님께서는 "팔을 뻗어 위대하고 정의로운 행동을 몸소 보여주심으로써" 이스라엘 사람들이 홍해를 건널 수 있게 하여 이집트 폭정으로부터 구원하셨다(출애굽기 6:6). 그는 힘과 능력의 하나님이셨고 이스라엘 민족을 노예화했던 파라오의 강력한 힘을 완전히 무력화시킬 수 있었다.

나아가 콘은 기원전 722년 북쪽 이스라엘왕국이 멸망하고 기원전 587년 남쪽 유다왕국이 멸망하여 이스라엘 사람들이 유랑에 들어갔을 때 주변 환경은 야훼 외에 다른 여러 신들에 의해 좌지우지되는 상황이었고 이 때문에 이스라엘 사람들은 사회 · 경제 · 정치 · 영적으로 커다란 위기를 맞았다고 설명한다(Cone 1993, p. 166). 이스라엘 사람들이 이같이 절망하고 있을 때 예레미야는 나중에 예수 그리스도를 통해 이루어지게 되는 새로운 언약을 예언함으로써 그들에게 희망을 주었고(31:31~34) 에스겔 역시 하나님이 새 마음과 새 정신을 줄 것이라고 예언하면서 이들을 독려하였다(36:26). 마침내 야훼께서는 바빌론 유배생활에서 이들을 해방시킴으로써 다시 한번 약한 자와 힘없는 유대인들 편에 서서 스스로를 적극적으로 드러내셨다.[27]

콘은 야훼의 억압받는 자들을 위한 관심과 사랑이 신약성서에 기록된 예수의 전도활동에서도 그대로 드러난다고 설명한다(Cone 1993). 나사렛에 있는 유대교회당에서 예수는 이사야서를 인용하며 억압받는 자들을 위해 이렇게 말한다. "주님의 성령이 나에게 내리셨다. 주께서 나에게 기름을 부으시어 가난한 이들에게 복음을 전하게 하셨다. 주께서 나를 보내시어 묶인 사람들에게는 해방을 알려주고 눈먼 사람들은 보게 하고, 억눌린 사람들에게는 자유를 주며…."(누가복음 4:18~19; 이사야 61:1~2, 공동번역) 반대로 억압하는 사람들에 대해서는 결코 하나님의 나라를 상속받을 수 없을 것이라고 분명히 단언한다. "예수께서 저희에게 이르시되 내가 진실로 너희[예수 생전에 종교적 억압자였던 바리새인들]에게 이르노니 세리들과 창기들이 너희[바리새인들]보다 먼저 하나님의 나라에 들어가리라."(마태복음 21:31 개역한글판)

요컨대 콘은 그리스도의 구원이란 "초현실적 세상으로 가기 위해 내세론적 탈출을 열망"하는 것도 아니며 "참을 수 없는 고통을 참을 수 있게 만들어주는 심적 평안함"도 아니라고 주장한다(Cone 1973). 오히려 그리스도의 구원은 "예수 안의 하나님께서 인간의 억압현실에 인간과 직접적으로 심도 깊게 맞부딪치는 것이고, 그래서 인간을 포로로 만들어버리는 인종주의와 같은 모든 인간의 악을 제거함으로써 인간을 해방시키는 것"이라고 말한다(같은 책, p. 55). 성경의 핵심 주제를 바로 '해방'이라고 본 것이다.

한편 모살라는 해방신학의 고전 격에 해당하는 콘의 신학에 일격을 가한다(Mosala 1989). 그는 콘의 해석학적 출발점이 "성경을 하나님의 말씀으로 받아들이는" 백인 성경독자들의 관점에서 전혀 벗어나지 못함으로 해서 흑인의 실제 삶의 경험을 담아내지 못했다고 비판한다. 일단 성경독자가 '성경을 하나님의 말씀'으로 받아들이게 되면 예수 그리스도는 '비정치적'이고 '비이데올로기적인 존재' 가 될 수밖에 없다는 것이다(같은 책, p. 16). 그리하여 비정치적인 예수 그리스도께서 억압받는 자들을 위해 부당한 정치권력에 대항해서 정치사에 직접 관여할 수 있을 것이라고는 상상조차 할 수 없게 된다고 주장한다.

하지만 아이러니하게도 백인 성경독자들은 필요하면 언제든지 자신들의 압제를 정당화하기 위해 성경을 이용하였다. 모살라는 "백인들이 성경을 하나님의 절대적이면서도 비이데올로기적인 말씀이라고 보면서도 자신들의 억압적 상황을 설명할 때에는 유독 성경을 정치적 이데올로기로 활용하고 있다"(같은 책, p. 16)면서, 이에 대해 성경을 하나님 말씀 그 자체로 보기보다는 "계급투쟁의 산물이며 역사적 기록물"로 보아야 한다고 말한다(Mosala 1991, p. 115). 모살라가 볼 때 성경은 역사적 · 경제적 실제상황에서 나온 계급투쟁의 산물로서 만들어진 것이며, 따라서 오늘날의 성경은 우선적으로 흑인의 삶의 현장을 중심으로 읽어야 하고 이때 흑인의 실제 삶의 경험은 특히 성경해석의 권위에 눌려 종속의 대상이 되어서는 안 되는 것이다.

민중신학의 입장과 비슷하게, 모살라는 하나님이 다윗에게 언약한 다윗의 정통성이 현재의 정치체제를 유지하는 데 가장 근본적인 이데올로기를 제공한다는 점에서 다윗에 대한 하나님의 언약 전통을 명확하게 부정한다. 오히려 그는 모세와 맺은 하나님의 언약 전통이 실제의 역사적 현실 속에서 '해방' 으로 드러났고 또한 하나님께서 억압받은 자들을 구원하고자 파라오의 억압적인 정치권력에 적극적으로 관여했다는 점에서, 혁명적인 모세의 언약 전통을 더 중요하게 여긴다(같은 곳). 게다가 그는 미가 4장에서부터 7장은 당시 지주층의 이익을 정당화하기 위해 나중에 인위적으로 성경에 삽

입한 부분이라고 주장한다. 1~3장은 '해방 중심의 이데올로기'로 구성되어 있는데 4~7장은 '체제유지의 성격을 띤 이데올로기'로 구성된 것은 논리적으로 일관성이 부족하다는 것이다. 1~3장은 '정의' '동맹' '투쟁' '용기' 같은 해방 중심의 이데올로기가 주류를 이루는 데 반해 4~7장은 '안정' '은혜' '회복' '보편적 평화' '동정' '구원' 같은 체제유지 성격을 강하게 드러내는 이데올로기가 주를 이루고 있다.

여기서 중요한 것은 성경을 하나님의 말씀으로 간주하여 고전적 입장에서 성경을 읽든 혹은 계급투쟁의 산물이라고 여겨 물질주의적 해석학적 방식에 근거해서 읽든, 남아공 흑인들의 성경읽기는 '해방'이 중심 주제라는 점이다. 요컨대 하나님은 억압자들의 폭정에 저항하면서 해방의 가치에 목숨을 거는 억압당한 이들 편에 항상 서 있었다. 바로 이 점에서 예수 그리스도는 대표적인 해방운동가였다(Prior 1995). 해방운동가로서 예수의 모습은 아파르트헤이트 폭정 아래서 신음하던 흑인들에게 인생의 목표이자 꼭 닮고 싶은 모델이었고, 이런 차원에서 예수는 당연히 검은 피부를 가진 것으로 묘사될 수밖에 없었다. 예수의 검은 피부와 관련한 여러 가지 논쟁은 다음 세 가지 논점으로 요약할 수 있다(Kim 2002).

첫째, 아프리카 땅에 숨었던 아기예수 사건에서 헤롯왕은 결국 아프리카 땅에 숨어 있던 아기예수를 발견할 수 없었다. 만약 예수 가족이 실제로 전형적인 유럽 사람들의 외모였다면 아프리카 땅에서 그들은 성공적으로 숨어 있을 수 없었을 것이다.

둘째, 최후의 만찬 사건에서 유다는 로마 군인들에게 예수를 체포하는 데 도움이 될 수 있는 표시로 예수가 누구인지를 재빨리 알려주기 위해 예수에게 키스하였다. 만약 예수가 백인 코카서스 인종이었다면 따로 유다가 로마 군인들에게 알려주지 않았더라도 그들이 금방 알아차렸을 것이다. 이런 점을 감안해 볼 때, 예수는 제자들과 똑같은 피부색을 가졌음에 틀림없다.

셋째, 계시록 1장 14절[28]에 나오는 구절을 문자 그대로의 의미를 적용한다면 예수가 하얗다는 것으로 이해할 수 있는데, 같은 구절에 있는 흰 양털 모양의 곱슬머리는 다름 아닌 과거 에티오피아인들의 머리털을 나타내므로 예수의 머리털은 곧 흑인들의 곱슬머리와 같다는 것이다. 그런데 예수의 머리털이 흑인들의 곱슬머리라고 인정할 수 없다면, 단어 '하얗다'(leukos)의 의미 역시 순전히 예언적 의미를 가진 것으로 보아야 할 것이다. 나아가 14절과 15절[29]을 문자 그대로의 의미로 해석한다면, 예수의 눈은 이미 화염에 휩싸여 녹아버렸을 것이다(Snowden 1979, p. 23; Kim 2002).

요컨대 남아공 흑인 성경독자들은 억압자들의 편이 아니라 억압받는 사람들 편에 섰던 하나님을 믿으며 억압받는 흑인 편에서 성경을 읽었다. 그러나 이 또한 흑인 대 백인이라는 또 다른 이분법적 차별구조를 낳을 수밖에 없었다. 투투가 언급하고 있듯이 "어제는 희생자였던 사람들이 오늘은 독재자가 될 수도 있었던 것이다"(Tutu 1983, p. 167). 투투의 이 같은 비판을 보완하는 차원에서, 부텔레지는 예수 그리스도의 이름으로 해방이란 흑인과 백인 모두에게 적용되는 문제라면서 "이제는 흑인이 백인을 대상으로 전도하고 교화시킬 때이며, 이것은 백인이 승낙을 한다고 해서 달성되는 것이라기보다는 오로지 흑인이 백인을 사랑할 때 달성될 수 있는 것이라고" 강조한다(Buthelezi 1973, pp. 55~56). 그러나 부텔레지의 이 관점 역시 백인을 전도와 교화 대상으로 여김으로써 흑인 중심의 세상 바라보기를 전개하고 있으며 흑인 우월주의라는 보이지 않는 전제를 내포함으로써 그 한계를 드러낸다. 또한 흑인 대 백인이라는 또 다른 이름의 인종차별을 낳을 가능성도 전적으로 배제할 수 없다.

한편 모살라의 물질주의적 해석학을 성경읽기에 적용한다면, 신자들은 하나님을 믿어야 할 필요성조차 없어질 것이다. 왜냐하면 초월적 신이 압제자와 억압받는 자라는 차별적 이분구조에서 어느 한쪽에 종속될 수밖에 없기 때문이다. 이로써 하나님의 초월성은 물질적 · 사회적 · 경제적 · 정치적 차별구조에 종속되고 하나님은 더 이상 초월적인 존재가 아니어서 결국 하나님의 초월적인 정체성은 해체될 수밖에 없다. 게다가 예수 그리스도의 죽음 사건 이후 예수 그리스도는 해방자로서 부활할 수도 없을 것이고, 일단 성경을 정치 · 경제적 부산물로 바라보게 된다면 예수의 신성 역시 사라져 버릴 것이다.

비록 투투는 성경해석에서 차별을 용인한다면 그것은 오직 개인적 차원에서만 믿는 자와 그렇지 않는 이방인으로 나누면 된다고 주장하지만(Tutu 1983, p. 42), 현실적으로는 집단으로서 백인 대 흑인, 억압자 대 피억압자, 가진 자 대 못 가진 자로 나뉘어 서로를 차별해 온 살아 있는 성경해석의 역사가 존재하고 따라서 이러한 집단적 차원의 차별은 비판받아 마땅하다. 차별적 성경읽기는 비판받아야 함에도 불구하고 이런 식으로 양쪽 성경독자들은 스스로 의도하였든 그렇지 않든 인종과 계급에 기초한 '차별' 과 '극단적 분리' 의 원리로 성경을 읽었다. 푸코의 이론에서 논증한 바와 같이, 사람들은 인종주의자이건 인도주의자이건 해방운동가이건 누구를 막론하고 스스로를 지배적인 정치담론의 메커니즘에 따라 형성된 수동적 주체라고 평가하지 않고 논리적으로 정확하고 일관된 의식을 가진 자기정체성이 뚜렷한 주체로 파악했다(이 책 1장 1) 참조).

아프리카너 성경독자들이 지배적인 인종담론의 영향을 받아 세속적 정치이익을 위해 하나님 또는 민족을 섬겼던 것처럼, 남아공 흑인 성경독자들은 하나님이 자신들의 정치적 목표인 해방을 달성하기 위해 늘 자신들 편에서 있다고 믿었던 것이다. 이로써 양편의 성경독자들은 '아파르트헤이트'와 '해방' 이라는 기치 아래 각자의 정치적 목적에 따라 성경을 해석하였고, 인종과 계급 간의 다름의 긴장은 곧바로 '극단적 분리' 및 '차별' 의 흐름으로 구체화되었다.

남아공의 정치적 성경읽기

남아공에서 성경읽기는 극단적 분리와 차별의 원리로 구체화되었다. 푸코와 지라르, 더글라스가 다름의 주제를 차별 · 폭력 · 위험으로 구체화시켰듯이, 남아공의 정치적 성경독자들은 다름의 주제를 인종적 분리 및 차별적 흐름 속에서 파악하였다.

아프리카너 성경독자들이 아파르트헤이트라는 인종차별에 기초해서 인종의 다름을 이해하였다면, 남아공 흑인 성경독자들은 피억압자 대 억압자, 못 가진 자 대 가진 자로 다름을 이해하였다(Boesak 1984, p. 12). 아프리카너들의 성경읽기에 대한 반발로 남아공 흑인 성경독자들은 인종의 다름 문제에서는 흑인 편에, 계층의 다름에서는 억압당하는 사람들 편에 서서 성경을 읽었다. 아프리카너들의 성경읽기가 '민족' 을 강조함으로써 인종차별을 낳았다면, 남아공 흑인 성경독자들은 억압당하는 사람들을 위한 해방의 탈출구를 모색하는 과정에서 '억압당하는 자 대 억압자' 라는 또 다른 이분법적 분리구조를 전제할 수밖에 없었다. 즉 양쪽 성경독자들 모두 지배적인 차별적 정치담론의 영향 아래서 차별의 원리로 성경을 독해했던 것이다.

따라서 아프리카너 성경독자들과 남아공 흑인 성경독자들 간의 다름은 인종간 분리 및 차별로 설명되어야 한다. 이들 모두는 당시의 지배적 정치이데올로기인 아파르트헤이트 혹은 해방의 기치 아래 종속된 수동적 주체였다. 양쪽 모두의 정치적 성경읽기에서 인종 혹은 계층의 다름은 차별과 극단적 분리로 구체화되었다.

3) 맺음말

한국과 남아공의 정치적 성경읽기에서 민족 · 인종 · 계급의 다름에서 비롯된 긴장은 차별과 극단적 분리의 원리를 바탕으로 해소될 수 있었다. 다시 말해 양쪽 입장 모두 성경독해의 핵심어는 차별과 극단적 분리였다.

특히 일본인이건 한국인이건, 백인이건 남아공 흑인이건, 성경독자들은 스스로를 선택받은 유대민족과 동일시함으로써 민족 · 인종 · 계급의 다름에서 생겨난 긴장을 해결하고자 했다. 따라서 비유대인들은 극단적 분리와 차별의 이름 아래 자동적으로 배척대상으로 전락할 수밖에 없었다. 그런데 아이러니하게도 비유대인들은 상대방의 관점에서 보았을 때는 이단세력이었던 다름 아닌 일본인, 한국인, 백인과 남아공 흑인 자신들이었다. 이러한 정치적 성경읽기는 서로에 대해 폭력과 위험, 차별을 낳는 해석학적 한계를 명확히 드러냄으로써 새로운 성경읽기의 발견이 절대적으로 요청되었다.

이를 위해 다음 장에서는 한국과 남아공에서 성경독자들이 기독교로 비유될 수 있는 선택받은 유대인과 전통종교 토양에서 나온 토착종교로 비유될 수 있는 선택받지 못한 비유대인 사이의 긴장을 어떤 식으로 극복했는지 상세히 논의할 것이다. 기독교가 한국과 남아공의 정신적 토양에 뿌려진 이후, 전통종교와 기독교 간의 세계관 충돌에서 파생된 다름의 긴장은 피할 수 없는 현실이었다. 정치적 맥락에서 이러한 다름의 긴장은 지배적인 이분법적 차별적 정치이데올로기의 영향을 받은 정치적 성경읽기를 통해 차별적 흐름으로 구체화되었다. 반대로 문화적 맥락에서 보면 토착 성경독자들은 기독교에서 선택받은 유대인과 전통종교에서의 그렇지 못한 비유대인 사이의 긴장을 '동일성을 추구' 함으로써 해결하고자 했다. 비록 한국과 남아공의 대다수 성경독자들이 유럽 선교사들의 시각에서 선택받은 유대인 대 그렇지 못한 비유대인, 하나님 대 사탄, 정통 대 이단 같은 극단적 분리의 원리로 성경을 읽었지만, 그 못지않게 상당수 토착 한국인과 토착 남아공 성경독자들은 기독교라는 선택받은 유대인과 토착종교라는 그렇지 못한 비유대인 사이의 본질적 긴장을 그들 인식론의 뿌리인 전통종교의 맥락에서 조화롭게 소화하고자 노력하였다. 따라서 다음 장에서는 기독교와 전통종교 간에 발생한 다름의 긴장을 전제로 해서, 한국과 남아공의 문화적 성경읽기의 실체를 구체적으로 살펴볼 것이다. 이는 '동일성 추구의 흐름' 속에서 나타난 흡수의 원리로 명쾌하게 설명된다.

[주]

1. 민중은 보통사람들, 일반적으로 사회 · 정치 · 경제적 지위가 낮은 사람들을 가리키는 개념이다. 군중이나 대중, 즉 ochloi를 뜻한다. 마르크스(1888)의 계급투쟁 이론에서 이들은 부르주아지에 저항한 프롤레타리아트에 속한 사람들이다.
2. 일본에 기독교가 처음 소개된 것은 16세기 중반 로마가톨릭 선교사들을 통해서이다. 도쿠가와 막부 정권이 들어서면서 기독교는 쇄국정책 때문에 1637년 완전히 금지대상이 되었다. 그후 메이지 유신을 통해 천황은 1868년 도쿠가와 막부 정권으로부터 권력을 되찾게 되었고, 이에 따라 천황에게서 쫓겨난 사무라이들이 자기수양 및 사회개혁을 명목으로 기독교를 받아들였다. "기독교인 사무라이들은 과거 자신들의 가치체계와 구조적 유사성이 있는 새로운 가치체계를 배우느라 애썼고 새로운 가치는 새로운 세상에 새 질서와, 신도들에게 미래의 성공을 약속하였다." Jennings 1997, p. 8; Scheiner 1970, pp. 4~5; EOB, "Japan," p. 294.
3. 브라운은 1904년 3월부터 1905년 9월까지 18개월간 전쟁이 지속된 것으로 보고 있다.
4. "각 사람은 위에 있는 권세들에게 굴복하라. 권세는 하나님께로 나지 않음이 없나니 모든 권세는 다 하나님의 정하신 바라. 그러므로 권세를 거스르는 자는 하나님의 명을 거스름이니 거스르는 자들은 심판을 자취하리라." (개혁한글판 번역)
5. "일본인과 한국인은 예수 그리스도 앞에 동일함을 우리는 알고 있다. 모든 인간은 하나님의 자식이다. 따라서 일본의 황제는 모든 한국인을 일본인과 동일하게 대우할 것이다."(Dohi 1993)
6. 기독교의 수용은 16세기 후반부에 이루어진다. 1592년 일본 히데요시의 침략 이후, 진보학자층을 중심으로 서구 지식을 받아들일 목적에서 중국으로부터 가톨릭교를 수용하였다. 17세기 초에 이수광은 마테오리치가 1595년에 저술한 『천주의 뜻에 대한 논쟁』(天主實意)을 요약하여 중국으로부터 한국에 소개하였다. 그러나 조선 정부에서는 가톨릭교가 사회계층을 타파하고 인륜의 질서를 무시하는 종교라고 판단하여 지속적으로 금지해 왔다. 이러한 정부 차원의 금지는 1801~66년에 총 4차례의 천주교 박해로 그 절정을 이루었고, 이 박해로 인해 한국의 가톨릭교인들 다수가 죽었다. 이를 빌미삼아 서구 제국주의의 압력은 거세어졌고 마침내 조선 정부에서는 기독교 선교사들을 공식적으로 받아들였다.
7. "예수께서 걸었던 땅은 새 땅이 될 것이고 그 땅은 영원히 사라지지 않고 영구히 존속될 것이다."(Gil 1980, pp. 135~141)
8. 한국은 1945년 일본 제국주의에서 독립한 이래 미국 주도의 남한과 구소련 주도의 북한 두 개의 국가로 나뉘었다. 1950~53년의 한국전쟁 이후, 남한사람들은 정치적 혼란 속에서 살았다. 이러한 정치적 혼란을 틈타 1961년 군사쿠데타를 통해 군사정권이 설립되었고 군사정권은 1987년까지 이어졌다. 특히 1970년대 박정희 군사독재시기 동안에 수천 명의 민주화운동가들이 반정부운동을 주도하다가 죽음을 맞이하였다. 예컨대 재단사 전태일(1948~1970)은

1970년에 노동자의 권익을 주장하다가 스스로의 몸을 불살라 자결하였다.

9. "팔레스타인에서 전제정치 속에 살았던 핍박받던 사람들은 '야훼는 오직 한 분뿐'이라는 히브루 사상을 토대로 이집트에서 탈출한 이스라엘 사람들과 정신적으로 연합하였다."(안병무 1993a, 64쪽)

10. "너희의 순례절이 싫어 나는 얼굴을 돌린다. 축제 때마다 바치는 **분향제** 냄새가 역겹구나." "'마음을 다하고 지혜를 다하고 힘을 다하여 하느님을 사랑하는 것'과 '이웃을 제 몸같이 사랑하는 것'이 모든 **번제물(태운 제물)**과 희생제물을 바치는 것보다 훨씬 더 낫습니다." 공동번역 아모스 5:21; 마가복음 12:33. 강조는 인용자.

11. "그러니 그대들은 가서, 그의 제자들과 베드로에게 이르십시오. 그는 그들보다 앞서서 갈릴리로 가십니다. 그가 그들에게 말씀하신 대로, 그들은 거기에서 그를 볼 것이라고 하십시오." (표준새번역 마가복음 16:7)

12. "…이방인들의 통치자로 자처하는 사람들은 백성을 강제로 지배하고 또 높은 사람들은 백성을 권력으로 내리누른다."(공동번역)

13. 성경은 유럽 선교사와 함께 식민주의자들을 통해 남아프리카에 들어오게 된다. 1800년대부터 런던선교회(London Missionary Society)에서 온 선교사들은 코사족에서 줄루족 그리고 스와지족에 이르는 동부 해안지역에 살고 있는 응구니(3장 주 46) 참조) 사람들에게 선교를 하기 시작하였다(Sundkler and Steed 2000, pp. 344~45). 이후 영국 국교도들이 1848년에 남아공에 들어와서 케이프타운에서부터 선교활동을 시작하였다. 그리고 케이프 지역에서 런던선교회 조합이 중심이 된 것처럼 1834년 나탈지역에서는 미국선교위원회가 개척자정신을 바탕으로 선교본부 역할을 했다. 선교사들이 식민주의자들의 무역거점을 선교의 중심지로 삼고 있었기 때문에, 아프리카인들은 백인 선교사들의 종교적 의도와 백인 식민주의자들의 경제적 의도를 구분하기가 매우 어려웠다. Beetham 1967, p. 11; Kim 2003, p. 47.

14. 성서의 연대기에 따르면, 함에게는 네 명의 아들이 있었는데 첫째는 '이집트', 둘째는 '풋', 셋째는 아프리카 흑인들의 조상이라고 알려진 '쿠쉬', 마지막으로 넷째는 지중해 동부에 살고 있는 좀더 흰 피부를 가진 사람들의 조상이라고 알려진 '가나안'이다.

15. 그러나 골든버그에 따르면 "함에 대한 저주"와 관련하여, 어원적으로 단어 '함'은 '열' '탄 것' '어두움' 또는 '검은 것'과는 아무런 상관이 없다고 하였다. 둘째, "카인의 저주"와 관련해서는 동방 시리아의 몇몇 기독교인들이 창세기 4장 5절의 시리아어 번역부분(페시타)을 잘못 이해한 것이라고 한다. 원래는 "카인이 매우 슬퍼져(상심하여) 그의 얼굴이 **떨어졌다(슬퍼졌다)**"인데 그의 얼굴이 슬퍼졌다('tkmr=슬프다)는 것을 카인은 검게 되었다('kmr=슬퍼지다의 어근)로 오해했다는 것이다. 두 단어가 명백히 서로 다른 단어임에도 불구하고, 어원적으로 보면 검게 되었다('kmr)는 말에서 슬프다('tkmr)는 말이 나왔기 때문에, 일부 시리아 기독교인들이 슬퍼졌다는 것을 검게 되었다는 것으로 확대 해석했다는 것이다. 바로 이 잘못

된 번역에서부터 사람들은 카인의 피부색이 영원히 변했다고 생각하기 시작했다(Goldenberg 2003, pp. 157~82).

16. 1830년대부터 40년대까지 영국 제국주의자들과 네덜란드계 보어인(아프리카너)들 사이에 일어났던 수많은 전투 속에서, 수천의 보어인 가족이 계속 침입해 오는 영국의 지배에서 도망쳐 새 땅을 찾아 케이프 식민지를 떠났다. "민족주의 성향의 역사가들은 이 탈출을 '위대한 대이동'이라고 이름 지었다."(EOA 1999, p. 147) 이 과정에서 보어인들은 1837년 서부 트란스발 지역에 있는 은데벨레족을 병합하였고 1838년에는 나탈 지역의 줄루족까지 합병하였다. 게다가 1819년, 1834~35년, 1846년, 1850~52년 총 네 차례 코사족과의 전쟁에서, 보어인들은 코사족 영토를 획득하고 그 땅을 자기네 농장으로 만들었다. 그런데 이런 보어 정권이 막강한 영국의 군사력 때문에 위협을 받게 되었다. 이에 1899년부터 1902년까지 보어전쟁이 일어났고, 영국은 이 전쟁에서 보어인들을 대패시켰다. 그 결과 보어인들은 세계 최대의 금생산지를 영국의 손에 넘겨주었다. 전쟁이 끝난 후 그 여파로 2만여 명의 아프리카너(보어) 여성들과 어린이들이 수용소에서 죽었고, 사망자의 수가 1918년 독감유행으로 사망한 1천 명당 17명의 비율을 훨씬 넘는 1천 명 중 344명에 이를 정도로 상당한 규모에 이르렀다.
17. "오늘날 특정 인종의 열등한 사회적 지위를 가나안에 내린 저주와 관련시키려는 의도에는 전혀 성서적 근거가 없다."(HR 1974, p. 19)
18. 이 책의 저자가 한 개인이 아니고 네덜란드개혁교회 관련당국이라는 점에서, 책 제목 『성서적 관점에서 본 남아공의 정황과 인간관계』(*Human Relations and The South African Scene in the Light of Scripture*, 1974)를 *HR*(『인간관계』)로 축약해서 표시한다.
19. "일본인들은 개인적으로는 기독교인이 될 수 있고 동시에 시민으로서는 이방인이 될 수도 있었다."(Brown 1919, p. 579)
20. 19세기 초반부터 Volk(국민, 국가 또는 인종) 개념은 아프리카너 역사에서 매우 중요한 것이었다. Volk에는 그 이름에서부터 아프리카너들의 문화에 대한 우월성이 내포되어 있어서, 아프리카너라면 이런 우월적인 생각을 보편적으로 가지고 있었다.
21. 영문학분야에서 거목인 셰익스피어, 키츠, 셸리 같은 많은 작가들이 이제 사상의 중심은 하나님에서 인간의 사랑 혹은 이성으로 대이동하고 있음을 직시하고 있었다.
22. 백스는 더 나아가 "헤겔의 절대정신 그 자체가 민족(국가) 및 민족정신의 형태로 그 초월성을 드러냈고, 그래서 민족(국가)의 기본법 형성에 근간이 되었다"고 주장한다.
23. 철학적으로 보면, 무한자와 완전자는 유한자와 불완전한 자가 인식할 수가 없다. 만약 유한자와 불완전한 자가 무한자와 완전자를 인식할 수 있다면, 그는 더 이상 무한하고 완전한 것이 아니다. 이는 무한자와 완전자는 불완전한 자의 이성적 영역을 훨씬 뛰어넘는 영역에 있기 때문이다. 유한자와 불완전한 자가 그를 인식하는 순간, 그의 인식영역 안에 드는 순간, 그는 더 이상 무한자와 완전자로 남을 수 없게 되는 것이다. 따라서 유한자와 불완전한 자는 오직

신이 그의 초월능력을 분배해 준 피조물을 통해서만 무한자와 완전자를 간접적으로 인식할 수 있다.

24. 아파르트헤이트는 남아공에서 백인과 흑인을 완전히 분리하려는 의도가 담긴 이데올로기나 폐쇄적인 전체주의적 사상으로 정의되며, 이러한 분리주의를 통해 인간의 모든 활동이 광범위하게 지배될 수 있다(Loubser 1987).
25. 신부를 얻기 위한 돈 또는 재산(이 책 5장 2) 참조)
26. "총 2천여 명 정도로 구성된 형제연맹원 중 848명이 네덜란드 개혁교회 목사였다."(Bax 1981, p. 41; Wilkins and Strydom 1978, p. 284). 형제연맹은 1918년에 설립된 비밀결사조직으로 영어를 사용하는 남아공의 백인에 대항하여 아프리칸스어를 사용하는 아프리카너들끼리의 연합을 추구했다(Maccann 2001, p. 11). 응게오코반에 따르면, 형제연맹은 역사적으로 아프리카너 민족주의를 형성하는 데 결정적인 역할을 하였다(Ngeokovane 1989, p. 59).
27. "너희는 위로하여라! 나의 백성을 위로하여라! …예루살렘 주민을 격려하고, 그들에게 일러 주어라. 이제 복역기간이 끝나고, 죄에 대한 형벌도 다 받고, 지은 죄에 비하여 갑절의 벌을 받았다고 외쳐라."(이사야 40:1~2, 표준새번역)
28. "머리와 머리털은 흰 양털과 같이, 또 눈과 같이 희고, 눈은 불꽃과 같고…."(표준새번역)
29. "그분의 발은 용광로에서 제련된 청동 같았고…."(쉬운성경)

3. 문화적 성경읽기

다름의 긴장을 동일성 추구로 극복, 선택받은 유대인(기독교인) 되기

이 장에서는 토착 성경독자들이 기독교로 비유될 수 있는 선택받은 유대인과 전통종교로 비유될 수 있는 선택받지 못한 비유대인 사이에 잠재되어 있는 다름의 긴장을 한국과 남아공의 문화적 맥락에서 어떻게 극복해 왔는지를 주로 유형론을 가지고 살펴보고자 한다. 이는 한국 기독교와 아프리카 흑인 기독교의 역사적 맥락에서 흡수의 원리로 정리될 수 있다. 서구 선교사들이 한국과 남아공에 기독교를 포교한 이래 기독교로 개종한 토착인(한국 기독교인과 남아공 흑인 기독교인)들은 데카르트적 서구사고가 배어 있는 복음(성경텍스트, 신학, 기독교)과 '미분화' 원리 같은 원시심성이 배어 있는 전통종교 사이에 내재된 다름의 긴장을 접하면서 실존적인 갈등을 겪을 수밖에 없었다(김용옥 1997; Eliade 1959; 1974; Hayward 1963, p. 9; Menkiti 1979, pp. 165~67; Pobee 1979, p. 88; Russell 1982; Shutte 1993, p. 46; Witvliet 1985, p. 92).

서구의 데카르트적 사고방식은 "나는 생각한다, 고로 존재한다"라는 유

명한 명제로 학계에 널리 알려져 있다. 이것은 무엇보다 먼저 인간의 감성이나 논리로 설명되지 않는 인간의 신비주의적 종교경험을 암암리에 무시하는 경향이 있는 절대 무오류의 인간 이성과 논리의 중요성을 전제하고 있다. 뿐더러 데카르트적 사고방식은 '자아' 대 '타자' 라는 철학적 분리를 전제로 형성된 '자아중심적' 세계관을 나타내고 있다. 데카르트의 철학적 이분법이 플라톤과 아리스토텔레스 시대부터 주류를 이루었던 서구의 고전적 이분법 개념, 즉 형상(이데아) 대 질료(현실), 영혼 대 육체, 정신 대 물질, 성 대 속 등으로 나눈 인식틀의 연장선상에 있다는 점에서, 이는 성경에서 등장하는 이분법 개념, 즉 하나님 대 사탄, 빛 대 어둠, 유대인 대 비유대인, 정통 대 이단 등의 성서적 개념과도 구조적으로 상응한다.[1] 그런데 신화시대의 미분화된 원시심성은 자아 대 타자, 이성 대 감성, 논리 대 신비, 시간 대 공간 같은 근대서구의 철학적 구분법과는 인식의 방법론에서 매우 다르다. 예컨대 아프리카 전통종교에서는 우주적 초월신이 외형적으로는 여러 조상신과 정령들로 퍼져 있지만, 본질적으로 이 모두는 하나의 유일신(唯一神)으로 인식될 수 있다(Kim 2003, pp. 53~56; Mulago 1991, p. 120).[2]

기독교와 전통종교 사이의 다름에서 비롯된 서로 다른 세계관의 충돌 속에서, 기독교로 개종한 토착민(성경독자)들은 문화적으로 성경을 읽으면서 '동일성을 추구' 하였다. 기독교로 개종한 토착 성경독자들이 다양하고도 변화무쌍하게 성경을 읽었음에도 불구하고 '선택받은 유대인 되기' 라는 거대담론 즉 메타 주제는 이들이 추구한 동일성의 최종 목표점이었다. 이 논점을 명확히 하기 위해 여기서는 문화적 성경읽기의 대표적인 유형 네 가지를 소개한다.

1) 토착 한국인과 남아공인의 문화적 성경읽기 유형

토착 성경독자들의 동일성 추구과정은 순방향과 역방향으로 움직이는 성현(聖顯)의 변증법 원리에서 구체화된 엘리아데의 '동일성 추구'라는 변증법적 과정과 유사한 구조이다(이 책 1장 2) 참조). 엘리아데의 경우, 성과 속 사이에서 생겨나는 다름의 긴장, 초월적 하나님과 불완전한 인간 사이에서 나타나는 다름의 긴장은 예수 그리스도로 말미암은 하나님의 성육신 성현 속에서 순방향 및 역방향 변증법을 통해 다름이 동일함으로 변함으로써 그 긴장이 해소될 수 있었다. 성현의 역방향 변증법 과정이 제1유형과 제2유형의 토착 성경독자들이 동일성을 추구하는 과정이라면, 성현의 순방향 변증법 과정은 3과 4유형의 성경독자들의 동일성 추구과정에 상응한다고 볼 수 있다.

속에서 성으로 움직이는 성현의 역방향 변증법 과정은 구조적으로 한국과 남아공의 토착민 개종자(성경독자)들이 전통종교에서 출발하여 복음(성경텍스트, 신학, 기독교)을 향해 동일성을 추구하는 과정과 유사하다. 이들은 선택받은 유대인을 상징하는 복음과 그렇지 못한 비유대인으로 구체화될 수 있는 전통종교 사이에서 나타나는 다름의 긴장을 극복하고자 동일성을 추구했다.

제1유형의 토착 성경독자들은 자신들을 선택받은 유대인과 동일시한 뒤 서구 선교사들이 갖고 있는 데카르트적 인식틀을 바탕으로 선택받지 못한 비유대적 전통종교의 믿음과 의례형식을 과감히 내버렸고, 이에 따라 전통종교의 믿음과 의례양식은 기독교적 복음의 영역에서 완전히 사라져 버

〈표 1〉 문화적 성경읽기 유형

	제1유형	제2유형	제3유형	제4유형
텍스트 (신학)	성경텍스트	성경텍스트	성경텍스트와 전통종교 텍스트	상황(狀況)화된 성경텍스트 (구전텍스트)
콘텍스트 (토착 성서독자들의 시각)	서양철학적 콘텍스트 (데카르트적 사고방식)	전통종교적 콘텍스트 (전통종교의 공동체 경험)	서구철학의 인식론을 기반으로 전통종교 콘텍스를 데카르트 식으로 해석하기	전통종교적 콘텍스트
한국	보수적인 문화적 성경읽기 (장로교회)	전통종교의 콘텍스트를 바탕으로 한 성경읽기 (감리교회)	토착화 신학자들의 토착신학 및 상황신학	통일교도들의 상황화된 성경 텍스트 읽기
아프리카	아막퀠라의 유럽 선교사 중심적 성경읽기	에티오피아파 교인과 근대 코사어를 사용하는 아프리카 기독교인들의 성경읽기	아프리카 신학자들의 아프리카 신학	시온파 교회와 나사렛파 교회 사람들의 상황화된 성경(구전) 텍스트 읽기
기독교(C)와 전통종교(I)의 흡수관계	C 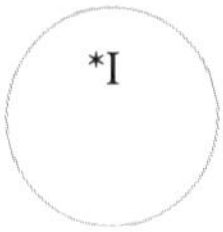 ○ *I	C 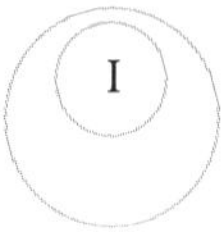 ◎ I	C ⇄ I 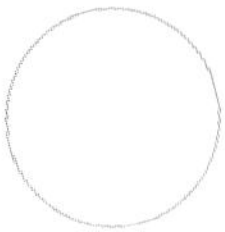 ○	I 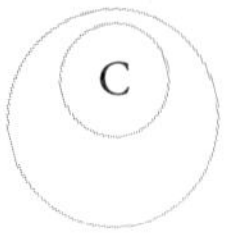 ◎ C
기독교 믿음과 문화 대 전통종교 믿음과 문화	기독교 믿음 및 의례행위	기독교 믿음 ← 전통종교적 의례행위	기독교 믿음 = 전통종교적 믿음 및 의례행위	기독교 믿음 → 전통종교적 믿음 및 의례행위

C: 기독교 I: 전통종교 ○: 종교의 영역 ⇄ : 종교의 변증법적 변화과정 혹은 이동
*I: 전통종교가 0으로 수렴되어 존재성이 없어짐 = : 같다 A⇨B: A가 B에 흡수됨

리는 결과가 되었다. 이들은 서구 선교사들이 가르쳐준 대로 성경을 읽었을 뿐 아니라 성경텍스트에 스며들어 있는 데카르트적인 서구의 인식틀까지 받아들였던 것이다. 그리하여 이들은 전통종교를 믿는 사람들을 차별했고 성경읽기의 관점이 다소 다른 기독교인들, 즉 선교사가 가르쳐준 대로 성경을 읽지만 부분적으로는 기독교 예배시간에 전통적 종교의례를 차용했던 제2유형의 성경독자들까지도 배타적으로 대했다. 제1유형의 문화적 성경읽기는 '극단적 분리'의 원리를 보여주는 정치적 성경읽기와 일맥상통한 점이 있었다. 전통종교에서 기독교로 가는 제1유형의 변증법적 성경읽기 과정에서 전통종교는 그 정체성을 상실한 채 기독교라는 거대한 바다에 완전히 흡수되어 형체도 없이 사라졌다.

제2유형의 토착 성경독자들은 스스로를 선택받은 유대인과 동일시하면서도 자신들에게 처음으로 종교적 경험을 할 수 있게 해준 전통종교의 의례 또한 중요하게 여겼다. 한편으로는 이성적 차원에서 자신들을 선택받은 유대인과 동일시하면서도 또 한편으로는 경험적 차원에서 기독교적 의례형식 대신 전통종교 의례형식을 더 편안하게 받아들였다. 비록 서구 선교사들의 관점에서 성경을 읽었지만 이들은 전통종교의 의례형식을 따르는 것이 복음(신학, 성경텍스트)과 정면으로 부딪치지 않을 것이라 판단한 것이다. 보수적인 선교사들과 제1유형 토착 성경독자들의 관점에서 보면, 전통종교에 기초한 우상숭배의 종교의례는 반드시 제거되어야 할 대상이었다. 하지만 제2유형의 토착 성경독자들은 서구 선교사들의 성경읽기에서 드러난 데카르트적 논리를 무조건 따르기보다는 자신들의 전통적 종교경험을 완전히 버리거나 무시하지 않는 입장에서 성경을 읽었다. 이들은 데카르트적 사고방식이 배어 있는 복음(신학, 성경 텍스트)과 공동체적 전통종교 경험이 녹아 있는 전통종교 문화를 조화시키려고 노력했다.

그럼에도 불구하고 이들은 성경텍스트에 내재해 있는 데카르트적 사고방식의 강력한 영향력 때문에 여전히 전통종교를 믿는 사람들을 선택받지 못한 비유대인으로 대한 반면 공식적으로 기독교인으로 분류된 사람들은 형제로 대했다. 따라서 전통종교에서 기독교 쪽으로 움직이는 변증법적 과정에서, 이들의 전통종교 의례행위는 그 정체성을 지키며 복음의 영역에 부분적으로 흡수되었다. 이들 두 유형의 독자들은 흡수의 원리로 동일성을 추구하는, 전통종교에서 기독교(성경텍스트, 신학)로 향한 역방향 변증법 과정을 잘 보여주고 있다.

성(聖)에서 속(俗)으로 가는 성현의 순방향 변증법적 움직임은 구조적으로 제3유형과 제4유형의 토착 한국인 및 남아공인 개종자(성경독자)들의 기독교에서 전통종교 방향으로의 '동일성 추구' 과정에 비유될 수 있다.

제3유형의 토착 성경독자들은 기독교 신학(성경텍스트)에 내재해 있는 데카르트적인 논리적 인식틀로 전통종교의 텍스트(콘텍스트)[3]를 해석하고자 했다. 이들은 스스로를 선택받은 유대인과 동일시하고는 학구적 관점에서 기독교 신학의 여러 교리와 상응하는 신학적 요소를 전통종교의 콘텍스트 안에서 발견하고자 했다. 이는 토착 한국인과 남아공 사람들 모두가 원래 선택받은 유대인이었다는 사실을 드러내거나 혹은 서구의 선교사들이 한국과 남아공에 들어오기 훨씬 전부터 유대인이 될 준비를 이미 하고 있었다는 점, 다시 말해 '복음을 받아들일 준비가 되어 있음'(praeparatio evangelica)을 밝히는 과정에서 구체적으로 확인될 수 있었다(Witvliet 1985,

p. 95). 이들은 초월적 하나님께서 이미 한국과 아프리카의 전통종교 문화 속에 성령을 통해 예전부터 내재해 있었다고 강조하였다. 위트블리엣은 "하나님에 관한 참지식이 아프리카[와 한국]의 역사와 문화 속에 이미 수없이 선재(先在)해 있었다"고 기록하고 있다(같은 곳). 제3유형의 토착 성경독자들은 전통종교의 텍스트(콘텍스트) 속에서 기독교 신학적 요소를 발견하고자 면밀히 검토했다는 점에서, 기독교에서 전통종교로 동일성을 추구하는 순방향 변증법적 움직임을 구체적으로 보여준다.

제3유형의 토착 성경독자들은 주로 서구 선교사에게 교육받은 토착 엘리트 신학자집단으로 구성되어 있었다. 따라서 이들은 선교사들의 데카르트적 시선을 자연스럽게 받아들였고 학자적 입장에서 전통종교의 믿음의 양식뿐만 아니라 전통종교의 의례행위까지도 복음(성경텍스트, 신학, 기독교)의 영역에 흡수시키고자 노력했다. 그러나 이들은 전통종교 믿음의 양식을 서구의 신학적 논리로 읽으려는 근본적인 오류에 빠지고 말았다. 이들은 전통종교 믿음의 양식이 토착 종교인들의 전통문화와 일상생활 속에 살아있는 종교의례 행위를 통해 가장 잘 이해될 수 있다는 기본적인 사실을 간과했다. 이들은 전통종교 믿음의 양식과 의례행위가 서로 떼려야 떼어낼 수 없는 공생(共生)적 관계라는 중요한 사실을 인지하지 못했던 것이다. 세틸로아네가 주장한 것처럼, 이들은 아프리카(한국 토착) 신학자들이 강조하는 "이미 복음을 받아들일 준비가 되어 있는" '예언적 소명'이라는 것은 다름 아니라 "서구 기독교의 전형적이고 진부한 상투적 표현"이라는 사실을 깨닫지 못했다(Setiloane 1979. Witvliet 1985, p. 98에서 재인용).

제4유형의 토착 성경독자들 역시 기독교에서 전통종교로의 순방향 변증법적 움직임을 통해 '동일성을 추구' 했다. 이들은 기독교의 초월적 신 대신 이를 대체할 수 있는, 실제 눈으로 볼 수 있고 인간사에도 직접 관여할 수 있는 가까이 있는 신을 전통종교 콘텍스트 속에서 찾고자 하였다. 심리적으로 만질 수 있고 볼 수 있고 살아서 활동하는 신, 그래서 실제로 예언을 한다든지 병을 고치는 것과 같은 실질적 역할을 하는 신에 더 많은 애착을 가졌던 것이다. 따라서 기독교 개념에서 살아 있는 초월신 같은 인간과 멀리 떨어진 신(Deus Otiosus)은 이들에게 그다지 큰 의미가 없었다. 결과적으로 이들은 서구 선교사 중심의 성경읽기를 거부하였고 오히려 전통종교를 훨씬 강조함으로써 초월신 개념을 전통종교의 콘텍스트 속에서 상황화했다.

그럼에도 불구하고 제4유형의 성경독자들 역시 그들 방식대로 상황화된 성경텍스트를 읽고는 스스로 기독교신자(선택받은 유대인)라고 강하게 확신함으로써, 기독교에서 전통종교 쪽으로 움직이는 순방향 변증법 원리에 따라 '동일성을 추구' 하기는 마찬가지였다. 그러나 전통종교의 강력한 문화적 영향을 받아 성경텍스트가 결국 '상황화된 성경텍스트' (구전텍스트)로 바뀐 점은 기독교가 전통종교의 영역에 상당 정도 흡수된 사실을 명확히 보여준다.

논의를 종합해 보면, 비록 한국과 남아공의 토착 기독교인들이 앞의 〈표1〉[4]에서 보듯이 다양하고 변화무쌍하고 섬세하게 성경을 읽었지만 문화적 성경읽기의 핵심은 한국과 남아공 토착 성경독자들이 기독교로 비유된 선택받은 유대인과 전통종교로 비유된 선택받지 못한 유대인 사이에서 나타난 다름의 긴장을 접하면서 '선택받은 유대인 되기' 라는 공통적 끈을 놓지 않았다는 것이다.

한편으로 '선택받은 유대인 되기' 라는 공통의 끈이 존재한다는 사실은 '동일성 추구' 의 본질이 무엇인지 그대로 보여주고 있다고 하겠다. 기독교와 전통종교 사이에서 발생한 다름의 긴장을 맞닥뜨려, 토착 성경독자들은 기독교와 전통종교, 전통종교와 기독교 등 양방향으로 움직이는 변증법적 원리 속에서 선택받은 유대인이 되기를 희망했다. 이러한 과정에서 문화적 성경읽기의 흡수의 원리가 자연스럽게 드러났는데, 이 점은 아래에서 좀더 구체적으로 논의될 것이다.

또 한편으로 '선택받은 유대인 되기' 라는 끈의 존재 자체는 토착 한국인과 남아공인의 문화적 성경읽기 유형 전체에 스며들어 있는 데카르트적 사고방식의 뿌리 깊은 흔적임을 말해 준다. 사람들이 성경텍스트를 읽는 한, 거기에 배어 있는 데카르트적 사고방식이라는 암묵적 인식틀의 강요를 뿌리치기는 어려웠다. 그리하여 이들은 자아 대 타자, 유대인 대 비유대인, 텍스트 대 콘텍스트, 시간 대 공간을 인식론적 · 철학적으로 구분하는 데카르트적 사고방식의 보이지 않는 압력에 의식적으로든 무의식적으로든 종속되었다. 이 주제는 다음 장들에서 계속 검토할 것이다.

2) 한국의 문화적 성경읽기

20세기 초 한국에 기독교가 재수용된 이후, 한국의 성경독자들은 선택받은 유대인으로 비유될 수 있는 기독교와 그렇지 못한 비유대인으로 비유되는 전통종교 간의 긴장을 동일성을 추구하는 과정을 통해 극복하고자 했다. 앞에서 논의한 것처럼, 여기서는 네 가지 문화적 성경읽기를 소개한다.

첫째, 통상 주류교회의 신도로 분류될 수 있는 보수적인 기독교 독자들 대부분[5]은 앞장의 정치적 성경읽기처럼 극단적 분리의 원리로 성경을 읽었다(제1 유형). 이들은 스스로 기독교인(선택받은 유대인)과 동일시하면서 전통적인 믿음체계와 의례는 과감히 버렸다. 둘째, 주로 진보적 성향의 교회에 다니는 일반 평신도들은 서구 선교사들이 가르쳐준 대로 성경을 읽었지만 전통종교의 의례를 버리지 않고 계속 지켜나갔다(제2유형). 셋째, 한국의 엘리트 토착신학자들은 전통종교와 기독교 사이에서 일어나는 다름의 긴장을 기독교적 관점에서 해소하고자 했다. 이들은 기독교 신학을 중심으로 서구적 관점에서 서구의 신학적 요소를 전통종교 텍스트와 콘텍스트에서 찾아내어 비교 분석하려 했다(제3유형). 넷째, 구세주를 열망하며 간절히 기다리는 특정 유형의 성경독자들은 자신의 전통종교적 콘텍스트(토양)를 바탕으로 성경텍스트를 해석하여 변형시킴으로써 기독교를 전통종교 영역 속으로 흡수하였다(제4유형).

이와 같이 다양한 문화적 성경읽기는 선택받지 못한 비유대인에서 출발하여 선택받은 유대인의 방향으로 동일성을 추구하는 과정 속에서 그 실체가 드러났다. 이에 다음에서는 한국 기독교의 역사를 배경으로 문화적 성경읽기 유형의 실체에 대해 살펴보고자 한다.

제1유형: 보수적 시각의 문화적 성경읽기

20세기 초 서구의 보수적 신학계열 선교사들이 유럽식 칼뱅주의와 앵글로아메리칸의 청교도주의를 한국에 소개한 이후, 한국 기독교는 현재까지도 보수적 신학이 주류신학으로 자리 잡고 있다(이덕주 2001, 67쪽; 박형룡 1976, 11쪽; Palmer 1967, p. 26). 장로교 선교사 브라운은 이러한 상황을 다음과 같이 묘사한다.

> 미국과 영국의 복음주의 교회 대부분은 보수와 진보 계열이 공존하며 같이 사는 법을 알고 있고 평화롭게 같이 지낸다. 하지만 한국에서는 진보적 입장에 서 있는 소수사람들이 특히 장로교회로부터 탄압을 받으며 험난한 길을 걷고 있다. (Brown 1919, p. 540)

이런 보수적 관점을 바탕으로 1907년 대한예수교장로회 독로회회의[6]에서 분명하게 천명한 것처럼, 한국 장로교회는 초기 선교사들의 기독교 전파시기부터 성경을 하나님의 말씀으로 여겼다. 따라서 장로교회에서는 성경이 하나님 말씀이기에 모든 성경구절의 문자 그대로의 의미를 존중할 뿐 아니라 성경은 무오류의 절대적 권위를 가진 것이라고 보았다. 이에 대다수의 1세대 성경독자들은 자신들이 속한 종파의 교회와 관계없이 보수적인 관점에서 성경을 읽었다(이덕주 2001).[7] 예컨대 이들은 출애굽 20장 3~5절에 적시된 10계명과 고린도후서 6장 14~15절에 명확히 언급된 우상숭배 금지원칙을 철저히 지키고자 하였다(같은 책, 306쪽).[8]

기독교로 개종한 제1세대 교인 우병길은 전통종교 의례인 제사를 지내는 이들을 향해 다음과 같이 맹비난했다.

> 엇지 무시무종하시고 텬디의 뎨일 대부재되시는 하나님 아바지끠 불효

를 씨치고 만왕의 왕 되시난 예수구주를 배반하고 마왕을 섬기니 이갓 치 큰 죄를 엇지할고? (우병길 1904, 303쪽. 이덕주 2001, 307쪽에서 재인용)

기독교 개종자의 관점에서는 전통종교의 믿음과 의례는 폐기해야 할 우상숭배의 대상이었다. 하지만 기독교를 믿지 않는 전통종교인들의 입장에서는 기독교 개종자들이 비판의 대상이자 탄압의 대상이었다.

모어는 당시 기독교 개종자들이 조상을 모시는 사당을 철폐한 행위에 대해 한국의 전통종교인들이 심각하게 반응한 것을 이렇게 설명한다. 그에 따르면, 조상묘소를 철거한 기독교 개종자는 마을사람들에게 심하게 비난을 받았는데, 그 이유는 바로 기독교 개종자가 묘소를 없앤 이후 마을에 화재가 여러 번 발생했기 때문이었다(Moore 1905, p. 138). 전통종교인들은 화재의 원인이 기독교 개종자의 묘소 철거에 있다고 믿었던 것이다. 화재로 인해 가옥 7채가 다 타버렸는데, 전통종교인들은 조상신이 노하셔서 불의 모습으로 온 마을에 나타난 것이라고 믿었다.

16세기 후반부에 한국에 기독교가 수용되었음을 고려해 볼 때, 당시 이런 종교적 탄압은 기독교 개종자들에게 결코 새삼스러운 것은 아니었다. 1801~66년에 조정은 총 4차례에 걸쳐 불충불효(不忠不孝)의 대명사 격인 가톨릭을 대대적으로 탄압했고 이로써 기독교인은 당연히 탄압받아야 할 대상으로 인식되었다. 그런데 아이러니하게도 기독교인들의 관점에서 보면 전통종교인들은 하나님에게 불충불효한 사탄을 섬기는 사람들이었고, 반면 전통종교인들은 기독교인들을 존경의 대상이자 자식의 도리를 다해야 할 효의 대상인 조상을 무시하는 도리를 모르는 사람들로 여겼다.

오기순 목사는 제1세대 기독교 개종자들의 전통종교에 대한 반감을 『십계요해』(十戒要解)에서 기술하고 있다. 십계명을 문자 그대로 해석해 보면, 기독교인 개종자들은 도교의 천왕(天王)에 대해 말해선 아니 되고 점술가에게 점을 치러 가서도 안 되며 명당 묘자리를 찾으러 돌아다녀서도 안 되었다. 아울러 제사를 지내면서 조상의 위패를 세우거나 첩을 거느리는 축첩(蓄妾)을 해서도 안 되었고, 길흉의 날을 정하는 것 역시 십계명에 어긋나는 일이었다.

이덕주는 제1세대 기독교 개종자들이 교인과 외부인의 결혼을 금지한 적이 있다고 설명한다. 선교사들은 전통종교인들이 기독교인을 계속 탄압할 것이 염려되어 '예수 안'에서 기독교인들끼리 결혼할 것을 권장하였다(김영찬 1906, 43~44쪽. 이덕주 2001, 314쪽에서 재인용).[9)]

이처럼 보수적 신학에 근거한 문화적 성경읽기는 오늘날까지 이어지고 있다. 몇 년 전 한국에서 수차례 발생했던 '단군상 목 절단사건'은 보수적 성경읽기의 대표적인 결과라고 볼 수 있다. 성경을 지극히 보수적으로 읽는 일부 독자들은 단군상의 코와 머리를 과감히 잘라냄으로써 파괴해야만 했었다. 사사기 6장 25절 및 28절과 7장 1절을 근거로, 이들은 유대인 판관 기드온이 바알 제단을 헐고 그 신상을 찍어버렸듯이 단군제단을 허물어뜨리고 단군 신상을 찍어버렸다(송원영 2002).[10)] 이는 전통종교 지도자들이 단군상을 초등학교에 건립하여 자라나는 어린이들에게 민족의식을 고취하려는 민족운동에 대항한 종교적 시위였다. 보수적인 성경독자들에게 단군은 전통종교 우상인 바알과 똑같은 존재였기 때문에 이들은 초등학교뿐 아니라 전국 곳곳 관광지에 세워져 있는 수백 기의 단군상을 찍어버렸고 또 초등학교에 단군상을 건립하려는 시도 자체를 공식적으로 반대했다(김성수 1999; 최성수 2001).

한국의 보수적 성경독자들 대부분은 기독교로 대표되는 선택받은 유대인과 전통종교로 대표되는 그렇지 못한 비유대인 사이에서 나타난 다름의 긴장을, 선택받은 유대인(기독교인)으로 스스로를 동일시함으로써 극복해 왔다. 그리하여 이들은 전통종교 믿음체계와 의례를 부인하였고 이로써 제1유형의 보수적 성경독자와 전통종교를 믿는 사람들 사이에는 극단적 분리와 서로에 대한 차별이 불가피하게 존재할 수밖에 없었다. 이들은 전통종교 의례를 부분적으로 수용한 다소 진보적 성향의 기독교인들에 대해서도 반감을 드러내었는데, 이들에게 전통종교는 기독교라는 바다에 완전히 녹여야 할 대상이었기 때문에 전통종교의 모습은 기독교 안에서 전혀 찾아볼 수도 없는 사라져 버린 과거였다. 이처럼 제1유형의 문화적 성경읽기는 정치적 성경읽기와 거의 다를 바가 없었다.

제2유형: 전통종교 콘텍스트의 영향을 받은 문화적 성경읽기

권정생의 기록에 의하면, 보수적인 관점에서 성경을 읽는 성경독자들은 우상숭배로 분류된 전통종교의 믿음체계와 의례양식을 완전히 무시했다(권정생 1996, 18쪽). 이들은 마을의 수호신을 위해 쌓아올린 제단 주변의 돌무지를 파헤치고, 성주(城主)단지와 용(龍)단지를 깨뜨려버렸는가 하면, 조상께 제사도 지내지 않았고 음식 먹기 전에 목마른 혼령을 위해 논밭에 술을 뿌리는 헌주(獻酒)도 하지 않았다. 또 한국 전통의 고유명절을 기념하지 않고 대신 크리스마스 같은 기독교 명절을 기념했다. 그럼에도 불구하고 이들은 전통종교 콘텍스트로부터 영향을 받은 새벽기도회와 통성기도회는 매우 중요한 의례로 여겼다(김향모 2003). 비록 보수적인 관점에서 성경을 읽는 독자라고 하더라도 전통종교의 믿음과 의례를 완전히 버리지는 못했던 것이다. 이와 비슷한 입장에서 전통종교 콘텍스트의 영향을 받은 제2유형의 일반 성경독자들은 복음(성경텍스트, 기독교)을 서구의 신학적 개념이 아닌 전통종교의 경험을 바탕으로 해서 이해하고자 했다. 그래서 이들은 기독교 영역 안에 전통종교 의례를 부분적으로 받아들였으며, 성경을 데카르트적 서구 논리에 기초해서 읽기보다는 전통종교 경험을 토대로 읽었다.

우선, 이들은 합장(合掌)기도나 참선 명상수행 같은 불교식 예배형식을 흡수했다(이덕주 2001, 285쪽). 피어먼 선교사는 1세대 한국 기독교인들의 독특한 예배형식을 다음과 같이 설명한다(Peerman 1907, p. 103). 미국 교인들은 목사의 마지막 기도인 축도가 끝나자마자 교회를 떠나거나 교인들끼리 담소를 나누는 데 반해, 한국 교인들은 축도가 끝난 뒤에도 고개를 숙이고 묵상기도를 한다는 것이다. 이런 모습은 오늘날에도 한국 교회의 예배현장들에서 쉽게 발견되는 여전히 남아 있는 예배형식이다.

둘째, 한국의 수많은 복음전도사들은 과거 무당이나 불교의 승려들이 주로 맡았던 귀신 들린 사람들에게서 악귀를 쫓아내는 일을 똑같이 수행하였다. 이덕주에 따르면, 기독교 개종자 구연영은 1902년 경기도 이천에 사는 신들린 여성으로부터 악귀를 쫓아냈다(이덕주 2001).[11] 아울러 한국 선교 책임자 스크랜튼 역시 한국의 전도부인들이 신들린 사람들의 집에서 부적을 태워버리는 등의 축사(逐邪)행위를 하였다고 보고하고 있다. 때로는 이들이 무당처럼 환자를 치유하기도 했다는 기록도 있다(Scranton 1907, p. 53).

셋째, 기독교 수용 초창기 여성신도들은 전통적인 성미(誠米)단지(쌀 항아리)를 이용하여 전도부인을 도왔다(이덕주 2001, 357쪽). 전통적으로 한국여성들은 성주(城主)단지에 쌀을 모았는데, 음식준비를 할 때마다 조금씩 쌀을 덜어 부엌에 두는 성주단지에 넣었다. 이렇게 모은 쌀은 제사지낼 때 제사비용으로 사용되었다(Collyer 1905, p. 36). 한국인들은 제사지내는 동안 조상신이 친히 와서 차려놓은 제사음식을 먹는다고 믿었다. 그런데 이제 한국여성들이 기독교인이 됨에 따라 과거의 조상신은 주 하나님으로 대체될 수밖에 없었다(이덕주 2001, 359쪽). 아울러 항아리 이름도 성주단지에서 주(主, Lord)단지로 자연스럽게 바뀌었다. 크램 선교사는 수많은 여성교인들이 쌀로 헌금을 하였다고 전한다(같은 책, 358쪽에서 재인용). 한국의 주식이 쌀이라는 점을 생각해 볼 때, 쌀은 환금성 있는 작물 즉 돈 그 자체였다. 요컨대 제1유형의 성경독자들이 성주단지나 용단지 같은 전통적인 헌금항아리를 우상숭배라 여겨 없앴던 것과 달리, 기독교 수용 초창기 제1세대 소수의 여성신도들은 자신들이 믿던 과거의 성스러운 조상신과 현재의 기독교 주 하나님 사이에서 커다란 세계관의 충돌 없이 전통적인 헌금항아리를 주단지라고 부르며 계속해서 사용하였다.

권정생은 성경텍스트와 전통종교 콘텍스트의 만남을 이렇게 비교 서술한다.

> 야곱이 하란으로 가는 여정 중에 한 무더기의 돌을 쌓아 재단을 만든 이후 야훼께 기도하였듯이, 우리의 조상들은 한 무더기의 돌 주변에서 마을 수호신인 서낭신을 향해 의례를 올렸다. 성경에서는 가브리엘 천사

가 아이 낳은 마리아를 축복하였지만 우리에겐 아이의 출산을 관장하는 3가지 신(神)을 뜻하는 삼신(三神)할머니가 있다. 육식을 주로 먹는 유대인들은 악귀를 쫓으려고 양의 피를 뿌렸지만, 곡식을 먹는 한국 사람들은 팥죽 거른 빨간 물을 뿌렸다. (권정생 1996, 19쪽)

또 권정생은 음식 먹기 전에 목마른 혼령을 위해 들판에 술을 뿌리는 헌주나 제사에서 죽은 조상께 바친 음식을 이웃과 나누어 먹는 풍속이 기독교 신학(성경텍스트)과 전혀 배치되지 않는다고 강조한다(같은 책, 20~21쪽). 왜냐하면 이웃과 음식을 나누어 먹는 것, 나아가 들에 살고 있는 곤충이나 동물에게 음식을 나누어주는 것은 인간뿐 아니라 자연에게까지도 '사랑'을 나누어주는 일이기 때문이다. 그의 입장에서는 '사랑'의 계명이 우상숭배와 관련된 신학적 쟁점보다 훨씬 중요한 현안(懸案)이었다.[12] 이런 점에서 권정생은 일반 성경독자들의 "전통종교 콘텍스트의 영향을 받은 문화적 성경읽기"의 대표적인 사례를 보여준다 하겠다(같은 책). 다시 말해 이들은 서구 선교사들의 데카르트식 논리를 바탕으로 성경을 이해하기보다는 공동체 중심의 전통종교 경험을 바탕으로 성경을 읽고자 했다.

이런 식으로 성경텍스트와 전통종교 콘텍스트의 만남은 1970년대 전통종교의 형식을 빌린 기독교 예배에서도 이어졌다. 1974년, 서울 경동교회 강원룡 목사는 11월 셋째주 일요일에 지내는 추수감사절을 음력 8월 15일에 지냈다. 그는 통상의 서양식 예배를 전통적인 가면극으로 대체하여 서양의 추수감사절에 해당하는 한국의 추석에 열었던 것이다(한국학 2003). 이와 마찬가지로 향린교회에서는 가야금, 장고, 아쟁, 대금 같은 전통적인 국악기를 이용하여 찬송을 반주하였고, 70년대 후반부터 민중교회에서는 성만찬식에서 카스텔라와 붉은색 포도주 대신 시루떡과 막걸리를 사용하고 그릇에 담긴 막걸리 위에는 예수의 피를 상징하는 빨간 꽃잎을 띄우기도 했다(같은 책).

몇 년 전 김계화 할렐루야 기도원 사건에서는 기독교 교회사에서 면면히 이어져 내려오는 전통적 샤머니즘의 강력한 영향력을 그대로 확인할 수 있었다. 〈SBS〉는 김계화 할렐루야 기도원에서 교회 성직자가 여성신도를 성적으로 학대하고 갈취한 사건 외에도 여러 차례 샤머니즘 전통의 치료사례를 보도했다.[13)]

제2유형의 문화적 성경독자들은 전통종교의 경험에 기초해서 성경텍스트(기독교신학, 복음)를 이해하고자 하여, 성경을 읽을 때 서구 선교사들의 데카르트적 논리만을 전적으로 따르지는 않았다. 이들은 공식적으로나 이성적으로는 스스로를 '선택받은 유대인', 즉 기독교인으로 동일시하였지만 그럼에도 불구하고 내적으로 또 경험적으로는 전통종교의 의례형식을 완전히 버릴 수 없었고, 그에 따라 기독교 의례 속에 전통종교 의례를 포함시켜 예배를 올렸다. 기독교 영역 속에 전통적인 토착종교가 부분적으로 흡수된 것이다.

그러나 데카르트적 인식론이 성경텍스트에 깊이 배어 있고 또한 데카르트적 인식론이 끼친 영향력 또한 너무도 강력하여, 이들은 전통종교 콘텍스트(토착종교)와 성경텍스트(기독교)의 만남에서 자연스럽게 생겨나는 다름의 긴장에 직면하여 후자인 '선택받은 유대인'(기독교인)이라는 목표지점을 향해 '동일성을 추구'했다. 이로써 거대담론인 '선택받은 유대인 되기'

의 존재가 심지어 이들의 문화적 성경읽기에서도 여전히 생생히 드러나게 되었다. 제2유형의 문화적 성경읽기의 주축인 보통 기독교신자들의 성경해석에서 더 나아가 제3유형의 문화적 성경독자들은 서구의 신학적 논리를 바탕으로 기독교와 전통종교 간에 나타난 다름의 긴장을 극복하고자 학자적 관점에서 동일성을 추구하였다. 이들은 서구의 신학적 입장에 서서 전통종교 텍스트/콘텍스트 속에서 기독교와 동일한 신학적 요소를 발견하고자 했다.

제3유형: 토착신학자들의 문화적 성경읽기

제3유형의 토착 성경독자들은 서구신학 관점으로 기독교와 동일한 신학적 요소를 전통종교의 텍스트·콘텍스트에서 찾아내려 했다. 독자는 주로 서양 선교사들로부터 교육을 받고 또 전통종교에 관해서도 박학다식한 엘리트 신학자들이었다. 엘리트 신학자들의 주류는 전통종교의 영향을 받으며 살아온 토착 한국인들이 기독교가 한국에 수용되기 훨씬 오래 전부터 이미 선택받은 유대인(기독교인)이 될 준비를 끝마쳤다(praeparatio evangelica)고 주장하였다(Witvliet 1985, p. 95). 이는 전통종교와 기독교 사이에 발생하는 다름의 긴장에 직면해서 토착 엘리트 신학자들이 동일성을 추구한 결과였다. 이들은 전통종교를 없애버려야 할 대상으로 여긴 것이 아니라 기독교를 받아들이는 데 필요조건인 촉매제 정도로 생각했다(이덕주 2001, 304쪽; Jones 1908, p. 26).

이 유형의 문화적 성경읽기 1세대 독자들은 유교·도교·불교와 같은 한국의 전통종교가 기독교를 더욱 쉽게 받아들일 수 있게 도와주는 중요한 역할을 했다고 강조한다. 원산 상리교회의 김주련 신도는 유교에서 공자와 맹자, 도교에서 노자, 불교에서 붓다를 예수가 지상에 오시기 전에 지상에 내려오신 하나님의 사자(使者)라고 보았다.

> 하나님씌셔 몬저 로자와 석씨의 지혜를 보내사 천당지옥의 리치와 장생수련(長生修鍊)하난 말삼으로써 가라치시고 쏘한 공자와 맹씨의 성현을 보내사 삼강오상의 리치와 수제치평(修齊治平)의 말삼으로 가라치신 후에 천지인 삼재(三才)의 도가 일운지라. (김주련 1904, 7~8쪽. 이덕주 2001, 363쪽에서 재인용)

또 1세대 기독교 신학자 길선주 역시 붓다와 공자가 천국에 있는 하나님의 성전[山]에 들어갔다고 주장한다(길선주 1923, 49쪽).

「권즁회개」(勸衆悔改)[14]에 의하면, 초월적인 하나님의 존재는 한국의 고대 전통종교에서도 발견되었다. 즉 한국 종교인들은 아주 오래 전부터 기독교의 하나님과 같은 상제(上帝)라 불리는 초월적 하나님을 믿었다. 비록 한국인들이 한국에 기독교가 수용되기 전까지 한동안 하나님에 대한 믿음을 저버렸지만, 기독교를 접하고 나서 곧바로 하나님에 대한 믿음을 회복하였다는 것이다. 감리교 목사이자 최초의 토착화 신학자인 최병헌(1858~1926) 역시 유교경전에 기록된 상제와 기독교의 하나님을 동일한 존재로 여겼다(최병헌 1911, 14쪽; 이덕주 2001, 220쪽).

이덕주는 1세대 문화적 성경읽기에서 전통종교 사상이 기독교를 만남으로써 사상적으로 더욱더 세련될 수 있었던 실례를 제시하는데, 예컨대 풍수지리의 예언사상에 정통한 강화도 출신 유학자이자 1세대 기독교 개종자이기도 한 김삼림은 말세에 유일하게 의존할 수 있는 가장 안전한 종교로 기독교를 꼽았다(같은 책, 345쪽). 조선왕조 시대 예언서 『정감록』(鄭鑑錄)에 따르면, 말세에는 십승지지(十勝之地, 말세에 가장 안전한 열 가지 지역)만이 유일하게 재난을 피할 수 있는 안전한 지역인데, 김삼림은 한자를 분석하여 이 십승지지가 바로 기독교의 십자가지도(十字架之道, 십자가의 길)라고 해석했다. 김삼림에게 기독교는 마지막 안식처였던 것이다. 게다가 1906년에는 기독교인 이승륜이 파자분석을 통해 십승지지와 이에 에너지를 제공하는 근원적 뿌리가 되는 궁궁을을(弓弓乙乙)을 고전 중국어로 번역된 신약성경의 첫 단어 '아브라함'의 첫음절 아(亞)자에서 찾아내었다.[15] 요컨대 한국 전통종교인들은 전통종교에서 나온 믿음을 바탕으로 기독교인이 될 준비를 이미 끝마친 상태였다.

1960년대와 70년대에도 제3유형의 문화적 성경읽기는 계속되어 절정에 이르렀다. 윤성범과 유동식은 한국의 대표적인 토착화 신학자인데, 윤성범은 한국의 국조(國祖)에 관한 단군신화가 다름 아닌 기독교의 삼위일체 교리를 보여주고 있다고 강조했는가 하면(윤성범 1964), 유동식은 전통종교와 기독교는 우주론적 세계관이 일치한다고 주장했다(유동식 1997). 13세기 후반에 일연이 쓴 『삼국유사』에 소개된 단군신화는 다음과 같이 요약할 수 있다.

> 옛날에 환인(桓因, 하늘/하느님)의 아들 환웅(桓雄)이 항상 천하에 뜻을 두고 인간세상을 바랐다. 아버지는 아들의 뜻을 알고 삼위태백(三危太

白)을 내려다보니 인간세계를 널리 이롭게 할 만했다. 이에 천부인(天符印, 신권 神權을 상징하는 부적과 도장) 세 개를 주어, 내려가서 세상을 다스리게 하였다. 환웅은 그 무리 3천 명을 거느리고 태백산[지금의 묘향산] 꼭대기의 신단수(神檀樹)[16] 아래에 내려와서 이곳을 신시(神市)라 불렀다. 이분을 환웅천왕이라 한다. 그는 풍백(風伯), 우사(雨師), 운사(雲師)를 거느리고 곡식, 수명, 질병, 형벌, 선악 등을 주관하고 인간의 삼백예순 가지나 되는 일을 주관하여 인간세계를 다스려 교화시켰다.

이때 곰 한 마리와 범 한 마리가 같은 굴에서 살았는데, 늘 신웅(神雄, 환웅)에게 사람 되기를 빌었다. 때마침 신(神, 환웅)이 신령한 쑥 한 심지와 마늘 스무 개를 주면서 말했다. "너희들이 이것을 먹고 백일 동안 햇빛을 보지 않는다면 곧 사람이 될 것이다." 곰과 범은 이것을 받아서 먹었다. 곰은 몸을 삼간 지 21일[삼칠일] 만에 여자의 몸이 되었으나, 범은 능히 삼가지 못했으므로 사람이 되지 못했다. 웅녀(熊女)는 그와 혼인할 상대가 없었으므로 항상 신단수 아래서 아이 배기를 축원했다. 환웅은 이에 임시로 변하여 그와 결혼해 주었더니, 웅녀가 임신하여 아들을 낳았고 아들의 이름을 단군왕검이라 하였으니 이분이 바로 한국의 국조가 되었다. …단군은 평양성[서경]에 도읍을 정하고 고조선(古朝鮮) 왕국을 세워 1500년 동안 나라를 다스렸다. 주(周)의 무왕(武王)이 왕위에 오른 기묘년에 기자(箕子)를 조선에 봉하니, 단군은 아사달에 돌아와 산신(山神)이 되었는데, 그때 나이가 1908세였다.

윤성범은 단군신화에서 기독교 신학과 똑같은 신학적 요소를 발견하는

데, 환인 · 환웅 · 단군은 구조적으로 기독교의 성부 · 성령 · 성자와 일치한다는 것이다. 예컨대 성령이 마리아로 하여금 예수 그리스도를 낳게 하였다면,[17] 단군신화에서는 환웅이 곰으로 하여금 단군을 낳게 하였다. 예수 그리스도께서 이스라엘왕국을 건설하고 하나님으로 다시 부활한 것처럼, 단군은 고조선왕국을 건설하고 산신이 되었다. 한편 나경수는 삼위일체 원리를 환웅(神)의 세계, 동물(곰)의 세계, 인간(단군)의 세계와 같은 우주론적 차원으로 확장시켜 적용한다. 세상은 비록 세 영역—신의 세계, 동물의 세계, 인간의 세계—으로 나누어지지만, 이 모두는 단군이라는 산신에 의해 하나로 통합되고 그리하여 세 개가 하나가 될 수 있다(三位一體)고 보았다(나경수 1993, 42쪽).

이와 같이 토착화 신학자들은 전통종교 텍스트에서 기독교의 신학적 요소를 찾고자 하였다. 김은기의 주장대로, 이들은 전통종교인들이 이미 기독교인이 될 준비를 마쳤다는 점을 증명하려 했다. "한국인들은 단군신화와 성경이야기 사이의 유사성 때문에 기독교를 훨씬 쉽게 받아들일 수 있었다."(김은기 1997, 89쪽)

유동식은 전통종교와 기독교 사이에 내재되어 있는 다름의 긴장 속에서 한국 전통종교 텍스트에서 한국인 영성(靈性)의 핵심적 뿌리를 찾는데(유동식 1997), 이는 한국인 영성의 근원적인 본질이 다름아니라 기독교의 우주론적 원형인 삼위일체와 같다고 보았기 때문이다. 기독교와 전통종교는 삼위일체의 원리 속에서 어떠한 분리도 일어나지 않는 동일한 것으로 여겨짐으로써 양자 사이의 다름의 긴장을 해소시킬 수 있었던 것이다.

우선 유동식은 성경에서 외형적으로 드러나는 하나님 대 인간, 인간 대

자연, 창조자 대 피조물 같은 가부장적인 관계설정 구도를 근본적으로 인정하지 않는다. 그는 성경이 외형적으로는 가부장적 관계를 나타내는 것 같지만 사실 그 관계는 가부장적이지 않고 유기적이라고 말한다. "태초에 말씀(Logos)이 계셨다. …모든 것이 그로 말미암아 생겨났으니(egeneto)"(요한복음 1: 1, 3, 4, 14. 표준새번역)에서 egeneto는 poieo(만드는 것)이 아니고 ginomai(되는 것)라고 강조한다. 이에 따라 모든 피조물은 만들어진/창조된 것이 아니고 '그대로 되는 것' 이다. 이러한 설명은 한국 전통종교 텍스트에서도 그대로 찾아볼 수 있다.

단군에 관한 기록이 묘향산 절벽에 81개의 글자로 새겨져 있는 이른바 천부경(天符經)에서는 '창조' 당시의 우주적 원리에 대해 설명하고 있다. 가령 천부경의 대표적인 구절—"하나에서부터 모든 것이 시작되었는데 그 하나는 시작함이 없는 하나였다. 하늘[天]은 하나로부터 제일 먼저 생겼고 땅[地]은 하나로부터 두번째로 생겼고 사람[人]은 하나로부터 세번째로 생겼다"(一始無始一 天一一地一二人一三)—은 천지인(天地人) 세 요소가 서로 떼려야 뗄 수 없는 관계임을 명확히 보여준다는 것이다. 시작도 없고 끝도 없는 영원한 하나에서는 더 이상 누가 먼저인지 순서를 따지는 것 자체가 의미가 없어지고 따라서 모든 요소들이 하나('한')로 여겨질 수 있다.

이런 점에서 유동식은 신라화랑들인 난랑을 기린 최치원의 난랑비문을 읽고 특히 '풍류' 용어에서 영감을 얻어 풍류 개념을 강조한다. "우리나라에 현묘한 도(道)가 있으니 이를 일러 풍류도라 한다. 이 가르침의 연원은 선사에 상세히 실려 있거니와, 근본적으로 세 종교(유교, 불교, 도교)를 이미 자체 내에 지니어 모든 생명이 가까이 하면 저절로 감화한다." 풍류가 한국인의 근원적 영성의 실체이며 이는 유교·불교·도교를 하나('한')로 포섭할 수 있게 하는 근본 원리라는 것이 그의 주장이다(유동식 1984, 12쪽). 또한 이 풍류가 한국인의 영성을 구체적으로 보여줄 수 있는 세 가지 요소, 즉 한(하나, 위대한, 한 恨), 멋, 삶으로 형상화되고 있다면서(유동식 1984; 1997), 특히 에베소서 4장 6절과 골로새서 1장 15~16절[18]을 인용하여 '한'의 역할이 매우 중요하다고 말한다(유동식 1997).

한마디로 유동식의 '한' 개념 속에서 풍류의 본질이 드러나고 풍류 속에서는 하나가 만물이 되고 만물은 하나가 되며, 한국인의 근원적 영성이자 한국 전통종교의 신비로운 진리[道]인 풍류는 바로 기독교의 우주적 원형인 삼위일체 그 자체이다.

그런데 한 가지 흥미로운 점은 풍류신학자 유동식 역시 전통종교와 기독교 간의 다름의 긴장에 직면하여 동일성을 추구했다는 것이다. 일단 그는 학자의 시선으로 기독교의 우주론적 원형인 삼위일체를 전통종교의 텍스트 속에서 찾고자 하는데, 이 같은 시도는 앞에서 서술한 첫번째 가설—토착 종교인들은 기독교가 한국에 수용되기 오래 전부터 이미 기독교인이 될 준비를 하고 있었다—이 타당함을 보충적으로 설명하고 있다. 그리고 두번째 가설—토착 종교인들이 풍류라는 이름으로 기독교의 우주론적 원형인 삼위일체를 체험하면서 살아왔다는 점에서 이들은 이미 기독교인으로 볼 수 있다—도 유동식의 다음 선언으로 그 타당성이 입증될 수 있다. "하나님은 기독교가 수용되기 오래 전부터 성령을 통해 한국의 전통종교 문화 속에 당신 스스로를 드러내셨다."(유동식 1984, 10쪽)

요컨대 토착 엘리트 신학자들이 주축이 된 제3유형의 문화적 성경읽기독자들은 학자적 관점에서 전통종교 텍스트 안에서 서구 신학과 동일한 요소를 찾아내고자 하였다. 이들은 기독교 신학과 전통종교 텍스트 사이에 내재된 다름의 긴장을 맞아 '동일성을 추구' 한 것이다.

그러나 이들의 주장을 면밀히 검토해 보면, 이들 역시 서구 선교사들의 관점을 빌려와서 전통종교의 텍스트와 콘텍스트를 데카르트 식의 논리로 구분했음을 알 수 있다. 토착 신학자들은 제2유형의 문화적 성경읽기에서 더 나아가, 문화와 콘텍스트로 비유되는 전통종교 의례를 흡수하는 노력을 했을 뿐 아니라 신학과 텍스트로 드러나는 전통종교의 믿음양식까지도 기독교의 영역으로 흡수하려 했다. 실제로 이들의 연구는 원천적으로 기독교 신학과 비슷한 요소가 발견될 가능성이 있는 전통종교 텍스트에 국한되어 있는데, 이는 전통종교 텍스트(믿음)란 전통종교 콘텍스트(토착민들의 종교적 의례와 경험)에 대한 이해가 바탕이 될 때 가장 잘 분석될 수 있다는 전통종교 연구의 기본 전제를 간과하고 있다. 이들은 전통종교 콘텍스트에서 전통종교 텍스트만을 분리시켜 내서 서구신학의 데카르트 식 논리로 해석한 것이다. 따라서 이들이 전통종교 텍스트에서 기독교 신학과 동일한 요소를 발견했다 하더라도 다음과 같은 비판을 면하기는 어렵다.

> 근대 성서학자들은 평범한 전통종교인들이 별로 그들의 인생에 큰 비중을 차지하지 않기에 대다수가 잘 알지도 못하는 전통종교 텍스트를 골라 그 안에서, 왠지 모르게 오래 전부터 전통종교의 영역 속에 고의적으로 숨겨져 있어야만 할 것 같은 깊이 있는 진리(기독교 신학과 동일한 요소)를 찾고자 하였다. (Dreyfus and Rabinow 1982, pp. xix~xx)

이들은 전통종교 텍스트(믿음, 신학)와 콘텍스트(종교 의례, 문화)가 서로 떼려야 뗄 수 없는 공생관계이기 때문에 나누는 것이 원천적으로 불가능하다는 사실을 깨닫지 못한 것이다. 따라서 설령 이들이 심오한 진리를 발견했다 하더라도 그것은 보통사람들의 실제 삶에서 일어나는 종교경험을 제대로 반영할 수 없었고, 다만 학자들의 지적인 카타르시스를 위해서 존재할 뿐이었다(최성수 2001).[19)]

제4유형: 통일교인들의 문화적 성경읽기

전통종교(콘텍스트)와 기독교(성경텍스트) 사이에 내재된 다름의 긴장은 통일교인들의 문화적 성경읽기로 구체화된, 전통종교에서 기독교 방향으로 움직이는 변증법적 동일성 추구과정을 통해 해소될 수 있다. 이 과정에서 기독교는 가시적으로 토착화되었으며 마침내 전통종교 영역에 흡수되었다. 통일교(세계기독교통일신령협회) 설립자 문선명은 한국에서 통일교인들의 문화적 성경읽기의 대표적 지침을 제시하였다. 특히 문선명이 성서를 재해석한 통일교인들의 경전인 『원리강론』(原理講論, 1974)에서는 성경텍스트가 어떤 모습으로 한국의 전통종교 콘텍스트 속에 토착화될 수 있었는지 구체적으로 살펴볼 수 있다. 실제로 통일교인들은 통일교회의 공식적인 정통교리서인 『원리강론』을 하나님 말씀으로 받아들인다(Cunningham 1979, p. 103).

그 주요 내용을 살펴보면, 전통종교 콘텍스트(믿음 및 의례 양식)로부터 영향을 받은 세 가지 전통종교적 요소를 발견할 수 있는데 이는 샤머니즘, 정통 동양철학의 하나인 음양이론, 『정감록』의 예언사상으로 요약할 수 있다(같은 책; Chun 1990, p. 15; Kim Chongsun 1990). 『원리강론』에 배어 있는 전통종교 요소를 구체적으로 논의하기 위해 먼저 그 핵심 줄거리를 요약해 보면 다음과 같다.

태초에 아담과 이브는 하나님을 중심으로 영적인 세계와 물질적 세계 양쪽에서 4위 기대를 기본으로 하여 하나님과 삼위일체를 이룰 수 있었다.[20] 그러나 이브는 사탄의 유혹에 넘어가 간음을 저질렀고 따라서 하나님을 중심으로 한 영적 일체는 깨졌다(『원리강론』, 75쪽). 이후 이브는 아담을 유혹했고, 따라서 이제 아담의 순수한 피마저도 사탄에서 유래된 이브의 죄 많은 피에 의해 오염되었다. 그러므로 이제 하나님을 중심으로 한 인간의 지상에서의 일체 또한 불가능하게 되었다. 오히려 아이러니하게도 삼위(三位)의 일체는 하나님이 아닌 사탄을 중심으로 '사탄–아담–이브'로 이루어질 수 있었다.

하나님을 중심으로 한 원래의 삼위일체를 복원시키기 위해서, 하나님은 아브라함을 통해 유대민족(첫번째 이스라엘)에게 복원명령을 주었다. 그러나 유대인들은 진정한 믿음과 영적 자질이 부족하고 영성(靈性)이 텅 비어 있었다(같은 책, 532쪽). 게다가 두번째 아담인 예수 그리스도가 지상에 와서 하나님과 인간(남성–여성) 사이의 깨어진 관계를 복원시키고자 했을 때, 유대인들은 예수 그리스도를 십자가에 못박아 살해하였다(같은 책, 480쪽). 바로 이런 이유로 삼위일체는 예수승천 이후 오직 영적인 영역에서만 '성부–성자(남성)–성령(여성)'의 이름으로 이루어질 수 있었다. 한편 지상에서의 일체는 예수의 부재(죽음)로 인해 일체의 중심이 없어져 이루어질 수 없었다. 유대인들이 예수 그리스도의 피에 대한 죗값으로 받은 역사적 고통은 당연한 것이었다(같은 책, 145쪽). 유대인들은 예수 그리스도를 중심으로 한 인간의 일체를 복원시키라는 하나님의 명령을 수행하지 못하고 실패하였다. 오히려 그들은 지상계의 새로운 중심 역할을 할 수 있었던 예수 그리스도를 죽였다. 예수 그리스도를 통해 지상계의 일체가 이루어졌다면, 이는 마침내 천상계(영적)에도 영향을 끼쳐 천상계(영적)와 지상계(물질적) 모두 통일이 될 수 있었다.

바로 이 때문에 사탄 중심으로 일체를 이룬 유대인을 통해서 지상에 주(主)의 재림(세번째 아담)은 일어날 수 없었다(같은 책, 430, 431, 518쪽). 성서연대기에 따르면 아담에서 재림까지 걸리는 시간은 총 6천 년으로 계산되어야 한다. 아담에서 아브라함까지가 2천 년이고, 아브라함에서 예수까지가 또한 2천 년이며, 예수에서 재림까지가 2천 년이다. 재림은 하나님 편과 사탄 편이 대결하고 있는 지역에서 일어날 것이다. 1920년 문선명이 태어난 해는 1차대전 후였고, 그 이후 사탄세력인 북한과 천사세력인 남한의 정치 · 군사적 긴장관계를 고려해 볼 때, 제2의 유대인은 (이들은 곧 제3의 유대인으로 대체되어야만 하는데)[21] 하나님 편에 선 남한사람이어야 하며 이 남한사람들 중 세번째 아담이 지상에 태어나 하나님의 임무를 수행할 것이다(같은 책, 520쪽). 예수가 두번째 아담이었던 것처럼 문선명은 세번째 아담이 되며, 바로 이분이 잃어버린 낙원을 복귀시킬 수 있다. 나아가 통일교인들(문선명을 따르는 무리들)이 제3의 유대인으로서 지상계의 잃어버린 일체를 복귀시킴으로써 마침내 지상과 천상의 우주적 통일을 복귀시킬 수 있을 것이다(같은 책, 62쪽).

통일교인들은 남자와 여자의 성적 교합으로 구체화되는, '피가림' 이라

부르는 피나눔의 의례를 행하는 것으로 널리 알려져 있다.[22] 문선명은 다름 아닌 예수 그리스도이며, 따라서 통일교인들의 이전 피는 정화될 필요가 있었다. 왜냐하면 그들의 이전 피는 사탄을 중심으로 한 삼위일체 관계 속에서 오염되었기 때문이다. 김병서는 "이브가 천사장[사탄]과 성관계를 하여 타락하였고 나중에 아담도 같이 타락하였다"고 쓰고 있다(Kim Byungsuh 1990, p. 357). 삼위일체의 새로운 중심은 주의 재림, 즉 문선명이 오심으로써 실재한다. 따라서 통일교인들은 문선명(예수 그리스도) 앞에서 성적 교합을 통해 자신들의 피를 깨끗하게 하는 것이다. 바로 이런 차원에서 통일교회에서는 널리 회자되기도 한 공동결혼식을 문선명이 보는 앞에서 대규모로 거행한다.

> 1960년에 성스러운 결혼식[23] 이후, 참되신 부모인 문선명 목사와 그의 천상의 아내는 새로운 구세주(New Messiah)의 고향인 한국에서 3, 36, 72, 124, 430, 790, 1800쌍의 예비부부를 위해 공동결혼식을 지속적으로 주재하였다. (같은 책, p. 356)

흥미롭게도 '피나눔' 의례는 샤머니즘적 전통의 영향을 받은 흔적을 그대로 보여준다. 피나눔이 "순수한 피를 가진 신적 존재가 그 신성성을 성행위를 통해 다른 존재에게 전달하는 환상"적 현실을 바탕으로 한다는 점에서, 이 의례는 한국의 전통적인 다산의식(多産儀式)과 일치한다(같은 책, p. 174). 단군신화 역시 다산신화의 기원을 보여주고 있다. 순수한 피를 가진 환웅(신적 존재)이 그의 신성함을 다른 존재(곰)와의 성행위를 통해 전달하는 형태이다.[24] 피가림 의식은 특히 신들린 상태에서 샤머니즘적 주문을 외우는 행동 같은 다양한 모습을 보이는데, 여기에는 부흥사가 신도들을 신들린 상태로 이끌기 위해 거행하는 노래하기,[25] 울부짖기, 박수치기 등이 모두 포함되어 있다.[26] 따라서 텔레와 김종선은 문선명이 오늘날의 샤먼이라고 과감하게 서술한다. "문선명은 하얀 예복과 신라에서 샤먼[무당]이 쓰는 관 모형을 쓰면서 통일교 공식예배를 주관하였다."(Thelle 1990, p. 10; Kim Chongsun 1990, p. 210)

『원리강론』의 핵심적 내용을 살펴보면, 음양이론과 『정감록』의 예언사상이 『원리강론』에 그대로 반영되어 있음을 알 수 있다. 음양철학은 가장 영향력 있는 한국의 대표적인 전통종교 사상이다(Chun 1990, p. 14). 심지어 한국의 태극기에도 한가운데 전통적인 태극문양이 있는데, 이 태극은 음양이라는 우주의 이중적 원리를 상징적으로 보여준다. 이런 관점에서 『원리강론』에서는 4위 기대에 기초한 삼위일체가 천상과 지상 모두에서 음양철학을 토대로 이루어질 수 있음을 설파한다. 예컨대 하나님의 존재는 '남성성-여성성', 즉 '예수그리스도-성령' 및 '문선명-문선명의 천상의 아내'를 포함하지 않고서는 완전할 수가 없다. 마찬가지로 아담(남성 통일교인)은 이브(여성 통일교인) 없이 혼자서는 살 수가 없다. 다시 말해 진정한 의미의 통일은 '음양' '여성-남성' '지상에 보이는 왕국-천상의 영적 왕국' 등과 같은 우주의 이중적 원리에 의해 이루어질 수 있다.

『정감록』에서는 말세에 정의의 왕인 진인(眞人) 정도령(鄭道令)이 남쪽바다에서 나타날 것이라고 하는데, 이 남쪽바다는 다름 아닌 한국을 뜻한다(UC 1974, pp. 520~28; Chon Youngbok 1990, p. 15). 바로 이 점에서 『원리강론』

은 계시록 7장 2~4절을 근거로 한국에서 태어난 문선명을 제3의 아담으로, 재림한 예수 그리스도로 쓰고 있다. 김병서는 1976년 1월 1일자 『뉴욕 타임스』에서 문선명에게 신의 계시가 내린 현상을 보도한 사실을 전한다. "문선명이 열여섯 살이 되던 해 부활절에 신의 부름이 있었다. 문선명이 산에서 기도하고 있는 동안 예수 그리스도가 그에게 나타나 말하길 문선명이 예언자로 부름을 받았다고 하였다."(Kim Byungsuh 1990, p. 331에서 재인용)

기독교와 전통종교 간의 다름의 긴장 속에서 통일교인들은 샤머니즘, 음양철학, 『정감록』 예언사상 등으로 구체화될 수 있는 전통종교 콘텍스트를 바탕으로 성경을 읽었다. 기독교는 전통종교의 콘텍스트 안에 흡수되었던 것이다. 이들은 전통종교 믿음(텍스트)의 양식과 전통종교 콘텍스트에서 형성된 종교의례(경험)를 마음속 깊이 간직하며 가치 있게 여겼다. 데카르트 식으로 성경텍스트를 분석하는 서양식 성경읽기와는 차원이 다르게 이들은 성경을 전통종교 텍스트/콘텍스트(믿음과 의례)를 바탕으로 해서 읽었고 마침내 토착화된 성경까지 새롭게 만들어내었다. 바로 그것이 『원리강론』이다.

이들은 스스로를 제3의 유대인으로 간주했고 문선명은 제3의 아담이자 재림한 예수 그리스도이다. 그런데 거시적 관점에서 본다면 통일교인들의 이러한 성경해석은 '선택받은 유대인 되기'를 향한 동일성 추구의 연장선상에서 나온 결과이다. 비록 토착화된 성경을 새로 만들어내기는 했지만, 이들의 문화적 성경읽기에서도 성경텍스트에 잠재되어 있는 서구의 데카르트적 인식론에서 나온 '선택받은 유대인 되기'라는 거대담론의 존재 자체는 숨기기 어려웠다. 이 사실은 상당수의 젊은 유대인들이 아이러니하게도 다른 종교가 아닌 통일교로 개종한 사실에서 증명된다. "오늘날 통일교도의 거의 30%가 젊은 남녀 유대인들로 구성되어 있다."(Rudin 1979, p. 76) 통일교로 개종한 유대인들은 신유대민족의 성원으로서 아직 완성하지 못한, 과거 조상들(첫번째 유대민족)이 실패한 '하나님을 중심으로 한 우주적 통일' 과업을 세번째 유대민족인 통일교인의 이름으로 달성하려 한 것이다.

아울러 통일교인들은 정치에 적극 참여함으로써 "선택받은 유대인 되기"라는 기치아래 차별로 구체화될 수밖에 없는 정치적 성경읽기의 전형을 보여준다. 이들은 사회주의와 공산주의를 따르는 북한을 선택받지 못한 비유대인인 사탄세력으로 몰아간다.

> 공산주의는 인류의 적이자 하나님의 적이다. (Moon 1990, p. 86)

> 사탄을 상징하는 카인은 천국을 상징하는 아벨을 도살하였다. 따라서 배상 및 분리의 법에 따라 하나님은 세계 도처에 선과 악을 분리함으로써 악한 역사에 종지부를 찍을 것이다. 하나님[아벨]은 악[카인]을 정복할 것이다. 공산주의는 이런 점에서 카인 이데올로기이다. …통일교회는 자유주의적 세상에서 공산주의와 맞서 싸우는 데 매우 중요한 역할을 하고 있다. (Lee 1973, p. 233)

> 우리는 리처드 닉슨 대통령을 사랑해야 한다. 백악관은 따라서 성스럽다. …하나님이 리처드 닉슨을 선택하여 그가 미국의 대통령이 된 것이다. (Kang 1990, pp. 22~23)

한편 이런 상징적 비유대인에 대한 차별화 경향은 음양철학을 문화적 성경읽기에 적용하는 과정에서 유독 강하게 드러났다.[27)]

겉으로 보기에 기독교 대 전통종교 사이에 나타나는 다름의 긴장은 전통종교(선택받지 못한 비유대인)에서 기독교(선택받은 유대인)를 향한 동일성 추구과정을 통해 사라질 수 있었다. 하지만 동일성 추구의 결과로 기독교가 토착화되고 기독교가 전통종교의 영역에 흡수되었다고 하더라도, 데카르트적 인식틀은 여전히 이들의 문화적 성경읽기 속에 잔재해 있음으로 해서 강한 영향력을 행사하고 있다.

한국의 문화적 성경읽기: 흡수의 원리를 바탕으로 동일성 추구하기

19세기 후반에서 20세기 초 무렵에 기독교가 한국에 다시 수용된 이후, 토착 전통종교인들은 전통종교와 기독교 간의 다름의 긴장에 직면하면서 살아갈 수밖에 없었다. 이러한 다름의 긴장은 기독교에서 전통종교 방향으로 혹은 전통종교에서 기독교 방향으로 동일성을 추구하는 변증법적 움직임을 통해 사라질 수 있었다. 다양하고도 복잡한 양상으로 전개된 이러한 문화적 성경읽기에서 흡수의 원리를 공통적으로 찾아볼 수 있다.

여기서는 이를 구체화시켜 문화적 성경읽기의 대표적인 유형 4가지를 살펴보고자 한다.

첫번째 유형에 속하는 한국의 성경독자들은 주로 장로교인들인데, 이들은 전통종교 믿음과 의례양식을 배척하고 전통종교 콘텍스트(전통종교)에서 성경텍스트(기독교) 방향으로 변증법적으로 움직이는 동일성 추구과정에서 스스로를 선택받은 유대인(기독교인)과 동일시하였다. 이에 따라 대부분의 전통종교의 믿음과 의례양식은 이교도 혹은 선택받지 못한 비유대인들의 우상숭배라는 비판을 받으며 기독교라는 거대한 바다에 완전히 녹아 형체 없이 사라짐으로써 기독교 안에서 전통종교적 자취는 찾아보기 힘들어졌다.

두번째 유형에 속하는 성경독자들은 주로 진보주의적 입장에 선 감리교인인데, 이들은 성경텍스트(기독교적 믿음)는 말할 것도 없고 전통종교 의례까지도 소중하게 여겼다. 그래서 이들은 스스로를 기독교인(선택받은 유대인)과 동일시하면서도 기독교 예배시간에 전통종교 의례형식을 빌려와 예배를 드렸다. 전통종교에서 복음(성경텍스트) 쪽으로 움직이는 변증법적 동일성 추구과정에서 전통종교 의례가 기독교영역으로 부분적으로 흡수된 것이다.

세번째 유형의 성경독자들은 주로 엘리트 신학자들로서, 이들은 학자적 관점에서 전통종교의 텍스트/콘텍스트에서 서구의 신학적 요소를 찾고자 했다. 기독교에서 전통종교 방향으로 가는 변증법적 움직임 속에서 이들은 전통종교의 믿음과 의례를 기독교 영역에 흡수하였고 이는 제2유형의 성경독자들이 전통종교 의례만을 흡수한 데서 한 걸음 더 나간 것이었다.

네번째 유형의 성경독자들은 주로 통일교인들로, 이들은 전통종교의 영역에 기독교를 흡수하였다. 따라서 성경텍스트가 토착화되어 새로운 성경이 탄생하고 기독교(성경텍스트)에서 전통종교(전통종교 콘텍스트)로 움직이는 변증법적 움직임 속에서 새로운 구세주(메시야)까지 등장했다.

다양한 문화적 성경읽기의 공통적 목표는 결국 '선택받은 유대인 되기'에 있다. 이 주제는 자아 대 타자, 유대인 대 비유대인 등의 인식론적 구분을 전제로 하는 서구의 데카르트적 인식론과 밀접한 관계가 있다. 특히 제3 유형의 문화적 성경읽기에서 엘리트 신학자들은 데카르트적 인식론의 영향을 강하게 받으면서 전통종교 텍스트(믿음)를 전통종교 콘텍스트(종교의례, 경험, 문화)로부터 분리시키는 오류에 빠졌다. 제2와 제4유형의 성경독자들이 원시 '미분화' 심성이 가득 배어 있는 전통종교 의례를 존중함으로써 성경텍스트에 잠재되어 있는 데카르트적 인식틀을 극복하고자 노력했음에도 불구하고, 이들의 문화적 성경읽기 역시 선택받지 못한 비유대인들을 어쩔 수 없이 차별하는 '선택받은 유대인 되기'라는 동일성 추구의 연장선상에서 나온 것이었다. 요컨대 한국의 문화적 성경읽기에서 기독교와 전통종교 사이의 다름에서 파생된 긴장은 불변의 거대담론인 '선택받은 유대인 되기'라는 목표지점을 향해 '동일성을 추구'하는 과정 속에서 해소될 수 있었다.

3) 남아공의 문화적 성경읽기

19세기 무렵 유럽 선교사들이 남아공에서 본격적으로 선교활동을 시작한 이후, 토착 남아공 성경독자들은 기독교로 비유되는 선택받은 유대인과 아프리카 전통종교로 비유될 수 있는 선택받지 못한 비유대인 사이에서 발생한 다름의 긴장을 다양한 방식으로 극복하고자 하였다. 한국의 문화적 성경읽기에서처럼, 여기서도 네 종류의 문화적 성경읽기가 논의될 것이다.

첫째, 소수의 아막꿜라(학교에서 선교사로부터 교육받은 아프리카인들. 통상 경멸적인 어조로 정략적인 선교거점에 살고 있는 카피르라고 불린다.

카피르는 이슬람 문화권에서 이교도를 뜻하는 어원을 가졌다) 공동체[28]는 정치적 성경읽기에서처럼 '극단적 분리'가 그 특징을 이루는 유럽 중심적 성경읽기를 따랐다. 이들은 '선택받은 유대인'인 기독교인으로 개종하는 동시에 전통종교의 믿음과 의례를 버렸다(제1유형). 둘째, 에티오피아파 교인들은 서구 선교사들이 가르쳐준 대로 성경의 주요 교리를 받아들이면서도 그들 고유의 전통종교 의례를 계속 지켜나갔다. 이런 경향은 오늘날 유럽 전통의 일반교회에 다니는 코사어를 모국어로 한 성경독자들 사이에서도 찾아볼 수 있다(제2유형). 셋째, 일부 아프리카 엘리트 신학자들은 아프리카 전통종교와 기독교 사이의 다름의 긴장을 기독교 신학적 관점에서 전통종교 콘텍스트를 분석하여 서구 신학과 동일한 요소를 찾음으로써 이론적으로 해결하려고 했다(제3유형). 넷째, 시온파 교인들과 나사렛파 교인들은 전통종교 콘텍스트를 기반으로 성경텍스트를 해석하고 변화시켜 전통종교의 영역 속에 기독교를 흡수하였다(제4유형).

이러한 문화적 성경읽기는 비유대인에서 선택받은 유대인으로 혹은 그 반대방향으로 움직이는 변증법적인 '동일성 추구' 과정을 통해 유형별로 구체화되었다. 다음에서는 남아공의 기독교 역사에서 이 유형별 논의가 어떻게 전개되는지 자세하게 살펴보겠다.

제1유형: 아막꿜라들의 유럽 선교사적 관점에서 성경읽기

나이지리아 출신 학자인 칼루가 아프리카 교회를 결코 어른(유럽식 교회)이 되지 못한 '피터 팬 교회'[29] 같다고 비판한 내용에서 추론할 수 있듯이, 제1유형의 문화적 성경독자들은 '극단적 분리'[30]의 원리가 내재되어 있는 유럽 선교사적 관점으로 성경을 독해했다(Chidester 1992, p. 39; Pobee 1979, p. 64). 제1유형의 문화적 성경독자들은 기독교로 개종하자마자 아프리카 고유의 전통종교 믿음과 의례를 배격했다. 이들은 유럽 선교사가 가르쳐준 대로 스스로를 선택받은 유대인과 동일시하고는, 선택받지 못한 비유대인적 정체성을 과감히 버렸다. 해이워드는 "이들이 그리스도를 향한 믿음이 너무 커서 심지어 이들과 가까운 친지에게서도 등을 돌리고 이단 취급하였다"고 보고하고 있다(Hayward 1963, p. 8). 이들은 유럽 선교사들의 기대수준에 맞게 조상신 숭배, 주술적 행위, 마법, 점치기, 전통의학과 관련된 아프리카 전통적 믿음의 양식과 의례를 따르지 않았을 뿐만 아니라 전통적으로 내려오는 춤추기, 노래부르기, 결혼식선물(ikhazi) 주고받기, 일부다처제 등의 관습을 모두 금기시하였다(Pawu 1975, p.21). 여기서는 이 가운데서 유럽 선교사 중심의 대표적인 성경해석 세 가지—조상신 숭배, 일부다처제, 춤추고 노래부르기와 관련된—사례를 소개한다.

아프리카 조상신 숭배와 관련된 사안은 우선 십계명 중 제1계명과 2계명을 위반한 것이다.[31] 올레카는 우상숭배가 금지되었고 하나님은 결코 우상숭배를 기쁘게 여기지 않으실 것이라고 기록하고 있다(Oleka 1998, p. 131). 시내(Sinai)산에서의 계시는 전혀 형상과 관련이 없었고(신명기 4:15~18), 하나님만이 유일한 숭배대상이었다(이사야 42:8).

일반 신학서들에서는 우상숭배를 "피조물에게 영적 숭배를 드리는 것"으로 정의한다(Shorter 1973, p. 147). 사실 우상숭배인지 여부는 우상숭배자의 취지나 믿음 등을 따져보아야 하는 것인데도, 조상신에게 드리는 희생제(犧牲祭)는 두말할 여지없이 우상숭배로 규정되었다.

사람들이 절하거나, 예배를 위해 한쪽 무릎을 구부리거나 엎드리거나 하는 의례행동은 숭배자의 의도에 따라 그 성격이 각각 다르게 결정되지만, 희생제의 경우에 그 성격은 이미 객관적으로 결정된다. (같은 곳)

이에 유럽 선교사들은 이단적 요소가 짙은 조상신 숭배를 위해 동물을 죽여 제물로 바치는 아프리카인들을 맹렬하게 비난했다. 그러나 아프리카인들에게 동물을 희생시키는 것은 조상신과의 교통(交通)을 위한 의례절차의 하나였다(Mills 2001, p. 158, 166).

일부다처제의 경우, 1888년 람베스(Lambeth) 총회의 결정대로 선교사들은 공식적으로 아프리카인들의 일부다처제에 대해 교회에서 있을 수 없는 일이라고 못박았다(Pobee 1979, p. 137). 쇼터도 "기독교의 이상형은 일부다처제가 아니라 일부일처제인 것은 의심의 여지가 없다"고 창세기 2장 24절[32]에 근거하여 쓰면서(Shorter 1973, p. 174), "일부일처제는 어느 정도의 자율성을 가진 개인들간의 가장 근원적인 결합"이라고 강조한다(같은 책, p. 175).

또 쇼터는 구약성서 외경인 유딧서, 토비트서, 구약성서 욥기 모든 곳에서 한 명의 배우자에 대한 정절이 가장 이상적인 가치라고 기록하고 있다고 전한다(같은 책, p. 75).[33] 파린더 역시 구약성서에 나오는 일부다처의 예는 다만 이들이 대를 잇기 위해 임시방편으로 선택한 예외적인 사례라고 설명함으로써 일부일처제의 이상적 원칙을 정당화한다(Parrinder 1950). 아브라함의 아내 사라는 자식이 없었기 때문에 하갈을 남편에게 주었고, 야곱은 레아가 한동안 아이가 없었기 때문에 라헬을 두번째 아내로 맞았으며, 엘가나는 아내 한나가 아이가 없었기 때문에 아내를 사랑하면서도 또 아내를 맞이하였다. 한편 사울의 어린 딸이자 다윗의 아내인 미갈은 아이를 낳지 못했는데—"이런 일 때문에 사울의 딸 미갈은 죽는 날까지 자식을 낳지 못하였다."(사무엘하 6:23)—파린더는 바로 이 때문에 다윗이 아이를 낳을 수 있는 여자 여럿을 아내로 맞이한 것이라고 주장한다(Parrinder 1950).

따라서 구약성서에 소개되어 있는 일부다처의 예들은 기독교의 이상적인 일부일처 원칙과 위배되지 않았다. 이런 점에서 "가톨릭교회는 늘 일부일처의 전통을 지켰고 결코 이 원칙에서 벗어나지 않았다"(Shorter 1973, p. 175). 더욱이 파린더는 일부일처의 이상을 다음과 같이 강조한다. "오늘날 기독교가 세계의 어떤 지역에 정착했든 기독교는 부부간의 정절을 강조하고 일부일처제의 이상을 추구하였다."(Parrinder 1950, p. 63) 이 같은 일부일처제의 원칙 아래, 1848년 8월 8일 퀘나의 추장 세켈레가 세례를 받기로 결정하였을 때 그는 다섯 아내 가운데 넷을 버려야 했고, 그가 버린 네 명 중 하나인 몰로콘이 출산을 하자 그 아이는 공식적으로 아버지 없는 자식이 되었다. 일부다처제에 관한 개신교(프로테스탄트)의 입장은 누구든 감히 그것을 바꾸려고 도전하기 어려울 정도로 매우 강경했다(Sundkler and Steed 2000, pp. 436~38).

춤추고 북치는 사례의 경우, 춤과 음악은 산 자와 죽은 자 모두가 확대가족의 구성원이 될 수 있게 하고, 함께 모여 조상신께 의례를 올림으로써 확대가족 구성원 상호간의 의사소통을 가능케 하는 매우 중요한 매개체였다. 그러나 선교사들의 관점에서 이들은 그저 우상숭배나 일삼고, 따라서 사악한 존재와 교통하고 있는 이단이라 비판받아 마땅한 존재였다. 포비의

견해에 의하면 "초기 선교사들은 북치는 행위를 이단적이라 판단하였고 설령 이 행위가 죄가 있다고 정확히 판단하기 어렵다 하더라도 적어도 그것이 매우 비기독교적인 것임에는 틀림없었다"(Pobee 1979, p. 66). 그래서 가나에서 열린 감리교 총회 2장 규율 548항에서는 다음과 같이 밝힌다. "교인들의 정신을 맑게 하기 위해서라도 북치는 행위는 금지하여야 할 것이다."(같은 곳에서 재인용). 포비가 언급하듯이, 실제로 목사들은 죽은 자를 위해 가족들이 함께 모인 장례식장 같은 북소리가 나는 곳이면 어디든지 달려가서 직접적으로 규제하였다(같은 곳).

극단적 분리의 원리가 명확히 드러나는 선교사들의 고전적이고 전형적인 성경읽기에도 불구하고, 많은 토착 남아프리카인들이 기독교로 개종하였다. 여러 학자들은 기능적인 관점에서 토착 성경독자들의 개종이유를 정치적 · 의학적 · 사회경제적 측면을 고려하여 다음과 같이 설명한다.

첫째, 정치적인 측면에서 일부 아프리카 추장들은 유럽 정부와의 마찰을 피하여 정권을 유지하려는 목적으로 기독교를 받아들였다. 특히 1823년 트와나 공동체에 널리 퍼진 소문에서 알 수 있듯이, 선교사들이 갖고 있던 물품과 무기 등 물질적인 것을 비롯한 기술적 자원은 추장들의 군사력 유지 기반을 튼튼히 하는 데 필수적 요소였다.[34] 선교사들은 곧 화기(火器)의 상징이었던 것이다.[35]

둘째, 의학적 측면에서 매우 효과적인 서구 의학기술을 들여온 선교사들은 그야말로 새로운 '주술사'(의사)였다. 1849년 음판데 왕이 통풍으로 인한 팔다리 염증 때문에 고생하고 있을 때, 노르웨이 출신의 루터교 목사 슈라이더가 그에게 약을 주어 금방 낫게 해주었다. 이로써 슈라이더는 새로운 '주술사'(의사)로부터 복음을 받아들인 사람들은 행복하고 건강하게 이 땅에서 오래 살게 될 것이라 전도하며 포교활동을 계속할 수 있었다.

음판테는 슈라이더가 준 신비의 명약 덕분에 다 낫자 매우 감동을 받아 즉시 루터교 선교단에게 엠팡게니(줄루란드)에 있는 땅을 내어주며 그곳에 선교기지를 세워도 좋다고 허락했다. 이렇게 줄루란드에서 복음의 문을 열게 되었으니 이는 결국 약 덕분이었다(Sundkler and Steed 2000, p. 364; Sundkler 1976, pp. 25~26).

셋째, 사회적 측면에서 살펴보면 1770년 케이프 지역에서부터 점차 내륙으로 확대된 선교기지에서는 적어도 세례받은 노예의 매매가 원칙적으로 금지되었기 때문에 선교기지는 노예와 여성에게 피난처가 되었다(Sundkler and Steed 2000, p. 345; Chidestor 1992, p. 36). 당시 대부분의 개종자들은 주로 사회에서 소외받은 대상이었다(Cape 1979). 아울러 경제적 측면에서는 선교사들이 복음주의와 산업혁명에 많은 영향을 받아 '기독교 문명화'를 강조하였다. 당시 기독교 문명화란 사람들이 특정 형태의 도덕적 훈련과 생산적 노동력을 갖추면 그것이 바로 구원의 표시가 될 수 있다는 선교의 핵심 전략이었다(Chidester 1992, p. 37). 따라서 선교사들의 '문맹퇴치' 및 '고용'에 대한 약속은 대다수의 기독교 개종자들에게 매력적인 제안이었으며 결국 이들은 19세기 후반의 식민자본주의 경제를 부활시키는 원동력이 되었다(Etherington 1977; 1978).

이와 같이 토착인들이 기독교로 개종한 이유에 대한 기능적 설명을 근거로, 치데스터는 이 모든 요인을 고려하여 토착인들의 개종현상을 권력관계에 따른 '타협' 과정이라고 포괄적으로 기술한다(Chidester 1989; 1992). 그는 토착 아프리카인들의 개종과정을 '전유'(專有), '타협', '소외시킴'이 차례로 진행되는 진행형으로 보고(Chidester 1989), 특히 "토착 아프리카인들이 기독교 믿음과 의례를 자신들의 이해관계에 부합되도록 전적으로 이용하였다"는 것을 기본적으로 전제한다(Chidester 1992, p. 44). 다시 말해 개종자들이 '타협'이라는 이름으로 동적으로 변화하는 권력구조에서 어느 쪽이 더 강하고 유리한지 따져서 자신들의 이해관계에 더 부합되는 쪽을 선택함으로써 매우 효과적이고 적절하게 행동한다고 본 것이다. 하지만 치데스터는 토착 개종자들의 구체적인 실존적 인식론에는 전혀 관심 없이 학계의 기능주의적 설명의 전형을 따랐을 뿐이다.

이로써 토착 개종자들의 다양하면서도 동적으로 변하는 '말로 설명할 수 없고' '신비롭고' '신성한' 실존적 믿음과 의례양식이 서구의 기계론적 '협상'이라는 논리의 범위 밖에서 예기치 않게, 논리적으로 설명할 수 없이 신비롭게 드러날 수 있다는 실존적 측면을 간과해 버렸다. 그는 학계의 기능주의적 설명인 '타협'이라는 개념에 스스로를 종속시킴으로써 '실존적으로 텅 빈 주장'이라는 기능주의자들에 대한 전형적인 비판으로부터 벗어날 수 없었다.

이에 따라 아프리카인들이 오랫동안 지녀온 전통종교의 믿음과 의례를 기독교적 믿음(신학)과 문화를 위해 과감히 버린, 특히 제1유형의 성경독자를 분석하는 데는 개종에 대한 기능적 관점이 아닌 사상 및 실존적 측면의 고찰이 요청되었다. 1856~57년에 코사어를 사용하는 공동체에 '소의 대량 살육'이라는 비극적 사건이 일어났으며, 이 때문에 4만 명이 굶어죽고 또 4만 명이 식민주의 노동시장으로 음식과 일자리를 찾아 마을을 떠났다. 이들은 조상신이 곧 돌아올 것이라는 기대를 품고 소 40만 마리를 죽이고 농작물을 다 파괴하였다. 1819, 1834~35, 1846, 1850~52년 등 크게 4차례에 걸친 토착흑인과 유럽인의 치열한 전투를 겪은 이후, 토착인들은 코사족 사힐리 추장의 고문인 음락카자의 어린 여자조카 농카우세의 계시를 해석하여 그 해석에 권위를 부여한 음락카자의 지시를 따랐다.[36] "이들은 조상들의 부활과 백인정권의 몰락을 동시에 기대하며 모든 소를 희생제물(犧牲祭物)로 바쳐야만 했다."(Chidester 1992, p. 51; EOA 1999, p. 147) 그러나 조상들과 소는 결국 돌아오지 않았고 그 대신 2만 명의 코사족 사람들은 희생제물로 사용한 소가 죽어 땅이 오염되면서 창궐한 역병으로 모두 죽음을 맞이하게 되었다(EOA 1999, p. 147).

1857년 소의 대량살육 사건 이후 스코틀랜드 연합장로교 및 글래스고 아프리카선교회 소속이며 남아공 최초의 공식 흑인목사인 티요소가는 당시 이 사건으로 황폐해진 지역에 사는 응키타 추장을 따르는 사람들을 대상으로 음갈리 선교기지를 설립하였다. 티요소가는 전통적인 종교 의례행위를 모두 철폐하고 이 비극적 사건을 최대한 이용하여 기독교 개종자를 모으는 데 전력을 기울였다. 그는 죽을 때까지 장로교인으로 신심을 다하였고 기독교가 사람들을 문명화시키는 견인차 역할을 할 수 있다고 믿었다. 그런 반면 아프리카 의례와 믿음에 대해서는 깊이 뿌리박힌 저질적인 이단형태라고 여겨 금기시하였다(Chidester 1992, pp. 52~53; Williams 1978).

아프리카 전통종교에 대한 믿음과 구세주가 이끄는 천년왕국의 성서사상[37]으로부터 직간접적으로 영향을 받은 '소의 대량학살' 사건의 예언은 결국 불발에 그쳤고 이에 따라 코사인들은 황폐해진 심정과 실망감을 달랠

수 있는 방법을 찾지 못했다. 바로 이때 선교사들의 '순수한' '정통적' 문화적 성경읽기[38]는 특히 음펭구[39] 지역의 사람들 사이에서는 아무런 의심 없이 적어도 20여 년 동안 지속될 수 있었다(Mills 1975, p. 183; Pauw 1975, p. 25; Roy 2000, p. 83). 코사어를 사용하는 지역에서 음펭구족은 아마음펭구(궁핍한 방랑자들)라는 정치적 정체성을 드러내는 용어에서 추론할 수 있듯이, 정치적 방랑자로서 주로 국경지역에 생활터전을 마련하였고 변방이라는 지정학적 위치 때문에 이들은 마음에서 우러나오는 실존적 고백을 바탕으로 백인 선교사들 편에 쉽게 다가갔고 마침내 개종함으로써 스스로를 선택받은 유대인(기독교인)으로 인식하였다.

요컨대 사상적 · 실존적 측면에서, 성경의 메시아신앙과 연계된 전통종교의 예언이 불발이 됨으로써 실망한 사람들과 정치적으로 소외된 토착인들이 함께 전통종교에서 기독교 방향으로 움직이는 동일성 추구의 변증법적 움직임을 통해 정통 기독교 편에 서게 되었다. 이로써 이들의 전통종교적 믿음과 의례는 선교사들이 전하는 기독교 교리 및 문화로 완벽하게 대체되면서 이단이라는 이름 아래 자동 폐기되었다. 이런 점에서 남아공 최초의 흑인목사 티요소가는 유럽 선교사적 관점에서 복음사업을 본격적으로 시작할 수 있었다.

티요소가의 경우와 같이 제1유형의 성경독자들은 대부분 아막퀄라[40] 공동체 출신으로서 교육받은 소규모 엘리트 아프리카인들로 구성되었다(Kock 1992, p. 131). 비록 가장 존경받는 아막퀄라도 가족이 아프면 점쟁이를 찾아 고견을 듣는 것이 일상화되어 있었지만, 피터마리츠버그 근처 은데벨레 지역의 아막퀄라 공동체의 경우에는 자발적으로[41] 아들과 남편을 줄루

전쟁에 내보내 영국 편에 서서 충성스럽게 싸우게 하였다(Etherington 1978, p. 136, 165). 이것은 이들이 얼마나 열성적으로 전통문화적 정체성을 버리고 선택받은 유대인(기독교인)이 되고자 노력했는지를 잘 보여주는 전형적인 예이다. 문화적 정체성을 버린 아막펄라들과 의견을 같이하며 스프링베일에 새로 취임한 음펭굴라 음반데 목사는 나탈 지역 번타운에 소집된 '퀄라' 회의에서 문화적 정체성에 관한 연설을 하였다. "그들이 오랜 문화적 관습을 버리지 않고 현재 우리의 산업적 사고방식을 따르지 못한다면, 그들은 더 이상 사람으로 볼 수 없을 것이다."(Etherington 1978, p. 164에서 재인용)

케이프 동부에서는 케이프 응구니 아막펄라 공동체가 기독교를 받아들이지 않은 대다수 아프리카인들로부터 '아마코보카'[42]라는 비판을 받았지만, 이와 반대로 아막펄라들은 유럽 선교사와 동일한 관점에서 믿지 않는 그들을 '아마카바'[43]라고 부르며, 글도 못 읽고 미개하고 가난한 이단자라고 여겨 폄했다(Chidester 1992, p. 53; Kock 1992, p. 136; Pauw 1974, p. 428). 이처럼 선택받은 유대인(기독교인)과 그렇지 못한 비유대인(이방인)의 구별은 케이프 동부지역뿐 아니라 나탈, 폰돌랜드, 줄루란드의 응구니[44]들 사이에서도 매우 쉽게 볼 수 있었다.

1990~92년에 프리토리아의 아프리카 오순절교회에 관해 연구한 앤더슨은 오늘날까지도 아프리카 오순절교회 신도(성경독자)의 97%가 전통 관습이나 의례에 필요한 희생제를 반대하고 있다고 전한다(Anderson 1993). 게다가 이들 대부분은 전통적인 아프리카의 믿음과 의례를 사악한 문화라고 여겼다. "그들[아프리카 전통종교 신봉자들]은 여전히 암흑세계에 있는 마귀의 시험에 들었다."(같은 책, pp. 30~31) 극단적 분리를 특징으로 하는 아막

펄라의 문화적 성경읽기는 고립된 선교기지에서 토착 성경독자들이 "서구 선교사들의 직접적인 감독" 아래 받았던 식민주의 교육에서 대부분 도출된 것이었다. 마찬가지로 오순절 교인들의 문화적 성경읽기 역시 서구 교육(문맹퇴치) 및 상업주의에 근거해서 형성된, 이미 확고하게 자리 잡은 근대 기독교문명의 문화적 부산물이었다.

서구의 선교사적 관점을 따르는 토착인들의 문화적 성경읽기의 과거와 현재 사례 모두에서, 아프리카 전통종교의 사상적 기반인 '구전전통'은 완전히 무시되었고 사라진 구전전통의 자리에는 유럽문화의 기본적 인식틀인 데카르트 식의 이분법적 사고가 스며들어 있는 '문자전통'(문맹퇴치, 선교사 중심 신학)이 대신 들어앉았다. 대부분의 토속 엘리트 성서학자들은 문자전통을 더욱 강조하면서(제3유형)[45] 아프리카 독립교회에 쏟아지는 비난을 모면하고자 선교사들과 동일한 문자전통의 관점에서 서구의 신학적 요소를 아프리카 신학 내에서 찾으려 했다. 음비티는 "아프리카의 교회가 신학이 없는 교회이고 신학자도, 신학적 관심도 없는 교회"라는 일반적인 비난에서 벗어나고자 했다(Mbiti 1972, p. 51). 말루레케는 더 나아가 "이곳[아프리카 신학]의 문제는… 해석 이론 및 방법론이 명확성이 부족하고 창의성도 없다는 것이다"고 문제제기를 했다(Maluleke 2001, p. 375). 이런 비판의 연장선상에서, 선드클러는 토착민들의 데카르트적인 선교사 중심의 성경읽기에서 이단적 성경읽기에 이르는 연속되는 성경읽기의 평면에서 전자의 데카르트적 인식틀로 읽는 제1유형의 문화적 성경읽기가 가장 이상적이라고 주장한다.

혼합주의적 교파 때문에 아프리카인들은 결국 이단을 향해 한걸음씩 다가가고 있었다. …처음에는 특정 개인과 집단이 한걸음씩 선교사 중심 교회에서 발을 떼어 에티오피아파 교회로 향하더니, 에티오피아파 교회에서 다시 시온파 교회로, 마침내 시온파 교회에서 종교의 첫 출발점이었던 원시종교인 아프리카의 애니미즘으로 되돌아갔다. (Sundkler 1961, p. 297)

제1유형의 성경독자들은 아프리카 전통종교와 기독교 사이에서 발생한 다름의 긴장을, 전통적 믿음과 의례를 거부하는 선택받은 유대인(유럽 선교사 중심의 이상적인 기독교인)을 향한 '동일성을 추구'함으로써 극복하였다. 이 동일성 추구과정에서 아프리카 전통종교의 모습은 유럽 선교사 중심의 문화적 성경읽기 속에서 그 자취를 완전히 감추어버렸다. 흥미롭게도 한국의 제1유형 문화적 성경읽기와 달리 남아공의 제1유형은 겉으로는 주류교회의 성경읽기처럼 보였지만 신도 수 측면에서는 결코 주류가 되지 못했다(Chidester 1997; Pauw 1975; Oosthuizen 1993, p. ii). 그것은 남아공 토착민들이 선교사들의 데카르트적 논리에 따라 성경텍스트를 읽는 것이 인식론적 관점에서 항상 쉽지만은 않았기 때문이다. 이 문제는 제2유형에서 제3유형을 거쳐 제4유형의 문화적 성경읽기를 논의하면서 계속 검토될 것이다.

제2유형: 에티오피아파 교회 성경독자의 문화적 성경읽기

제2유형의 성경독자들은 기독교적 콘텍스트 안에서 아프리카적 전통문화를 기반으로 한 의례를 무시하지 않고 성경을 읽었다. 포우와 에세링턴, 프리토리어스가 설명하고 있듯이 이들은 기독교 수용 당시의 1세대 성경독자들이 아니라 그 이후의 제2세대 혹은 3세대 성경독자들이다.

기독교가 처음으로 도입되던 시기에 활동했던 제1세대 기독교인들은 그 후손들과 비교해 볼 때 코사족 전통과 훨씬 더 단절되어 있었다(Pauw 1975, p. 207). 선교사들의 기대에 미치지 못했던 제2세대 신자들은 제1세대의 종교적 경외감과 순수성을 따라가지 못했다(Etherington 1978, p. 140). 1870년대에 이르자 선교공동체는 선교사에 의존하는 경향이 점점 사라지고 독자적인 행동양식으로 대체되어 가는 것이 일반적 현상이었다(Pretorius 1993, p. 13).

제1유형의 토착 성경독자들의 관점에서는 그들의 조상은 모두 기독교적 가치관과 다른 가치관을 지닌 이교도들이었지만, 그들의 후손인 제2세대나 제3세대 토착 성경독자들의 관점에서는 조상들 역시 기독교인으로 볼 수 있었다(Pauw 1975, p. 208). 바로 이와 같은 입장 때문에 제2, 제3세대 성경독자들은 기독교적 콘텍스트 속에서도 아프리카적 전통을 계속 이어갈 수 있었다.

앞장에서 언급했듯이, 응구니들 중 특히 음펭구 사람들 대부분이 '소의 대량살육' 사건 이후 제1유형의 유럽 중심적 성경독자가 되었다. 하지만 "이들의 정통성은 다만 소수의 특정인들에 의해 대표될 뿐이었다"(Pato 1990, p. 27). 당시의 개종현상은 응구니의 주류인 정통 코사족이나 템부족, 음폰도족에게 커다란 영향을 끼치지 못했던 것이다. '소의 대량살육' 사건 이후 티요소가가 이끄는 음펭구 지역의 응구니들이 기독교인으로 개종한 현상은 그로부터 20년이 지나자 흐지부지되었다(Pauw 1975, p. 25). 코사어를 사용하는 대다수 사람들은 외형적으로는 기독교로 개종하면서도 유럽 선교사들이 아프리카 의례를 폐지하려는 의도에는 맞서 싸우며 자신들의 전통을 고수하였던 것이다.

예컨대 제1세대 아막꿜라 공동체가 유럽 선교사들에게 믿음으로 충성했음에도 불구하고, 나탈이나 폰돌랜드, 줄루 지역에 퍼져 있는 대부분의 아막꿜라 공동체에서는 '로볼라'(신부를 데려오기 위해 필요한 신랑의 지참금) 전통만은 계속 유지했다. 흑인목사인 이라 넴불라는 아막꿜라에서 로볼라를 없애기 어렵다는 사실을 1881년에 열린 나탈지역주민위원회에서 설명했는데, 에세링턴은 "학교 다니는 모든 카피르들에게 장애물이 한 가지가 있으니, 그것은 '(우쿠)로볼라'를 받지 못한 그들의 딸은 로볼라를 받은 여자와 지위가 결코 같을 수 없었다는 점"이라고 기록하고 있다(Etherington 1978, p. 139). 아프리카인 개종자들 대부분이 아프리카의 전통적 믿음과 의례를 지키고자 하는 성향은 결국 제2유형과 제4유형의 성경독자층이 형성되는 계기가 되었고, 이런 경향은 수많은 아프리카 독립교회의 탄생으로 가시화될 수 있었다.

아프리카독립교회 운동이 왜 일어났는지에 대한 주류학계의 설명은 원인 중심의 분석이 주를 이루고 있다. 흑인 교회지도자들에 대한 인종차별이라든지 부당한 임금지급, 교회활동에 대한 불평등한 재정지원 등이 그 원인으로 지목되었다.

> 흑인 목사들이 대부분의 일을 다 하였다. 그러나 그들은 성직에 임명되지 못했기 때문에, 결혼식 주재도 못하고 세례도 못 베풀고 주의 만찬음

식을 나누어줄 수도 없었다. 또한 백인 선교사와 비교했을 때 박봉에다 그 지위도 매우 낮았다. 그들은 흑인과 백인 모두에게서 소외감을 가졌다. 교회에서 그리고 국가에서 사실상 일상생활에서 일어나고 있는 흑인 대 백인의 불평등은 여러 백인교회에서는 당연시되어 공식적으로 받아들여진 현실이었다. (Pretorius 1993, p. 12; Pauw 1995; Sundkler 1976, p. 37)

한편 선드클러는 프로테스탄트 교파주의와 마찬가지로 아프리카독립교회 운동도 서구교회사에서 통상 발견되는 일종의 보편적 분파주의 현상에 해당될 수 있다고 주장하는데(Sundkler 1961), 이런 정치 · 경제 · 역사적 설명방식은 오로지 종교적 분파주의라는 기능적 측면만 강조하고 있다. 그에 따라 아프리카 개종자들의 실존적 · 영적 측면에 대한 분석은 간과했다.

자본주의와 개인주의 사상을 양대 축으로 한 유럽인들의 식민주의 역사에서 기독교가 아프리카에 수용된 이후, 선교사들은 성경의 가장 중요한 원칙인 '사랑'에 대해 별로 주목하지 않았다(Weber 1965; Barrett 1968, p. 156). 예컨대 이들은 하나님께서 내가 남으로부터 받고자 하는 대로 남에게 베풀라고 한 것을 잘 알고 있었지만(누가복음 6:31; 마태복음 7:12), 실제로는 자신들의 정치적 · 경제적 이익을 위해 원주민들을 억압하고 차별하였다. "일부 백인 선교사들은 기독교를 포교하기보다는 백인문명을 선전하고 가르치는데 바빴다."(Maboea 1994, p. 131; Makhubu 1988, p. 24). 다시 말해 이들은 사랑을 실천하지 못했고 그래서 성경의 원칙을 위반하였다. 다음은 이들의 성경 원칙에 대한 경시풍조를 말해 주는 기록이다.

그들이 선언했던 하나님의 사랑과 전혀 어울리지 않고 전혀 자비롭지 않은 행동은 사람들을 당혹케 했다. …하나님이 사랑이라면서, 서구문화는 복음의 이름으로 소개된 반면 흑인들의 문화는 사악하며 이단적인 것이라고 하였다. 어떤 문제가 발생하더라도 사랑이 아닌 분파주의로 문제를 해결할 수밖에 없었다. (Makhubu 1988, p. 28)

선교사들이 성경의 원칙에 맞추어 살지 못하고 성경원칙을 따르는데 실패함으로써 분리의 시초가 마련되었다. 비록 성경은 아프리카인들의 마음속에 계속 남아 있었지만, 백인의 기독교는 그들에게 너무 많은 상처를 남겼기에 그들이 받아들일 수 있는 방법이 전혀 없었다. (Pauw 1995; Maboea 1994, p. 130)

1세대 토착민들의 개종이유의 하나였던 의학적 측면에서는, 선교사들이 도입한 서양의술이 사람과 병을 분리하여 병에 대해서만 기계적이고 비인간적으로 접근했기 때문에 환자들의 실존적 현실은 의술의 대상이 안 되었다. 마보에아의 증언은 이 주장을 뒷받침해 준다. "사실 아프리카인들에겐 조상신과의 안 좋은 관계나 사악한 힘 그리고 주술행위 같은 것이 환자가 아프게 되는 근본적인 이유인데도, 서양의사들은 환자의 질병이 이러한 것들 때문에 생길 수 있다는 것을 꿈에도 생각지 못했다. 따라서 외형적으로는 서양의사들이 환자를 성공적으로 치료했다고 하더라도, 아프리카인들은 조상신과의 관계에 대한 설명체계가 빠져 있는 한 서양의사들의 치료는 일시적이고 부분적인 효과만 있을 뿐이라고 믿었다."(Maboea 1994, p. 125)

그러나 새로 탄생한 아프리카독립교회는 성경의 사랑의 원칙에 충실하여 아프리카인들에게 집과 같은 평안한 안식처를 제공하고 소속감이 들게끔 하였다(Welbourne & Ogot 1966; Pauw 1995). 아프리카인들에게 기독교는 단지 일요일만을 위해 존재한다기보다 아프리카독립교회를 중심으로 이루어지는 하루하루의 일상적인 문화 · 사회 · 경제 · 정치적인 삶 그 자체를 위해 존재했다(Maboea 1994, p. 128).

이러한 아프리카인에 대한 사랑 원칙에 입각해서 1882년 최초의 아프리카독립교회인 템부 교회가 감리교 목사 느헤미아 틸레에 의해 설립되었다(Pauw 1975, p. 25; Pretorius 1993). 느헤미아 틸레는 응강겔리즈웨[46]의 최측근 자문으로서, 응강겔리즈웨의 아들 달린디에보가 할례를 할 때 수소를 바쳤다. 틸레는 수소를 바친 뒤에 곧바로 남아공 웨슬리 감리교의 티 첩 감독 목사로부터 소환조사를 받았고, 조사를 받은 뒤에도 수소를 바친 자신의 행동에 대한 소신을 굽히지 않고 미련 없이 교회를 떠났다. 이런 행동은 틸레가 기독교적 콘텍스트 안에서도 얼마나 간절히 아프리카 전통종교 의례를 간직하고자 했는지를 보여주는 전형적인 예이다.

한편 틸레의 템부 교회는 서양 선교사들이 아니라 아프리카 추장이 수장(首長)인 독립부족의 '부족국가 교회'라는 인식이 확산되면서, 틸레는 아프리카 남부지역에서 흑인민족주의의 아버지로 널리 알려졌다(Pretorius 1990, p. 3; 1993, p. 17). 특히 직접 쓴 기도문 "움탄다조 와바 템부"에서 틸레는 선교사들이 세운 일반교회의 기도에 나오는 "쿤예 네응코사자나 우-빅토리아"(빅토리아 여왕 밑에서)라는 표현 대신 "판시 네응코사자나 우-빅토리아"(빅토리아 여왕과 함께)라는 표현을 썼다. 이 기도는 세 번 연속의 반복기원으로 마무리되는데, 프리토리어스의 기록에 따르면 다음과 같다. "신디사 티소 우-응강겔리즈웨"(하나님이 응강겔리즈웨를 구원하셨네), "신디사 티소 놈트와나 와케"(하나님이 그의 아들을 구원하셨네), "신디사 티소 이시스웨 사바-템부"(하나님이 템부족을 구원하셨네)

그런가 하면 오스츄이젠은 첫번째 아프리카독립교회 운동에서 틸레의 역할을 이렇게 서술한다. "틸레는 기독교의 콘텍스트 안에서 아프리카 문화의 전통을 받아들였고, [국지적인 부족주의에 반대한] 국가주의 및 흑인 민족주의를 강조했다."(Oosthuizen 1997, p. 17) 혹슨은 이 두 요소—종교적 분파주의와 아프리카 민족주의—가 상보적인 관계에 있다고 본다(Hodgson 1984, p. 25). 이처럼 템부 교회는 백인 선교사로부터 독립한 최초의 에티오피아파 교회가 되었지만, 이후 잇따른 교회지도부의 위기로 에티오피아파 교회들은 끊임없이 분파되었다. 그렇다고 하더라도 교리에서는 그들이 처음 영적으로 영향을 받은 유럽과 아메리카 교회의 교리를 따랐다(Etherington 1978, pp. 154~55).

에티오피아파 교회 성경독자들은 시편 68장 31절[47]에 인용된 '에티오피아'의 상징성—"무한히 뻗어나갈 수 있는 하나님의 광활한 통치권"—을 강조했다. 이슬람 세력에게 탄압받고 다른 기독교세계로부터 고립되었음에도 불구하고, 이들은 수백 년 동안 고대 흑인교회의 원형을 지켜온 지난날 에티오피아 교회를 복원시키고자 하였다. 아프리카인들에게 에티오피아는 '긍지'이자 '독립정신'이며 '자발적인' 모습을 상징했다. "1896년 에티오피아 군대는 이탈리아 백인군대를 몰아내었으며, 당시 이탈리아 군대는 사망자 수가 6천 명이고 1700명이 포로로 잡혔다."(Pretorius 1993, p. 3;

Shutte 1974, p. 17)

기독교 수용 이전의 아프리카인들이 자신들의 전통종교 상징과 표지를 지닌 채 고대 에티오피아 교회의 전통을 있는 그대로 계승한 교인으로서 침례를 받았다는 사실은 에티오피아파 교회 성경독자들이 유럽문화를 통해서가 아니라 직접적으로 원시기독교와 연결될 수 있었음을 구체적으로 보여준다(Shutte 1974). 바로 이런 이유로 이들은 구약성경을 신약성경보다 좀 더 많이 읽었고, 이런 맥락에서 틸레는 아프리카 전통에 따라 응강겔리즈웨의 아들 할례에 수소를 기부하였다. 이러한 관점의 연장선상에서 파토는 다음과 같이 언급한다. "유대 기독교 전통을 살펴보면 믿음의 아버지인 아브라함은 80세에 할례를 하였다. 예수가 활동하던 시기에는 생일이 지나 8일째가 되면 유대인 남자아이는 할례를 하는 것이 전통이었다. 도대체 무슨 근거로 18세의 코사족 소년들이 할례를 하는 것에 반대하는가?"(Pato 1990, p. 26)

포우가 언급한 바와 같이, 코사어를 사용하는 현대 아프리카 기독교인들의 의례에서도 조상신은 그들 삶 속에서 매우 중요한 역할을 한다. 예를 들어 이들 사이에서 흔히 볼 수 있는 '묘비명 알리기' 의례는 육적으로는 죽었으나 실제로는 살아 있는 조상신을 마을공동체(확대가족공동체) 구성원으로 받아들이기 위해 행하는 '우쿠부이사' 라는 아프리카 전통의례의 또 다른 이름이다.

묘비명 알리기 의례는 시온파 교인들뿐 아니라 유럽식 정통교회에 다니는 교인들 사이에서도 특정 기독교 믿음을 적용시킨 특별한 방식으로서

이제 남아공 흑인들에게 전통이 되었다. (Pato 1990, p. 30)

게다가 임벨레코(아이를 마을공동체/확대가족공동체에 받아들이는 의식)와 같은 전통의식, 우왈루카(어른이 되기 위한 성년의례), 로볼라(코사어를 사용하는 사람들 사이에 행해지는 전통 혼례절차 중 하나)는 전형적인 유럽식 교회에서도 기독교 의례로 자리를 잡았다. "아프리카 기독교인들이 진행하는 이러한 의식에는 교회예배 시작할 때 부르는 찬송이나 기도가 포함되었고, 세례식이나 신앙고백식, 기타 여러 가지 기독교 의례로부터 영향을 받은 모습이 곳곳에서 보였다."(Pauw 1975; Njeza 1998) 특히 이디니(조상신을 향한 희생제)는 이디나(저녁식사)로 이름만 바꾸어 의례가 이어졌다.[48] 즉 전형적인 유럽식 교회에 다니는 제1유형의 성경독자로 분류될 수 있는 학교 다니는 사람들(아막코보카)조차도 조상신께 올리는 희생제를 이디니(희생제)에서 이다나(저녁식사)로 이름만 바꾸어 위장된 형태로 계속 지냈다(Pauw 1975, p. 177). 결국 전형적인 유럽식 교회 안에서도 제2유형의 문화적 성경독자들이 출현하였다.

제2유형의 코사족 성경독자들에게 조상신은 살아 있는 부모와 같은 공경(베카)의 대상이자 돌아가신 연장자를 향한 존경(흘로넬웨)의 대상이었을 뿐이다.[49] 그들은 마귀도 아니며 다른 신도 아니었고 다만 십계명의 제1항에서만 피하도록 규정하고 있는 대상이었다. 이들은 부활을 기다리고 있는 존경받는 연장자들로 여겨졌다.

구약에서는 조상들이 죽지 않고 기다리는 장소에서 계속 살고 있다고 믿었기 때문에 그들은 존경을 받아야 했다. 성경에서는 우리에게 반드시 조상을 기억하고 조상께 복종(루라멜라)하라고 명하고 있다. 성경과 교회는 사람들에게 조상을 존경하라고 가르친다. (같은 책, p. 211)

심지어 예수 말씀에서도, 아프리카의 관습은 폐기의 대상이 아니라고 하였다. 예수는 율법이나 예언자들의 말을 폐기하러 온 것이 아니고 그것을 완성하러 왔다(마태복음 5:17).

예수께서 말씀하시길 그는 여러 사안들, 즉 그들의 관습을 없애러 오신 것이 아니었다. 오히려… 사실상 그분은 그것을 완성하러 오셨다. …그들은 하나님이 고유 전통을 지키는 사람들을 사랑하신다고 가르치고 있다. …교회는 조상들을 매우 높은 [카쿨레] 자로 여기며 그런 연유로 심지어 기도할 때도 그 이름이 언급되곤 한다. (Pauw 1975, p. 211)

지금까지 살펴본 대로 제2유형의 문화적 성경읽기는 두 가지 경우에서 발견되는데, 첫째는 에티오피아파 교인들의 문화적 성경읽기이고 둘째는 코사어를 사용하고 전형적인 유럽식 교회에 다니는 아프리카 기독교인들의 문화적 성경읽기다. 이들은—첫째 고대 에티오피아 원시기독교에서 종교적 정체성을 찾아 그 전통을 계승하고 있는 정통 기독교인으로서, 둘째 전형적인 유럽식 정통 기독교인으로서—전통적인 종교의례를 이어나갔다.

에티오피아파 교회의 경우, 교인들은 사랑에 실패한 선교사 중심의 유럽 교회로부터 분파를 선언했다. 교인들은 고대 에티오피아 원시기독교의 강력한 영향력 아래서 성경의 교리를 따를 뿐만 아니라 자신들의 고유문화도 결코 버리지 않았다. 그렇지만 원칙적으로는 자신들이 처음 받아들였던 기독교신앙의 출발점인 유럽과 아메리카 교회의 교리를 저버릴 수 없었다. 이유야 어쨌든 유럽 선교사들이 이들에게 처음으로 복음(성경의 교리)을 전도한 것은 절대 부인할 수 없는 사실이었기 때문이다(Etherington 1978, pp. 154~55).

전형적인 유럽식 교회에 다니고 코사어를 사용하는 기독교인들의 경우, '숨어서' 또는 '위장'해서 전통종교의 의례를 이어나갔다(Pauw 1975, p. 175; Pato 1990). 제4유형의 문화적 성경독자와 달리 이들은 기독교 영역에 전통종교 문화를 부분적으로만 흡수하였다. 그것은 기독교 문명화론의 영향력 아래 서구 선교사들의 거대담론(이단, 야만, 글도 못 읽는 카피르 아프리카)에 내재되어 있는 보이지 않는 압력이 흑인 기독교인들에게까지 매우 크게 작용하고 있었기 때문이다(Mills 1975, pp. 183~84; Chidester 1992, p. 37; Anderson 1993). 이러한 보이지 않는 압력은 선드클러가 아프리카독립교회의 위치를 아프리카 기독교인들이 과거 이단으로 되돌아가고 있는 과정 정도로 본 입장에서도 공히 증명될 수 있다(Sudkler 1961, p. 297). 바로 이런 이유로, 이들의 전통종교 의례는 위장하거나 감추어진 형태로 거행이 될 수밖에 없었다(Pauw 1975, p. 175).

제2유형의 성경독자를 대표하는 이 두 가지 사례 모두에서, 전통종교와 기독교 사이의 다름의 긴장을 '선택받은 유대인'이라는 동일성을 추구함으로써 해소시킨다는 공통 주제가 발견된다. 전형적인 유럽식 교회에 다니고 코사어를 사용하는 성경독자의 경우 위장된 형태로 조상신에게 희생제를 올리면서 동시에 서구의 인식틀이 가하는 보이지 않는 압력 아래 스스로를 유럽형 정통 기독교인과 동일시함으로써 '선택받은 유대인' 이라는 공통 주제의 존재를 드러냈고, 에티오피아파 교회 성경독자의 경우 고대 에티오피아 교회의 대전통을 그대로 유지하면서 성경의 원칙에 기초해 스스로를 정통 기독교인으로 여겼다는 점에서, 이들에게서도 '선택받은 유대인' 이라는 공통 주제를 분명히 찾아볼 수 있다. 이들은 자신들의 고유문화를 무시하지 않고서 새로운 교회를 세워 스스로를 선택받은 유대인과 동일시했다. 이런 식으로 아프리카 전통종교와 기독교 사이의 긴장은 기독교(선택받은 유대인)를 향한 '동일성 추구' 과정에서 해소될 수 있었다.

한편 에티오피아 운동에서는 서구의 인식론과 관련하여 주목할 만한 분파주의적 특징이 나타났다. 예컨대 아프리카 부족국가 교회(틸레가 세운 템부 교회)에서는 선교사 교회 출신의 흑인목사들만 예배를 주재할 수 있게 하였다(Pretorius 1993, p. 17). 그리고 에티오피아파 교회의 성경읽기(아프리카 신학)는 흑인신학(해방신학)과 매우 밀접하게 연결되어 흑인의식운동과 정치적으로 떼려야 뗄 수 없는 관계였다(Pretorius 1990, p. 13). 이것은 원주민 총독 제임스 스튜어드가 에티오피아주의를 비난한 데[50] 대한 원주민 차원의 정치적 반격이었다. 여기서 분명한 것은 유럽 선교사들이 에티오피아 교회 성경독자들을 차별한 것처럼, 에티오피아 교회 성경독자들도 백인들을 사랑으로 감싸안는 데 실패했다는 사실이다. 에티오피아 교회 성경독자들은 아프리카 부족주의에 대한 관심에서 더 나아가 아프리카 흑인민족주의에까지 그 관심영역을 확장시켰지만, 그럼에도 불구하고 모든 사람들에 대한 관심으로까지 승화시키지는 못했다.[51] 요컨대 이들은 마태복음 5장 17

절[52]을 해석하여 스스로의 문화는 받아들였지만, 서구 교회사와 그 신학(성경텍스트)에 깊이 뿌리박혀 있는 서구 인식론의 분파주의는 극복할 수 없었다(Sundkler 1961).

이들은 아프리카인의 정체성을 다만 서구의 인식틀[53] 내에서만 드러냈는데, 이는 이들의 문화적 성경읽기 역시 유럽 식민주의의 영향을 받은 정치적 성경읽기와 결코 다르지 않다는 사실에서 증명된다. 마찬가지로 에티오피아파 교회운동으로부터 영향을 받은 혹손의 통합주장 역시 오직 '극단적 분리'를 특징으로 하는 서구의 인식틀에서만 그 의의를 찾을 수 있다. 즉 통합은 흑인 아프리카 민족주의 안에서만 적용되었을 뿐 그 범위를 넘어 밖으로 확대될 수 없었다.

서구 인식론의 강력한 영향력으로, 제3유형의 아프리카 성경독자들은 학자적 관점에서 서구신학의 인식틀 내에서 동일성을 추구하였다. 그런가 하면 제4유형의 아프리카 성경독자들은 아프리카 전통종교의 한 축인 구전신학의 틀 내에서 동일성을 추구했다.

제3유형: 토착화 성서학자들의 문화적 성경읽기

대부분의 일반 성경독자들이 제2유형 및 제4유형의 성경독자들인 반면, 제3유형의 문화적 성경독자들은 주로 엘리트 성서학자들로 구성되었다. 제3유형의 문화적 성경독자들은 기독교를 향한 '동일성 추구'라는 변증법적 움직임을 통해 아프리카 전통종교의 콘텍스트 내에서 서구의 신학적 요소를 찾으려고 했다.

첫째, 이들은 아프리카 전통종교의 콘텍스트 내에서 서구의 신학적 요소 즉 절대적인 신의 존재성과 창세기에 나오는 창조 이야기 등을 발견했다. 둘째, 아프리카 신학자들은 아프리카 전통종교의 콘텍스트 안에 있는 신학적 요소의 발견에서 한걸음 더 나아가 서구 선교사들이 '조상신 숭배' '일부다처제' '춤과 음악' 같은 아프리카 고유의 관습에서 나타나는 아프리카적 믿음과 의례의 대부분을 '우상숭배' '야만적이고 더러운 관습' 이라고 폄하는 배타적 관점에 대항하는 입장에 서서 성경을 해석했다. 이들은 서구 선교사의 학제에서 나오는 신학적 공격에 맞서, 성경을 아프리카 전통종교와 의례를 바탕으로 학자적 관점에서 해석했던 것이다.

이것은 아프리카 사람들이 오래전부터 기독교인이었다는 사실을 증명하거나 아프리카인들이 서구 선교사들의 기독교 포교 훨씬 전부터 이미 기독교인이 될 준비를 끝마쳤다는 사실을 밝힘으로써 구체화될 수 있었다. "아프리카 전통종교는 복음이 들어오기 전에 이미 자리를 잡고 잘 돌아가고 있어서 이 전통종교를 조금만 도와주면 곧 복음이 될 수 있었다."(Bosch 1984, p. 22) 이들은 삶의 터전인 마을공동체/확대가족공동체(땅, 홈스테드 homestead) 중심의 아프리카 전통종교의 공동체적 가치뿐 아니라 서구의 신학사상 모두에 정통했다. 서로 다른 두 세계관의 충돌에서 빚어진 자아의 내적 정신세계에서 나타나는 긴장을 극복하고자, 제3유형의 토착 엘리트 성서학자들은 서구의 인식틀이 내포한 보이지 않는 사상적 영향력 아래서 전통종교의 믿음과 의례를 복음(성경텍스트, 신학, 기독교)영역으로 '완벽히' 흡수하려 했다.

장구한 한국 전통종교의 역사적 콘텍스트 속에서 '상제'(上帝)[54]가 기독교의 하나님이라는 새 이름으로 대체되어 새롭게 조명된 것처럼, 선교사들이 토착 아프리카인들에게 소개한 하나님은 아프리카 전통종교의 전통적 초월신과 같은 존재로 여겨졌다.

> 하나님의 코사어 이름은 '우-달리'(조물주, 초월적 존재)이며, 그 이름은 '움-달리'(창조자)와 어원이 같다. 또 다른 이름은 '틱소'와 '카마타'인데, 틱소는 원래 코사어 '달리'—모든 생명의 주재자, 인간과 동물 그리고 살아 있는 모든 것들의 창조자—를 대체한 이름이었다. (Smith 1950, pp. 100~101)

번역가이자 비교언어학자인 윌리암 응기디는 1850년대 나탈 지역의 콜렌조 주교에게 줄루어에도 기독교의 하나님을 뜻하는 '응쿨룬쿨루'와 '움벨링캉기'가 있음을 알려주었다. 콜렌조가 쓴 줄루어영어사전에는 줄루의 하나님 개념을 다음과 같이 정의한다. "가장 위대한 분, 초월자, 만물의 창조자인 응쿨룬쿨루는 움벨링캉기라고도 불리었는데…."(Smith 1950, p. 103에서 재인용) 응기디는 구약성경이 줄루족의 신화와 민담보다 결코 월등하지 않다는 사실을 콜렌조에게 확신시켰다(Hinchliff 1964; Chidester 1997, p. 163). 쿠녜네는 기독교의 하나님 이름과 관련하여 줄루어로 다음과 같은 시를 발표했다. "움벨링캉기 움달리 웨줄루 놈흘라바—오직 모든 생명의 원천이신 하나님만이 만물보다 우월하시다."(Kunene 1981, p. xv) 소토츠와나어에서 초월신을 가리키는 용어는 '모디모'이고, 벤다어로는 '랄루브힘바'이다.[55]

남아공의 여러 지역에 널리 퍼져 있는 전통 창조신화에서도 기독교적 요소를 찾아볼 수 있다. 가령 북쪽 소토의 전통신화에 따르면 초월적인 하나님 '크고베'가 세상을 창조하였고 그의 아들 '크고베아네'는 마치 장인이 진흙으로 그릇을 빚듯 인간을 창조하였다(Monnig 1967; Chidester 1992, p. 7).[56) 널리 퍼져 있는 또 하나의 기원신화 '카멜레온과 도마뱀' 신화[57)는 죽음의 기원이 태초에 영적 세계와 인간세계의 소통이 단절된 데서 비롯된 것이라는 내용을 담고 있다. 카멜레온이 아닌 도마뱀(뱀의 일종)이 죽음의 원인으로 지목되어 인간세계에 죽음의 계시를 전달하는 것은 성서 창세기 3장 3절, 13절[58) 내용과 흡사하다(Zahan, 1979, pp. 36~52; Chidester 1992, p. 7).

남아프리카의 전통종교 콘텍스트에 하나님 이름이 존재하고 전통신화 속에서도 유사한 기독교적 상징물을 쉽게 발견할 수 있다는 주장에서 한걸음 더 나가, 대부분의 아프리카 성서학자들—예컨대 이도우(Idowu 1962), 세틸로아네(Setiloane 1979), 무조레와(Muzorewa 1985), 음비티(Mbiti 1970), 은야미티(Nyamiti 1994; 1984)—은 선교사가 아프리카에 도착하기 훨씬 전에 이미 하나님께서 아프리카 전통종교 문화 속에 스스로를 드러내셨다고 주장한다(Parratt 1987, p. 154). 이도우는 아프리카 종교에서의 하나님 개념이 정확하게 기독교의 하나님 개념과 본질적으로 일치한다고 주장하는가 하면, 세틸로아네는 여기서 더 나가 어떤 면에서는 아프리카 전통종교에서의 하나님이 기독교 신학에서의 하나님보다 더 높은 존재라고 주장하였다. 무조레와는 아프리카 전통종교 신학(비기독교적)과 아프리카 신학(기독교의 토착화 신학) 사이에 신학적 연결고리가 있다고 강조했으며, 음비티와 은야미티는 전통종교를 '복음의 준비과정'이라고 보고 사람들의 영적 필요가 그리스도의 이름으로 충만해질 것이라고 믿었다. 은야미티는 "기독교 선교사들이 검은아프리카 대륙에 등장하기 훨씬 전부터 그리스도께서 이미 아프리카인들 사이에서 활동하고 계셨다는 점은 부인할 수 없는 사실"이라고 강조한다(Nyamiti 1994, p. 63).

바로 이러한 관점에서 아프리카의 엘리트 성경독자들은, 선교사들과 제1유형의 성경독자들이 조상신 숭배, 춤추기와 북치기, 일부다처제 관습 등으로 나타나는 아프리카 전통종교 믿음과 의례를 우상숭배며 야만적이라고 비판하는 데 대해 신학적으로 대응하였다.

조상신 숭배와 관련하여, 선교사와 제1유형의 문화적 성경독자들은 조상신을 십계명 제1항과 2항에서 규정하는 우상에 포함되는 나 이외에 다른 신들이나 악마로 간주했다. 하지만 제3유형의 성경독자들은 조상신을 다른 신도 아니고 악마도 아니며 오히려 예수 그리스도 혹은 살아 있는 성자라고 주장했다.

아프리카 엘리트 성경독자들은 겉으로는 아프리카 전통종교에 가시적인 상징물(우상)이 존재할 수 없다고 강조하였다. 웨슬리 감리교 선교사 제이씨 워머가 아프리카 전통종교의 우상에 관해 관찰한 것을 보면, 유럽인들의 미신적인 관습과 달리 아프리카인들에게는 가시적인 상징물 즉 우상이 전혀 없었다.

> 선교사들은 말편자를 문에다 못질하는 것과 같은 유럽인들만의 미신행위를 아프리카인들에게 적용하는 큰 실수를 저질렀다. 그러나 아프리카인들은 초자연적 존재를 표현하기 위해 어떤 상징물도 사용하지 않았으며, 따라서 이런 사실이 결코 오도(誤導)되어서는 안 될 것이다. (Mills 2001, p. 158)

한편 음비티는 신학 내적인 측면을 고려하여 쇼나와 은데벨레 사람들의 믿음체계 속에서 아프리카적 삼위일체의 존재를 밝힘으로써 여러 조상신이 아프리카의 유일한 하나님으로 수렴되고 있는 실례를 제시한다(Mbiti 1970). 그에 따르면, 기독교 삼위일체에서 성부와 성자(예수 그리스도), 성신은 하나의 하나님으로 받아들여지고 있는 것과 마찬가지로 쇼나와 은데벨레 사람들의 믿음 속에서 하나님은 아버지 · 아들 · 어머니로 인식되고 있다.[59] 하나의 하나님이 아버지 · 어머니 · 아들로 발산된다 하더라도 이들은 기독교 삼위일체에서의 삼위처럼 서로 분리될 수 없는 존재이다. 아프리카 전통종교에서 하나님의 발산과 관련하여, 이도우는 아프리카 하나님의 속성을 '발산된 일신론(一神論)' 이라는 새로운 용어로 설명한다(Idowu 1962). 만약 기독교의 하나님이 성부 · 성자 · 성령의 이름으로 발산되어 삼위일체의 이름으로 다시 삼이 일로 하나가 되었다면, 아프리카의 하나님 역시 많은 존재로 발산되어 '발산된 일신론' 이라는 이름으로 다수가 하나가 될 수 있다는 것이다.

음비티는 일반적으로 아프리카의 하나님을 4가지 존재, 즉 '초월적 하나님' '신적 존재들' '영혼적 존재들' '죽었지만 살아 있는 조상신' (조상 혹은 조상신들)으로 나눈다(Mbiti 1990). 첫째, '초월적 하나님' 은 초월적 존재이기에 결코 직접적인 숭배대상이 될 수 없다. 초월적 하나님은 반드시 조상신이라는 매개체를 통해 숭배되어야 하는 초월적 대상이었다. 초월적 하나님은 학계에서 보편적으로 정의하는 멀리 떨어져 있는 신(Deus Otiosus)으로서, 이론적으로는 아프리카인의 현실세계 속 일상생활과는 매우 동떨어진 곳에 존재해야 하지만 특이하게도 아프리카의 초월적 하나님은 현실세계에 내재해 있었다.[60] 줄루어 우-지베렐레(그는 스스로 온 자요, 그는 스스로 존재하는 자이다)는 초월적 하나님이 현실세계에 내재해 있음을 명확히 보여주는 용어이다(Smith 1950, p. 109). 둘째, 신적 존재들은 초월적 하나님의 활동물이나 신현물(神顯現物)을 뜻하는 것으로 인격적인 존재 혹은 영적 존재들이다(Mbiti 1990, p. 75). 이들은 한편으로는 자연현상과 자연물을 주관한다. 요루바족의 경우, 신적 존재인 오리샤-은라가 하나님의 지상대사 역할을 하며, 오룬밀라는 지구상의 모든 언어를 이해할 수 있는 존재로서 하나님의 전지(全知)한 능력과 지식을 나타낸다. 또한 이들은 인간의 활동과 경험 속에도 가끔씩 모습을 드러내며 관여한다(같은 곳). 신적 존재가 기독교의 천사처럼 영적인 존재로 창조된 반면, 세번째의 영혼적 존재와 네번째 '죽었지만 살아 있는 조상신' 은 인간이 육체적으로 죽고 난 뒤 될 수 있는 인간의 운명과 연관된 존재이다.

영혼적 존재와 죽었지만 살아 있는 조상신은 아프리카의 시간개념에 대한 이해가 선행되었을 때 비로소 뚜렷하게 구별될 수 있다. 음비티는 아프리카의 시간개념 중 특히 두 가지, 사사(미시적 시간지역)와 자마니(거시적 시간지역)에 중점을 두며 설명한다.

> '사사' 는 현재에서 바로 앞의 미래 그리고 무한한 과거(자마니)에 이르기까지 경험할 수 있는 연장된 시공(時空)을 뜻한다. …사사는 사람들이 자신들의 존재를 의식하고 있는 시간지역이다. …반면 '자마니' 는 사사의 시공에 안정감과 안전을 제공하는 신화적 시기를 말하며, 그래서 만물이 자마니(거시적 시간) 안에 포함될 수 있다. (Mbiti 1990, pp. 21~22)

영혼적 존재가 자마니(거시적 시간지역)에 속한다면, 죽었지만 살아 있는 조상신(조상 혹은 조상신들)은 사사(미시적 시간지역)에 속함으로써 이 사사 안에서 후손들과 가족공동체는 조상신의 존재성을 인식할 수 있다. 설령 죽은 사람의 육신이 부패해서 사라지더라도 그 후손들이 그를 기억하며 희생제를 지내면 그 사람은 후손들과 교통할 수 있는, (땅을 중심으로 형성된) 확대가족공동체의 살아 있는 일원으로서 공식적으로 받아들여질 수 있다. 즉 비록 몸은 죽었을지라도 확대가족공동체 속에서는 살아 있는 조상신이 될 수 있는 것이다. 시간이 흘러 세대가 수없이 바뀌고 이들이 마침내 후손들로부터 잊힌 존재가 되면 이들은 '영혼적 존재'라는 이름을 부여받아 자마니에 들어가게 된다. 음비티는 조상신이 영혼적 존재의 영역에 들어가려면 통상 5세대가 지나야 된다고 말한다(같은 책, p. 82). 또한 확대가족공동체와 완전히 관계가 끊어진 영혼적 존재가 이따금 사람들에게 해를 끼치거나 악행을 일삼는 경우도 있다고 한다(같은 책, p. 199).

분명히 외형적으로는 초월적 하나님, 신적 존재들, 영혼적 존재들, 죽었지만 살아 있는 조상신(조상 혹은 조상신들)은 영적 영역의 위계질서에서 수직으로 분포된다(같은 책). 그렇지만 초월성과 내재성을 동시에 지닌 초월적 하나님의 본성은 종종 신적 존재들이 인간사에 관여하는 방식으로 나타날 수 있고, 혹은 사사와 자마니의 끊어지지 않는 시간지역 같은 아프리카의 분리될 수 없는 시간개념 속에서 드러날 수 있다. 이것은 아프리카의 수많은 신적 존재들, 영혼적 존재들, 죽었지만 살아 있는 조상들을 하나의 초월적 하나님으로 수렴시키거나 그 반대방향으로 발산시킬 수 있음을 충분히 보여준다.

즉 아프리카의 하나님을 나타내는 4가지 존재는 가족공동체를 중심으로 서로 분리될 수 없고 이런 식으로 확대된 가족공동체 속에서는 산자와 죽은 자가 함께 어울릴 수 있는 것이다. 이들 모두는 수평면상에 존재하는 원과 같은 상징 속에서 '유기적 통일'을 이루고 있는 하나의 유일신으로 볼 수 있다(Mulago 1991, p. 120; Kunene 1981). 쿠녜네는 원의 상징성은 우주를 나타내며, 이 우주 안에 영적 세계와 현실세계가 나누어짐이 없이 하나의 우주가 될 수 있다고 설명한다(같은 책). 아프리카의 하나님은 영적 영역에만 속하는 '멀리 떨어진 신'과 달리 영적 영역에 속할 뿐만 아니라 현실세계에도 적극적으로 관여하는 활동하는 하나님이다.

아프리카의 하나님에 대한 지식을 바탕으로, 아프리카 엘리트 성경독자들은 아프리카 전통종교의 조상신들(죽었지만 살아 있는 조상들)의 영적·기능적 지위를 기독교의 예수 그리스도의 지위에 비유한다. 실제로 포비(Pobee 1979, p. 94), 부조(Bujo 1981), 은야미티(Nyamiti 1984)는 예수 그리스도는 다름 아닌 아칸족의 '나나'와 같은 위대하고 위대한 조상 또는 제1조상으로서 현실세계와 영적 세계를 연결시켜 준다고 주장한다.[61]

예수 그리스도는 인간의 죗값을 치르기 위해 인간의 역사 속에서도 존재할 수 있는 내적 존재로서 '하나님'의 영역에서 '인간' 세상을 향해 지상에 왔다. 예수 그리스도의 존재가 없었다면, 인간에게도 구원은 없었을 것이다. 예수 그리스도는 인간과 초월적 하나님을 연결하는 다리와 같은 존재이다. 마찬가지로 아프리카 전통종교에서는 '죽었지만 살아 있는 조상신(들)'이 두 세계를 연결해 주는 다리 같은 역할을 한다. 살아 있는 확대가족공동체와 초월적 하나님 사이의 연결선은 오직 조상신들의 존재에 의해 그

가치가 담보될 수 있는 것이다.

한편 예수 그리스도는 인간의 영역으로부터 하나님의 영역을 향해 가는 부활하신 하나님이자 삼위일체의 하나님이 되신 초월적 존재이다. 마찬가지로 아프리카 전통종교에서 초월적 하나님과 조상신은 서로 구분할 수 없는 하나의 존재로 여겨졌다. "초월적 신에 대한 믿음에서 산자와 죽은 자의 상호작용 및 부활에 대한 믿음 혹은 유사 종교적 믿음을 따로 떼어 분리하는 것이 원천적으로 불가능하다"는 뮬라고의 주장은 시사하는 바가 매우 많다(Mulago 1991, p. 30).

기능적 · 구조적 측면에서 예수 그리스도는 아프리카 전통종교의 조상신과 정확하게 동일한 역할을 하였다. 포비와 쇼터, 욱퐁은 마태복음 5장 17절, 18절, 로마서 1장 19절과 20절, 고린도전서 9장 22절을 인용하면서 예수는 유대 · 아프리카 전통종교의 믿음과 의례를 철폐하기 위해 온 것이 아니고 완성하기 위해 왔다고 강조하며 또 하나님께서 친히 여러 가지 방식과 다양한 모습으로 유대 · 아프리카 전통종교의 콘텍스트 속에 스스로를 드러내신다고 주장한다. "예수께서는 유대문화 속에서 유대인에게 복음을 전파하였고[유대문화 속에 성육신화 聖育身化하심], 이로 인해 그 영향력이 만백성에게 파급되었다[모든 문화에 대한 부활]."(Shorter 1975; Ukpong 1994, p. 58) 포비는 복음의 연장선상에서 하나님의 계시란 원칙적으로 무한히 진보되는 것이고, 따라서 유대교가 진보하여 기독교가 된 것처럼 아프리카 전통종교도 진보하여 기독교가 될 수 있을 것이라고 주장한다(Pobee 1979).

확대가족공동체, 특히 땅을 중심으로 아프리카의 하나님은 발산될 수 있을 뿐만 아니라 발산된 하나님이 하나의 하나님으로 수렴될 수도 있다는 전통신학의 논리는 매우 주목할 만하다. 아프리카 엘리트 문화적 성경독자들은 고대 이스라엘인들이 확대가족공동체 및 땅을 중심으로 해서 공동체의식과 집단적 상호연결성을 구약성경을 토대로 공고히 키워왔다는 점에서 무엇보다 구약성경을 강조한다(Mbiti 1994, p. 38; Dickson 1984, p. 166). 하나님이 축복하신 '아브라함 집안'은 다름 아닌 아프리카 전통종교의 확대가족공동체(homestead)였다. 아울러 가나안 땅(젖과 꿀이 흐르는 약속의 땅)은 아브라함의 (아직 태어나지도 않은 세대까지 포함한) 확대가족들의 영적 활동의 중심이었다(창세기 17:7; 사무엘하 7:1). 이런 식으로 땅을 강조함으로써 고대 이스라엘인들은 죽어서도 다른 땅이 아닌 확대가족공동체의 삶의 터전인 확대가족의 땅에 묻혀야 한다고 생각하였고, 오늘날의 아프리카인들 역시 고대 이스라엘인들처럼 땅의 소중함을 마음속 깊이 체득하며 살고 있다고 딕슨은 강조한다(Dickson 1984, p. 173).

> 고대 이스라엘 사람들은 가족무덤(homestead)에 묻히길 바랐다. 예언자 우리야의 시신이 서민 공동묘지에 묻힌 것은 당시에 엄청난 모욕적 사건이었다. (사사기 8:32; 사무엘하 17:23; 예레미야 26:23)

게다가 딕슨은 예레미야와 에스겔에서 인용한 속담을 근거로[62] "비록 증거가 아주 많지는 않지만, 고대 이스라엘에서는 죽은 자 역시 산 자의 의식 속에서는 공동체의 일부로 자리 잡고 있었다"는 사실에 대해 의심의 여지가 없다고 주장한다(Dickson 1984, p. 174).

확대가족공동체의 터전인 땅을 중심으로 아프리카 조상들은 인간과 초월적 하나님을 이어주는 다리와 같은 역할을 하는 예수 그리스도와 동일시 될 수 있었다. 뿐만 아니라 아프리카인들의 공동체문화는 구약성경의 고대 이스라엘인 문화와도 유사점이 많았다. 기독교의 하나님이 삼위일체의 이름으로 세 위격이 하나가 된 것처럼, 확대가족공동체를 중심에 둔 아프리카의 하나님은 '발산된 일신론' 이라는 이름으로 여러 신이 하나의 신이 될 수 있었다.

우상숭배와 관련한 신학적 문제에서 포비는 또 다른 가능성—조상신은 기독교 전통에서 살아 있는 성자와 같은 존재로 볼 수 있기 때문에, 우상이 될 수 없고 또한 다른 신이나 악마도 될 수 없다—을 적극적으로 검토하였다(Pobee 1979). 기독교에서는 예수가 하나님의 왕권을 나누어 갖고 있고 하나님의 지휘 아래 왕권을 행사한다(고린도전서 15:24, 25, 28). 하지만 예수의 왕권은 예수의 뜻을 행하는 예수 그리스도 추종자들 "communio sanctorum(성자/성인/성도)의 통공(通功)/교통(交通)"[63] 없이는 왕권의 지속적인 유지가 불가능하다(같은 책, p. 88). 마찬가지로 아프리카의 초월적 하나님 역시 위대한 왕으로서 인간이 직접 다가갈 수 없는 영역에 존재하신다. 이에 하나님은 그의 권능을 여러 조상신과 인간사 여러 일을 관장하는 신들에게 나누어주었다(같은 책, p. 65).

기능적 측면에서 기독교인의 영성 안에 여전히 살아 있는 성자와 아프리카인의 영성에 여전히 살아 있는 아프리카의 조상신은 각각 예수 그리스도 나라(왕국)의 기둥이자 아프리카의 위대한 왕(초월적 하나님)의 나라(왕국)의 초석이다. 이런 관점에서 음비티는 성만찬—"기독교공동체 전체를 연결하는 예수를 중심으로 한 성찬, 교제, 연합"—을 '죽었지만 살아 있는 조상들' 에게 성찬을 제공함으로써 이들을 기억하고 떠난 자와 교제를 하는 기념식이라고 설명한다(Mbiti 1994, p. 36). 아프리카의 조상신은 왕이신 예수 그리스도의 추종자, 즉 기독교 성자들의 모임으로 볼 수 있었던 것이다. 조상신을 더 이상 죽은 존재가 아닌 살아 있는 성자로 볼 수 있는 한, 이들은 원천적으로 숭배의 대상이 될 수가 없고 다만 살아 있는 자에게 표하는 존경[64]의 대상일 뿐이다.

따라서 조상신의 영적 지위와 관련된 기능적 측면 두 가지 모두에서—조상신이 예수 그리스도가 되건 혹은 그의 추종자들인 성자들이 되건—조상신은 유럽 선교사들이나 제1유형의 문화적 성경독자들이 비판하는 우상도 아니었거니와 다른 신이나 악마도 아니었다.

조상신 숭배와 관련된 우상숭배를 주제로 한 신학논쟁에서와 같이, 엘리트 출신 문화적 성경독자들은 아프리카 전통인 춤추기와 북치기, 일부다처제, 출산, 성인식, 결혼식, 죽음 등 여러 가지 관습 및 금기에 대한 서구 선교사들의 신학적 공격에도 대항함으로써 자신들의 믿음과 의례를 지켜나갔다.

춤추기와 북치기의 경우, 다윗이 십계를 새긴 석판 두 장이 담긴 계약의 궤(櫃) 앞에서 춤춘 사례가 아프리카 엘리트 출신 문화적 성경독자들의 신학적 입장을 강력히 지지해 줄 수 있다(Appiah-Kibi 1983, p. 125). 시편 149장 3~4절과 시편 150장은 춤추기와 북치기가 성서적 요소임을 증명한다.

> 그들로 하여금 춤추며 탬버린[북으로 번역됨]을 울리며 수금[아프리카식 피아노로 번역됨]을 타음악을 연주하여 그의 이름을 찬양하게 하라.

트럼펫으로 그를 찬양하며 탬버린과 춤으로 그를 찬양하라. (같은 곳; Olowola, 1998, p. 298)

올로올라는 신학적 해석의 연장선상에서 성령이 깃들어 있는 성서텍스트처럼 '아름다운 노래'와 '북' 역시 성령이 충만하다는 점에서 신학적 해석대상으로 보았다(같은 책, p. 294).

일부다처제와 관련된 신학적 쟁점의 경우, 아프리카의 일부 문화적 성경독자들은 아브라함, 야곱, 다윗, 솔로몬이 일부다처였다는 사실을 근거로 구약에 있는 일부다처의 사례를 집중적으로 분석하며 성경을 해석하였다. 특히 이들은 솔로몬의 아내가 매우 많았다는 사실에서 일부다처제가 성경의 원칙에 결코 어긋나지 않는다고 했다. 구약의 이런 일부다처 사례에 대해 선교사와 제1유형의 성경독자들은 앞장에서 설명했듯이 후손을 낳아야 하는 대통(大統)문제와 연계시켜 일부일처제의 정당성을 주장했다.

대를 잇기 위한 목적으로 일부다처제가 임시방편으로 정당화되었다는 선교사들의 주장에 동조하여, 파린더는 유대전통에서 축첩제(蓄妾制)가 야만적인 일부다처제에서 이상적인 일부일처제로 나아가는 과정에서 중간 정도의 위치에 있는 것으로 보았다(Parrinder 1950). 수많은 첩들 중에 첫째부인인 조강지처가 명확히 존재했다는 사실은 구약전통의 유대식 일부다처제가 야만적인 일부다처제로부터 기독교의 이상적인 일부일처제로 가는 과도기적 첫 단계임을 간접적으로 증명해 준다는 것이다. 예컨대 성서기자는 하갈을 아브라함의 아내로 기록했지만, 실제로 하갈은 첩이었다. 함무라비법전에 따르면, 여자가 전쟁터에서 잡혔거나 노예상인에게 팔렸을 때 남자는 그 여자를 첩으로 삼을 수 있었다. 따라서 파린더는 하갈이 이집트 여인이었고 아마도 전쟁에서 잡혔든지 아니면 노예상인으로부터 팔린 여인이었을 것이라고 주장한다(같은 책, p. 14). 칸요로 또한 영어와 프랑스어에서는 '아내'와 '첩'을 번역할 때 그 일관성이 유지되기 어렵다는 점을 발견했다(Kanyoro 1992, p. 98). 나아가 파린더는 많은 아내 중 제1부인이 존재했다는 가설을 다윗이나 솔로몬의 수많은 아내의 사례에까지 확대 적용시킨다. "아담, 노아, 이삭, 요셉이 아마 일부일처였던 반면 아브라함, 야곱, 다윗의 경우 여러 아내가 있었지만 그들 중에는 제1부인이 반드시 존재했다." (Parrinder 1950, p. 23)

그럼에도 불구하고 민수기 12장 1~16절에 나오는 모세의 새 결혼식 사례에서, 하나님께서는 모세의 새 결혼(일부다처의 결혼식)에 대해 불평을 털어놓는 미리암과 아론에게 벌을 내린다. 뿐더러 하나님은 일부다처를 행한 모세에게 벌을 주기는커녕 오히려 모세가 "하나님의 온 집에서 가장 충성되다"고 선언한다. 또 미리암이 모세의 새 결혼을 불평했을 때조차도 그것은 일부다처에 대한 불평이라기보다는 모세가 이방 여성과 결혼하기 때문에 불평한 것이었다.[65] 다시 말해 모세의 첫째부인 십보라가 대통을 이어줄 아이를 낳을 수 있었고[66] 모세가 에티오피아 여인(쿠쉬)을 일부다처의 아내로 선택한 것은 노예상인을 통해서나 전쟁포로로 붙잡혀 온 여자를 첩으로 고르는 문제가 아님이 분명하기에,[67] 아프리카의 엘리트 문화적 성경 독자들은 이러한 성경해석에 근거하여 아프리카의 일부다처제를 지지한 것이었다. 예컨대 신디마는 예수께서 일부다처제든 일부일처제든 금지해야 할 결혼제도에 대해서는 전혀 언급이 없었고, 다만 이혼에 대해서만 반대입장을 분명히 했다고 주장한다. "예수께서는 일부다처제를 행한 사람들을 일부일처로 만들려고 오신 것이 아니었다. 특히 결혼에 관해서는 자주 있는 경우이지만 교회의 역할이 반드시 건설적이어야지 파괴적인 것이어서는 안 된다."(Sindima 1999, p. 179; 마태복음 19: 16)

나탈 지역의 주교 콜렌조에게 구약성경이 줄루족의 신화나 민담보다 결코 우월한 지위에 있지 않다고 확신시켰던 윌리암 응기디는 기독교로 개종한 후 둘째아내를 얻었다(Chidester 1996, p. 140; Mills 2001; Hinchliff 1964). 이런 응기디의 영향을 받아 콜렌조는 아내를 여럿 거느린 남자도 침례를 받을 권리가 있다고 주장했다(Sundkler and Steed 2004, p. 372). 1904년 영국성공회 구드윈 목사는 다음과 같이 콜렌조의 주장을 지지했다. "일부다처제는 선교사들이 독자적으로 만든 죄목 중 하나에 해당될 뿐이며 성서에서는 일부다처제를 결코 금지한 적이 없다."(Mills 2001, p. 160에서 재인용)

이 같은 논리로 아프리카의 엘리트 문화적 성경독자들은 성서, 특히 구약성서의 비슷한 사례를 들어가며 출산 · 성인식 · 결혼 · 장례와 관련된 아프리카의 종교의례 · 관습 · 금기사항을 조목조목 정당화했다. 가령 아독보는 사무엘 상 10장 6~10절, 열왕기 하 9장 11절, 예레미야 23장 9절에서 아프리카 종교의례인 접신(接神)의 사례 찾아낸다(Adogbo 1994). 예언자 사울은 신들린 체험으로 평소와 전혀 다른 사람으로 변했고, 이스라엘 군대 사령관인 예후와 같이 있었던 사령관 중 한 명은, 예후의 머리에 기름을 부어 이스라엘의 새 왕이 될 것이라는 소식을 전한 예언자 엘리사의 제자를 미친 사람이라고 불렀다. 한편 예레미야는 스스로에 대해 "내 마음이 몹시 찢어지도록 아파서, 온몸의 뼈가 흔들리며, 주님 때문에 나는 술 취한 미친

자와 같았다"라고 기술하였다(같은 글, p. 16). 아독보는 사무엘 상 23장 6~12절에 나오는 신탁이 내릴 때 사용되던 점치는 물건, 즉 점구(占具)에 주목한다. "놉(Nob) 땅의 제사장 아비아달이 신성한 도구인 유대 법의(法衣) 에봇을 가져왔는데 다윗은 그것을 가지고 하나님께 '사울이 내려오겠습니까?' '그일라 성 사람들이 저를 사울에게 넘겨주겠습니까?' 와 같은 질문을 하였고 그에 대한 하나님의 대답을 마치 점구를 통해 응답받는 전형적인 방식과 마찬가지로 '예-아니오' 형식으로 응답을 받았다."(같은 글, p. 18)

아프리카의 출산과 성관계에 대한 금기사항과 관련해서, 딕슨은 레위기 12장 2절 및 에스겔 18장 6절에서 동일한 사례를 찾는다(Dickson 1984).[68] 그에 따르면, 서아프리카 오우이다 지역의 구족과 페다족의 경우 출산을 한 산모는 소금을 먹어선 안 되며 며칠 집을 떠나서도 안 되며, 만약 부득이하게 외출을 하더라도 밖에서 마주치는 사람들과 인사도 나누어서는 안 되었다. 그리고 대부분의 아프리카 사람들은 생리중인 여성과 성관계를 금하였는데, 그 이유는 레위기 17장 11절과 15장 19절[69]에 씌어 있듯이 피는 죄를 사하여 순수하게 만들어주기도 하지만 피를 가까이 하면 부정이 탈 수도 있는 '매우 신비한 생명력' 을 의미하는 것으로 피에 대한 금기가 남아 있었기 때문이다. 심지어 시에라리온의 코노족은 생리중인 여성이 성관계를 하면 나병에 걸린다고 믿었다(같은 책, p. 154).

이러한 문화적 성경읽기의 여러 가지 실제 사례를 통해, 아프리카 엘리트 성경독자들은 기본적으로 아프리카 전통종교와 기독교 간의 다름의 긴장을 아프리카 전통종교 콘텍스트 속에서 성서와 동일한 요소를 발견하고 기독교를 향한 동일성을 추구함으로써 해소하였다. 이들은 아프리카 신학에 대한 서구 신학자들의 선교사 전통에 근거한 전형적인 비판—"아프리카의 교회는 신학이 없는 교회요, 신학자도 없는 교회이며 신학적 관심조차도 없는 교회이다"(Mbiti 1972, p. 51)—에서 벗어나고자 했다. '아프리카의 하나님에 관한 중요 쟁점' 및 '일부다처제' 논쟁과 관련하여, 이들은 아프리카의 전통종교 믿음과 의례양식이 어떤 면에서는 유럽인들의 기독교적 믿음과 의례양식보다 훨씬 더 성서해석에 충실하다고 주장했다. 그러면서도 또 한편으로는 서양 선교사들이 가르쳐준 대로 서구의 논리적 사고를 바탕으로 성서를 읽는 경향이 강했고 바로 이 때문에 문자신학을 구전신학보다 훨씬 더 평가하는 경향이 있었다. 그리하여 이들은 서구 선교사들의 성서해석과 제1유형의 문화적 성경읽기에 대한 대응 차원에서 서구의 데카르트적 논리를 이용해서 성경을 읽는 동안, 고유 전통종교 문화의 콘텍스트에서 우러나오는 창조적 혜안(慧眼)을 스스로 키울 수 있는 기회를 놓쳤고 나아가 아프리카독립교회에 다니는 구전전통의 영향을 받은 민중들의 성경읽기를 오히려 무시하기까지 했다(제4유형 참조).[70]

하지만 서구 선교사들과 똑같은 논리로 그들을 따라한 문화적 성경읽기는 아이러니하게도 "아프리카 문화를 무작위로 선택해서 전용(專用)한 성경읽기"라는 비판을 다름아니라 이들이 모방하고자 했던 서구학자들로부터 받았다(Chidester 1979, p. 9). 투투가 직시한 대로, 이들은 서구의 차별적인 이분법적 전제가 깊이 밴 '선택받은 유대인 되기' 라는 거대담론에 무의식적 폭력성이 내포되어 있다는 사실을 인식하지 못했다(Tutu 1987). 이에 대해 투투는 "우리[아프리카 엘리트 문화적 성경독자]들이 백인들이 만든 게임의 룰에 따라 심판도 백인인 경우가 대부분인 백인들의 게임을 하는 데 너무나

많은 정력을 쏟고 있다"고 정문일침(頂門一鍼) 격으로 충고한다(같은 글, p. 55). 다음에서는 아프리카 서민들이 그들 고유의 아프리카 전통종교라는 콘텍스트 안에서 어떤 관점으로 독자적으로 성경을 읽어왔는지를 논할 것이며, 특히 그들의 성경읽기에서 볼 수 있는 독자적이고 신선한 시각은 주목받기에 충분하다.

제4유형: 시온파와 나사렛파 교인들의 문화적 성경읽기

아프리카의 평범한 성경독자들이 기독교를 어떤 식으로 아프리카 전통종교의 영역 속에 흡수하여 전통종교와 기독교 사이의 다름의 긴장을 극복하였는지 살펴보고자 한다. 시온파 교인들의 의례에 사용된 종교적 상징물과 이사야 샴베의 찬송은 이들에게 문자전통의 성경처럼 성령이 가득 깃들여 있는 토착화된 성경텍스트(구전텍스트)[71] 그 자체였다. 선드클러에 따르면, 시온파 교인들은 사상적 측면에서는 예루살렘의 시온 산에서 출현하였고 신학적 측면에서는 '병치료' '방언하기' '정화(淨化)의식' '금기' 등을 주요 신앙요소로 하는 혼합적 형태의 반투 운동의 한 계열이다(Sundkler 1961, pp. 54~55). 그리고 이사야 샴베의 나사렛파 교인 역시 넓은 범위에서는 시온파에 속한다.

제1유형 및 제3유형의 문화적 성경읽기와 반대로, 시온파 교인들은 성경을 거의 읽지 않고 대신에 악귀를 몰아내거나 치료 목적으로 주로 성경을 사용하였다. 이들은 오직 병을 치료하는 절차의 마지막 부분에서만 잠깐 성경을 읽었고, 그것도 아주 가끔씩 몇 구절만 반복해서 읽고는 읽은 부분을 깊이 명상했다(Oosthuizen 1992, p. 48). 대부분 치료를 목적으로[72] 교회에 찾아오는 시온파 교인들은 선교사들이 세운 기존 교회의 성경공부나 기도만으로는 결코 만족할 수가 없었다. 선교사들의 병에 대한 의학적 처방은 아프리카인 환자에겐 그 효력이 너무도 미약하여 환자(희생자)가 앓고 있는 질병의 주원인을 제거하는 주술적 방자나 강력한 마술의 힘에는 도저히 당해 낼 수 없었다. 따라서 시온파 예언자 · 점술가는 현대의 퇴마사(退魔師)[73]와 마찬가지로 환자를 진단하고 치료의례를 거행할 필요가 있었다(같은 책, p. 186; 에베소서 4:11). 시온파 교인들에겐 예언자 · 점술가가 주도하는 치료의례에의 참여가 문자전통의 성경을 읽는 것보다 훨씬 더 중요했다. 다시 말해 예언자 · 점술가 주도의 의례 진행과정 속에 하나님이 몸소 나타내신다(신현 神顯)는 점에서, 이들에게 성경텍스트는 문자전통의 성경이라기보다 성령이 충만한 의례 그 자체였다(Dube 1994, p. 105).[74]

제1유형의 성경독자들이 시온파 교회의 예언자 · 점술가를 마귀의 하수인이라 비난했을지라도, 예언자 · 점술가는 평범한 아프리카 사람들을 시온파 교회로 오게 만드는 매우 중요한 역할을 했음에 틀림없다.[75] 시온파 교회를 다니는 사람들에게 '하늘에 떠 있는 빵'이라는 신학적 요소는 더 이상 마음속에 매력적으로 다가오지 않았다. 오히려 '바로 지금 필요한 것'을 그들에게 즉각적으로 줄 수 있는 예언자 · 점술가가 그들의 믿음과 의례양식의 중심에 있었다(Oosthuizen 1992, p. 193). 예언자 · 점술가는 치료의 기적 · 의례를 통해 조상신 또는 성령(聖靈)과 영적으로 접촉할 수 있게 해주는 중재자였고, 볼 수 있고 만질 수도 있고 또 실제로 지금 이곳에서 살아 숨쉬고 있으며 사람들이 언제든 다가갈 수 있는 가까운 존재였다.

이런 관점에서 아프리카 전통종교 예언자 · 점술가와 기독교 예언자의 구분은 더 이상 의미가 없었다.[76] 오스츄이젠은 시온파 교회에 다니는 점술가 · 예언자의 약 80%가 아프리카 전통 조상신과 그들에게 영적으로 통찰력을 심어줄 수 있는 기독교 성령의 차이를 못 느끼며 또 서로 다름에서 비롯될 수 있는 영적 긴장감도 전혀 인지하지 못한다고 보았다(같은 책, p. 180). "나[시온파 교회의 예언자]에겐 마음대로 제어할 수 있는 이중엔진이 있는데, 하나는 성령으로부터 온 것이요 또 하나는 조상신에게서 온 것이다."(같은 책, p. 167) 일부 시온파 예언자 · 점술가에게는 성령께서 그들을 위해 그의 사신(조상신)을 직접 보내기도 했다는 것이다.[77]

정작 시온파 교인들에게 성경의 예언자(선지자)와 아프리카 전통종교의 점술가를 명확히 구분하는 서구의 논리적이고 개념화된 설명방식은, '지금 당장 여기서 필요한 것' 을 전혀 제공해 주지 못하는 한 서구학자들의 전형적인 언어적 유희나 언어게임에 불과한 것이었다. "구전전통 속에 사는 사람들의 정신세계에서 개념정의에 관한 관심은 찾아보기 힘들 정도로 거의 전무하다."(Ong 1982, p. 47) 따라서 이들은 치료의례 때문이라면, 성령을 위해서 예수 그리스도까지도 과감하게 버릴 수 있었다.

> 서구의 의사와 같은 역할을 하는 예수는 아프리카인들의 정신세계 속에 깊숙이 발을 들여놓을 수가 없었다. [반면에] 신비한 힘의 원천이 되는 조상신과 같이 힘이 충만한 성령은, 조상신[아프리카적 성령]을 대단히 중요하게 여기고 있는 아프리카인의 세계관과 조화를 이루며 그들의 정신세계 속에 제대로 자리 잡게 되었다. (Oosthuizen 1992, p. 69)

이처럼 시온파 교인들은 자신들의 일상적 삶에서 벗어나 '멀리 떨어진 신'(Deus Otiosus)을 섬기기보다 일상적인 삶에 직접적으로 관여하고 활동하며 눈에 보이고 만질 수 있고 살아 있는 하나님을 섬기는 경향이 강했다.[78] 하나님께서 예언자나 점술가를 통해 동적이고 적극적으로 스스로를 현 세상에 드러내는 한, 그 용어가 기독교 예언자든 혹은 아프리카 전통종교의 점술가든 용어의 다름으로 인해 생기는 우주론적 충돌은 전혀 없었다.

태곳적 미분화된 원시심성(이 책 3장 참조)을 기본 바탕으로 한 아프리카인들의 정신세계를 전제로 해서 두베는 하나님께서 예언자를 통해서 스스로를 드러내는 신현(神顯)을 확인할 수 있는 의례 자체를 토착화된 성경텍스트라고 본다(Dube 1994). 따라서 시온파 교인들의 치료 의례과정에서 사용되는 아프리카 전통종교의 여러 상징물들 역시 성경텍스트의 하나로 볼 수 있었다.[79]

시온파 교인들이 의례에서 사용하는 상징물을 토착화된 성경텍스트로 여겼던 입장과 비슷하게, 이사야 샴베는 "아마나자레타(나사렛파 교인들)[80]의 구세주로서 구전신학"[81]이라는 이름으로 성경텍스트를 독창적으로 토착화시켰다(Oosthuizen 1994, p. xxviii). 예언자의 말씀과 찬송은 구전텍스트로서 성경텍스트와 동일한 영적 가치를 지녔던 것이다. 아들 요한 갈릴리와 손자 론다 샴베에게까지 전해졌던 이사야 샴베의 구전텍스트는 성경텍스트가 어떤 식으로 아프리카 전통종교 믿음과 의례 영역 안에 흡수되었는지 구체적으로 보여준다(Shembe 1994; Oosthuizen 1967, p. 1).[82]

유다의 왕 다윗이 유전적 적통(嫡統)으로서 왕위를 계승한 것이 아니고 하나님의 부름을 받고 이에 응하여 왕이 된 것처럼, 신적 부름을 받은 이사야 샴베는 다윗의 왕통을 강조하면서 하나님(움벨링캉기)과 그 신자들을 중재하는 상징적인 줄루의 왕이 되었다(사무엘 하 7:11; 이사야 9:5; 시편 2:7, 110:1). 다윗왕처럼 이사야 샴베는 줄루족의 왕족 출신도 아니었고, 오로지 여호와로부터 신적 부름을 받아 상징적인 줄루의 왕이 될 수 있었다. 샴베는 다음과 같은 사실을 언급하면서 줄루족의 전통이 고대 유대인들의 전통과 연결된다고 설교하며 유대 성서적 정통성을 계승하였다. "성서에 예언자 예레미야가 말씀하시길 줄루 사람들은 유대인으로부터 나온 사람들이라고 믿어 의심치 않는다고 하셨다."(Oosthuizen 1994, p. xxiv에서 재인용) 또한 그는 줄루 왕족의 조상신과 관계를 돈독히 하고자 자기 딸 하나를 왕족인 솔로몬 카디누줄루에게 시집보냈다(같은 글, p. xi).

찬송 68장에서는 줄루 국가의 위대한 여러 왕들, 센드즈나가코나와 딩간, 샤카, 음판데, 세츠와요, 디누줄루의 이름을 부르고 찬송 67장에서는 이사야 샴베가 여호와께 이들의 죄를 사하여 주십사 간청한다(Oosthuizen 1992, p. xli). 마침내 신의 부름을 받은 샴베는 유대 다윗왕의 정통성을 계승하며, 줄루 왕족의 조상신과 당시 줄루 왕과의 강한 결속력을 바탕으로 한 줄루족 적통 왕으로서 수많은 신도들로부터 칭송을 받을 수 있었다.

> 사람들은 당신을 은코시 솔로몬이라, 디누줄루의 아이라고 부릅니다. 바로 이곳에 여호와의 영광이 있을지니 이곳은 '에쿠파카메니' 입니다. …줄루여 오소서, 우리는 우리의 주를 보았고, 우리는 미래에서 와서 우리의 왕을 보았나이다. (Hymn 116:1. Oosthuizen 1992, p. xl에서 재인용; Hymn 218:1. Oosthuizen 1967, p. 190에서 재인용)

또한 찬송 220:3에서는 이사야 샴베의 아들이자 나사렛 교회 정식 계승자인 요하네스 갈릴리가 아버지를 "만왕의 왕, 응코시 야막꼬시"라고 부른다.

나사렛파 교인들은 이사야 샴베를 줄루왕이라 부르는 데서 더 나아가 점술가 또는 예언자라고도 불렀다(Oosthuizen 1994, p. xl). 모세가 이스라엘 백성을 이끌고 약속의 땅으로 인도한 것처럼, 나사렛파 교인들은 이사야 샴베가 줄루족 사람들을 약속의 땅(에쿠파카메니, 성스러운 도시, 새 예루살렘, 재난으로부터 피할 수 있는 상징적 장소)으로 인도하리라 믿었다(같은 글, p. xli). 하나님께서 예수 그리스도를 통해서 백인들에게 성육신 하셨다면, 하나님께서는 이사야 샴베의 몸을 빌려 줄루 사람들에게 오셨다.[83] 게다가 이사야 샴베는 예수 그리스도의 출생을 기념하는 축제인 크리스마스를 폐지하고 대신 자신이 만든 새로운 형태의 추수감사제를 도입하였다. 이는 조상신을 불러옴으로써 성산(聖山)인 응흘랑가카지(나사렛 교회의 시내산)와 에쿠파카메니(성스러운 도시, 새 예루살렘)를 중심으로 줄루 왕과 그를 따르는 사람들의 관계를 조화롭게 해줄 수 있는 우주적 질서를 유지하는 데 반드시 필요한 조치였다.[84]

동시에 이사야 샴베는 구세주이자 줄루의 왕이자 점술가이자 예언자가 될 수 있었고, 줄루 사람들을 나사렛파 줄루 교인들의 영성의 중심인 약속의 땅(에쿠파카메니)으로 이끌었다. 나사렛파 교인들의 입장에서는 이사야 샴베가 이렇게 다양하게 스스로의 모습을 바꾸어 여러 형태의 영적 존재가 되는 것이 자신들의 우주론적 이해에 모순된다기보다는 오히려 자연스러운 현상이었다. "구전전통의 정신세계에서는 예수와 샴베[성스러운 사람]의 역사적 거리를 인식할 수 있는 판단이 정지된다."(Loubser 1993, p. 76) 앞에서 논한 바와 같이 아프리카 전통종교 콘텍스트에서, 여러 신 또는 조상신들이 영적 영역에서 외형적으로는 수직으로 위치해 있지만, 현실세계에서는 모두 마을공동체(homestead)를 중심으로 수평면상에 존재하는 하나의 하나님이었다. 또한 흐르지 않는 비역사적 시간개념 속에서는 샴베가 과거 사건에 대해 설명한 내용은 즉시 현재의 일부가 될 수 있었다. 이 같은 관점에서 샴베는 심지어 아브라함과 모세를 부르는 하나님으로 기록되기도 했다.

> 아브라함은 현재 나사렛파 교인들의 종교적 성지인 에쿠파카메니의 하나님으로부터 부름을 받았기 때문에 칼데아의 우르에서 나왔다. 모세가 불타는 떨기나무를 보았을 때, 내[샴베]가 그곳에 있었다.(Hymn 2:2; 15:1. Loubser 1993, p. 72, 76에서 재인용)

이처럼 샴베의 천명(天命)이 있으면 현재 및 미래까지도 통제될 수 있었고 여러 가지 구원 경험사례도 나사렛파 교인들 사이에서는 바로 지금 일어나는 것으로 인식할 수 있었다. "바로 이러한 이유로 구전문화 속에서는 가끔 과거시제로 미래의 내용을 언급하였다."(Loubser 1993, p. 76)

이런 구전전통 속에서 성령이라는 기독교적 요소는 조상신이라는 영적 세계에 흡수될 수 있었고, 시온파 교회에서의 '질병치료 의례' 텍스트는 인식론적 충돌 없이 아프리카 전통종교 영역에서 토착화될 수 있었다. 성령, 예수 그리스도, 조상신을 외형적으로 서로 구분하려는 시도 역시—보통의 시온파 교회 사람들에겐 치료의례 과정에서 이 같은 구분(분리) 여부가 인식론적 갈등을 일으키지 않는다는 점에서—별 의미가 없었다.

이와 같이 성경텍스트는 아프리카 전통종교의 믿음과 의례 영역에서 시온파의 의례 및 이사야 샴베의 구전텍스트를 통해 토착화될 수 있었다. 1931년 원주민경제위원회에서 샴베가 글을 읽고 쓸 수 있는가라는 질문을 받고 구어와 문어를 창의적으로 섞어 내뱉은 답변은 한마디로 미분화된 원시심성으로 요약할 수 있는 아프리카인들의 세계관을 그대로 보여준다. "아니오. 나는 글을 읽고 쓰는 것을 배우지 못했지만, 나는 성경을 조금 읽을 수 있소. 그것은 계시로 나에게 다가온 것이지 내가 배워서 그런 것은 아니오. 그것은 나에겐 기적적으로 일어난 일이오."(Gunner 1986, Chidester 1997, p. 407에서 재인용)

시온파 및 나사렛파 교인들은 아프리카 전통종교의 영역 안에서, 시온파 교인들의 의례 그리고 나사렛파 교인들의 이사야 샴베 구전텍스트로 형상화된 이른바 토착화된 성경텍스트를 독해하였다. 따라서 기독교와 아프리카 전통종교 사이에 내재된 다름의 긴장은 기독교에서 아프리카 전통종교로 가는 '동일성 추구' 속에서 녹아 없어질 수 있었다. 성경텍스트가 아프리카 전통종교의 믿음과 의례 영역에 전적으로 흡수되었던 것이다.

그럼에도 불구하고 앞서 논한 통일교인들의 문화적 성경읽기와 마찬가지로, 이사야 샴베의 문화적 성경읽기 역시 "영국 식민주의가 지니고 있는 파괴적 영향력" 및 "줄루 문화가 철저하게 서구 문명화되어 가고 있는 현상"에 대항하여 형성된 줄루 민족주의라는 정치이데올로기(담론)의 영향력에 수동적으로 종속될 수밖에 없었다(Vilakazi 1986, p. 116; Loubser 1993, p. 71). 따라서 백인들은 여전히 이스라엘 민족을 탄압한 이집트인들로 비유되었고, 예수 그리스도 역시 흑인의 삶과는 전혀 관련이 없는 "백인의 하얀 피부를 가진 그리스도(물릉구)"로 묘사되었다(Oosthuizen 1994, p. xxxvi). 반면 이사야 샴베는 '검은 피부를 가진 흑인을 위한 구세주' 이자 '줄루국의 구원자'로 널리 알려졌기에 하얀 피부를 가진 백인은 적으로 분류될 수밖에 없었다. 샴베는 이렇게 말했다. "여호와의 적들이 우리에게 대항하여 일어설 것이니 깨어나라! 깨어나라! 우리 아프리카인들이여!"(Hymn 17:3. Oosthuizen 1967, p. 159에서 재인용) 요컨대 제4유형의 문화적 성경독자들은 아프리카 전총종교 문화 속의 상징주의, '구전전통' '구전텍스트' '구전신학' 이라는 이름으로 미분화된 원시심성의 관점에서 성경을 읽으려고 했음에도 불구하고 '선택받은 유대인 되기' 라는 거대담론이 내포하고 있는 무의식적 폭력성은 피해 갈 수 없었고, 결국 이들의 문화적 성경읽기에서도 그 무의식적 폭력성은 그대로 살아 있을 수밖에 없었다.

4) 맺음말

'선택받은 유대인 되기' (동일성 추구하기)라는 거대담론은 필연적으로 '선택받지 못한 유대인집단' (다른 집단)을 희생자로 만들 수밖에 없는 무의식적 폭력성을 내포하고 있다.[85] 특히 이 거대담론은 성경텍스트에 깊이 투영되어 있다. 즉 성경텍스트에 내재되어 있는 하나님 대 사탄, 빛 대 어둠, 유대인 대 비유대인, 정통 대 이단 등과 같은 양극 개념이 불가피하게 존재하는 것으로 구체화되었으며, 이로써 여러 유형의 문화적 성경독자들은 어쩔 수 없이 '선택받은 유대인 되기' 라는 거대담론을 전제로 성경을 읽을 수밖에 없었다.

제1유형과 제3유형의 성경독자들은 자아 대 타자, 유대인 대 비유대인, 텍스트 대 콘텍스트, 시간 대 공간 같은 인식론적인 철학적 구분을 특징으로 하는 서구의 데카르트적 인식론의 영향을 강하게 받아 거대담론의 무의식적인 폭력성에 대해 크게 관심을 갖지 않았다. 그리하여 이들은 서구의 인식틀 범위 밖에 놓여 있는 이해할 수 없는 전통종교의 믿음과 의례를 과감히 버렸다. 특히 제1유형의 문화적 성경읽기는 '극단적 분리'를 특징으로 하는 정치적 성경읽기와 결코 차이가 나지 않았다. 한편 제3유형의 문화적 성경읽기는 보통사람들의 신성한 믿음과 의례에서 완전히 멀어진 '학자적 이상주의'라는 비판에서 자유로울 수 없었다.

제2유형 및 제4유형의 문화적 성경독자들은 미분화된 원시심성의 영향을 받아 거대담론에 내포된 무의식적인 폭력성을 극복할 수도 있었겠지만, 제2유형의 성경독자들은 한편으로는 서구 선교사들의 데카르트적 인식틀로부터도 많은 영향을 받았고 또 지배적인 정치이데올로기의 영향도 받아 전통종교 의례를 자신들의 문화적 성경읽기(신학, 믿음)에서 계속 지켜나갈 수 있는 능력에서는 한계를 드러낼 수밖에 없었다. 마찬가지로 제4유형의 성경독자들 역시 한국의 통일교인과 남아공의 나사렛파 교인의 사례에서 알 수 있듯이, 지배적 정치이데올로기의 강력한 영향력 아래 '선택받은 유대인 되기'라는 거대담론의 무의식적 폭력성을 피할 수 없었다.

그럼에도 불구하고 제4유형의 성경독자들은 구전전통이나 미분화된 원시심성 같은 전통종교에서 나온 인식론을 구체적으로 드러냄으로써 '선택받은 유대인 되기'라는 거대담론의 폭력성을 극복할 가능성에 관한 화두

(話頭)를 제시하였다. 지금까지 논의한 문화적 성경읽기가 중간매개체 혹은 촉매제가 없는 흡수의 원리를 바탕으로 한 양극 방향(기독교 대 아프리카 전통종교, 선택받은 유대인 대 그렇지 못한 비유대인)으로의 변증법적 움직임이라면, 5장과 6장에서는 앞에서 간과한 매개체 및 촉매제의 존재 가능성을 검토할 것이다. 매개체의 본질을 구체적으로 논하기에 앞서, 다음 장에서는 탈근대 성서학자들이 어떤 식으로 '선택받은 유대인 되기' 라는 거대담론의 무의식적 폭력성을 오늘날 서구 철학적 콘텍스트 안에서 극복하고자 시도하고 있는지, 탈근대적 대안을 세밀하게 검토할 것이다.

[주]

1. 중세시대 1천 년간 지속된 여러 철학적 흐름—예컨대 그리스 시대 후반부에 등장한 신플라톤주의, 4~12세기의 교부철학, 12~13세기에 사상적 주류였던 스콜라철학, 14세기의 에카르트(1260~1327) 신비주의 등—을 볼 때, 서양철학사에서 드러나는 서구의 사고방식 전부가 헬레니즘적 사고방식 및 데카르트적 사고방식이었다고 단순하게 환원시킬 수는 없다. 그럼에도 불구하고 17~18세기 계몽주의 시기 이래로 서구의 사고방식은 이성 중심의 데카르트적 명제 "나는 생각한다. 고로 존재한다"로 명확하게 그 특징이 드러난다. 근대시대 남아공과 한국에 소개된 서구 기독교는 근대의 데카르트적 사고방식을 그대로 보여주고 이는 헬레니즘과도 그 철학적 맥락을 같이하고 있었다.
2. 인식론 및 사고방식과 관련된 주제는 이 책 전체에서 다루고 있다.
3. 콘텍스트 대 성경텍스트, 기독교 문화 대 기독교 신학, 실천의례 대 믿음양식으로 나누는 데카르트적 이분법과 달리, 전통종교는 텍스트(신학, 믿음 양식)와 콘텍스트(문화, 실천의례)의 분리가 쉽지 않다. 전통종교에서는 종교적 의례행위(콘텍스트, 문화)가 곧 믿음의 양식(텍스트, 신학)이 되고 또 그 반대로 믿음의 양식이 곧 종교적 의례행위가 된다. 특히 구전문화가 기반을 이루는 사회에서는 사회구성원의 종교적 경험을 특정한 문어체 양식의 성스러운 텍스트로 드러내는 법이 거의 없다.
4. 〈표 1〉을 요약하면 다음과 같다.

   제1유형: 성경텍스트+데카르트적 콘텍스트⇒기독교 믿음과 문화

제2유형: 성경텍스트+전통종교적 콘텍스트⇒기독교 믿음⊃전통종교적 의례

제3유형: 성경텍스트+전통종교적 텍스트(콘텍스트)⇒기독교 믿음=전통종교 믿음과 의례

제4유형: 상황화된 성경텍스트+전통 종교적 콘텍스트⇒기독교 믿음⊂전통종교 믿음과 의례

+: 만남 ⇒: 결과 A⊂B: A는 B에 포함된다 =: 같다

5. 통상 '주류'(主流)는 현재의 지배적인 사회질서에 순응하여 충분한 신도를 확보하고 있는 기독교단체를 일컫는 용어이다(Chidester 1997, p. 6).
6. 예장독회, 「신경의 됴목」, 대한예수교장로회 독로회 회의록, 한국장로교회, 1907, 25쪽. 이덕주 2001, 306쪽에서 재인용.
7. 한국 기독교의 역사를 볼 때, 장로교인들은 대개 보수적 흐름에 동참하는 경향이 강하고 감리교인들은 다소 자유주의적인 경향이 있다. 그러나 이러한 보수와 자유의 구분은 제1세대 성경독자들에게는 뚜렷하게 나타나지 않았다.
8. "너희는 내 앞에서 다른 신들을 섬기지 못한다." "너희는 신상을 부어 만들지 못한다." 출애굽 20:3; 출애굽 34:17, 표준새번역. "너희는 믿지 않는 자와 멍에를 함께 메지 말라. 의와 불법이 어찌 함께하며 빛과 어둠이 어찌 사귀며 그리스도와 벨리알이 어찌 조화되며 믿는 자와 믿지 않는 자가 어찌 상관하며."(고린도 둘째 6:14~15, 공동번역 개역개정)
9. "—은 안 밋는 쟈와 결혼 못할 일이오."
10. "이날 밤에 여호와께서 기드온에게 이르시되 네 아비의 수소 곧 칠년 된 둘째 수소를 취하고 네 아비에게 있는 바알의 단을 헐며 단 곁의 아세라 상을 찍고…." "성읍 사람들이 아침에 일찍이 일어나 본즉 바알의 단이 훼파되었으며 단 곁의 아세라가 찍혔고 새로 쌓은 단 위에 그 둘째 수소를 드렸는지라." 사사기 6:25, 28, 개역한글판.
11. "그는 그녀에게 '내가 기도하면 따라 하시오' 하고 '성부 성자 성령이시여 내게 오사 내 안에 계소서' 라고 하였다. 그러자 그녀는 따라하다가 '내 안에 오사' 라는 대목에 이르러 기도를 하지 않고 고함을 치면서 뒹굴었다. 결국… 그녀가 마침내 제정신을 차리고 온전한 사람으로 돌아온 것이다."(이덕주 2001, 286쪽; Swearer 1902, p. 47)
12. "그러므로 믿음과 희망과 사랑, 이 세 가지는 언제까지나 남아 있을 것입니다. 이중에서 가장 위대한 것은 사랑입니다."(고린도전서 13:1, 공동번역)
13. "그것이 알고 싶다: 할렐루야 기도원"(문성근), 〈SBS〉, 2000. 12. 16.
14. 1891년 그리스도성서에서 발간한 한국어로 된 선교용 책자로 저자와 번역자는 밝혀지지 않고 있다(이덕주 2001, 361쪽).
15. 상형문자 아(亞)를 자세히 살펴보면 문자 중간에 십자가모양()이 발견된다. 또한 亞를 세로로 잘라보면 궁궁을을(弓弓乙乙)의 모양이 나온다. 한자를 이런 식으로 파자하여 분석하는 것은 풍수지리 사상에 기초한 예언서를 이해하는 데 매우 중요한 해석방식이다.
16. 이 나무는 고대 샤머니즘 전통에서 많이 발견되는 '우주의 중심'(축) 또는 '우주목'(宇宙木)을

상징한다(Kim Chongsun 1990, p. 209).

17. 천사가 마리아에게 말하였다. "성령이 네게 임하시고… 태어날 아기는 거룩한 분이요, 하나님의 아들이라고 불릴 것이다."(누가복음 1:35, 표준새번역)

18. "만민의 아버지이신 하느님도 한 분이십니다. 그분은 만물 위에 계시고 만물을 꿰뚫어 계시며 만물 안에 계십니다." "그 아들은 보이지 않는 하나님의 형상이시요, 모든 피조물보다 먼저 나신 분이십니다. 그것은 하늘과 땅에 있는 만물, 곧 보이는 것은 물론이고 왕권과 주권과 권세와 세력의 여러 천신들과 같은 보이지 않는 것까지도 모두 그분을 통해서 창조되었기 때문입니다. 만물은 그분을 통해서 그리고 그분을 위해서 창조되었습니다." 공동번역 및 표준새번역

19. 최성수(2001)는 몇 년 전 한국의 학계에서 쟁점으로 떠올랐던 단군논쟁과 관련된 정진홍의 비평내용에 대해 공감했다.

20. 하나님은 상보적 관계인 양(陽)과 음(陰)의 자질을 모두 가지고 있는 이중적(내적 · 외적) 본성을 가지고 있기에 하나님은 4위 기대를 토대로 연결된 삼위일체의 중심에 서 있다. 하나님–예수 그리스도(남성)–성령(여성)–아담(남성)–이브(여성). Cunningham 1979, p. 105; Barker 1985, p. 78. 만약 '하나님–예수 그리스도–성령' 의 삼위일체가 천상(天上)의 영역에 속한다면, '하나님–아담–이브' 의 삼위일체는 지상(地上)의 영역에 속한다. 천상에 있는 부모가 하나님의 이름으로 '남성–여성' 으로 구성되었다면, 지상에 있는 부모는 아담과 이브의 이름으로 '남성–여성' 으로 구성된다. 바로 이런 구조가 하나님을 중심으로 한 '4위 기대' 를 보여주고 있는 대표적 예이다.

21. Rudin 1976, p. 271.

22. 전영복은 문선명이 1920년대와 30년대 한국에서 주류를 이루었던 감리교 목사 이영도의 신비주의와 구세주를 기다리는 종말론적 운동에 많은 영향을 받았다고 시사하고 있다(Chun 1990). 예배중 이영도는 회중이 신들린 상태에서 부들부들 떨며 기도를 하고 있을 때 신문을 말아 돌아다니면서 **"사탄아 물렀거라! 사탄아 물렀거라!"**를 외치곤 하였다. 게다가 아담과 이브의 타락 이전 상태를 회복시키고자 하는 과정이 의례화되었는데, 전영복은 이 과정을 다음과 같이 기록하고 있다. **"회중 전체가 춤추며 돌아다니고 에덴동산의 회복을 열렬히 외쳤다. 목사가 '아담과 이브가 타락 전에는 벌거벗었다! 옷을 집어 던져라!' 라고 목놓아 부르짖자 남자들이 여자들을 향한 뒤 옷을 벗어던지고 벌거벗은 채로 춤을 추었다."**(이상 강조는 인용자) 문선명의 피가림 역시 이영도의 이러한 의례의 연장선에서 행해졌다. 하지만 통상의 사회적 도덕과 풍습을 해친다는 이유로 문선명은 1948년 체포되어 5년 징역형을 선고받았다. 같은 책, pp. 15~16.

23. 1960년에 문선명은 재혼하였고 통일교인들은 그 재혼을 '양의 결혼식' 이라고 칭하였다. 그리고 결혼식이 열린 해는 새 시대를 알리는 천상계의 첫해를 뜻하는 '천기원년' (天紀元年)으

로 선포되었다(같은 책, p. 170). 하나님이 '예수그리스도-성령' 그리고 '문선명-문선명의 천상의 아내'와 같은 '남성-여성'이라는 이중 본성을 가지고 있음을 고려해 볼 때, 문선명은 심지어 지상계에서도 재혼을 통해 4위 기대를 바탕으로 다음과 같은 삼위일체를 완성했다. 하나님(문선명-문선명의 천상의 아내)-아담(남성 통일교인)-이브(여성 통일교인)

24. "환웅이 인간의 모습으로 와서 곰과 결혼하여 아들을 낳았으니 그 이름이 단군이었다."

25. 흥미롭게도 통일교의 찬송 중에는 한국 전통노래가 두 곡 있다. 〈단심가〉와 〈우리의 소원은 통일〉이 그것인데, 〈단심가〉는 3행 시조로 14세기 말 정몽주가 고려 마지막 왕인 공양왕께 충성을 맹세하며 부른 노래이며 〈우리의 소원은 통일〉은 초등학교 음악교과서에 실린 대중적인 한국 노래이다. Kim Byungsuh 1990, p. 355.

26. "예배중 그[이영도, 문선명, 부흥사]는 회중이 신들린 상태에서 손을 부들부들 떨며 기도를 하고 있을 때 신문을 말아 돌아다니면서 **'사탄아 물렀거라! 사탄아 물렀거라!'**를 외치곤 하였다."(Chun 1990, 15~16; 주 22 참조. 강조는 인용자)

27. 만약 이들이 이상적으로 동양의 음양철학을 성경읽기에 접목시켰다면, 선택받은 유대인과 그렇지 못한 비유대인의 구분은 나타날 수가 없을 것이다. 왜냐하면 동양철학에서 이중성의 개념은 기본적으로 서양의 인식론에서 볼 수 있는, 극단적 분리나 차별을 낳는 자아 대 타자의 구별과는 다르기 때문이다(이 책 5장 참조). 비록 문선명은 전통종교 콘텍스트를 바탕으로 성경을 심오하게 철학적으로 분석하였지만, 통일교인들은 자신들의 성경읽기에서 사탄(선택받지 못한 비유대인)이라는 이름으로 유대인들뿐만 아니라 북한사람들(공산주의)도 차별하였다. 2장의 정치적 성경읽기에서 논한 것처럼 이들은 부지불식간에 당시의 차별적 지배담론인 민주주의 대 공산주의라는 정치이데올로기에 수동적 주체가 될 수밖에 없었다. 따라서 이들은 '통일'이라는 종교적인 구호를 선택받지 못한 비유대인의 영역으로까지 확장해서 적용시키지는 못했다. 그리하여 동양철학인 음양이론에서의 이중적 관계—예컨대 '여성-남성'과 '지상-천상'—가 통일적으로 승화될 수는 없었다. 대신 이들의 문화적 성경읽기는 정치적 성경읽기의 전형과 마찬가지로 하나님 대 사탄, 유대인 대 비유대인, 북한(사회주의) 대 남한(민주주의) 등 차별적 이분법 관계로 발전하였다.

28. 한국의 문화적 성경읽기에서는 한국인들이 사회개혁의 새로운 이데올로기로서 기독교를 매우 적극적으로 받아들임으로써 주로 제1유형의 문화적 성경독자들이 성경읽기의 주류를 형성하였다. 그런데 토착 남아공 사람들의 문화적 성경읽기에서는 제2, 3, 4유형의 성경독자들이 주류를 이루었다. 남아공에서는 아파르트헤이트라는 정치적 차별의 역사가 존재하고, 따라서 분파적 성향이 강한 제2, 3, 4유형의 토착 성경독자들이 '흑인 민족주의'와 '근대화'의 기치 아래 수적으로 다수를 이루었다. 로이와 클라센, 포우가 언급한 바와 같이 "남아공에는 흑인 전체 인구의 36%를 차지하는 1천만여 명이 신학적 입장이 각각 다채로운 약 6천여 개의 아프리카 독립교회에 속하여 신앙생활을 하고 있다." Roy 2000, p. 125; Claasen 1995,

p. 15; Pauw 1995, p. 4. 그럼에도 불구하고 유럽 백인 선교사들로부터 지도를 받은 소수의 제1유형 성경독자들은 마치 자신들이 주류 교인인 것처럼 행세하고 있다(Chidestor 1997, p. 7).

29. 피터 팬은 J. M. Barrie가 만들어낸 가공의 인물로서 연극과 아동도서, 나아가 각색된 여러 영화작품의 제목이기도 하다. 피터 팬은 어른으로 자라길 거부하고 대부분의 시간을 마법적인 환상의 모험을 하면서 보냈다.

30. 이는 선택받은 유대인 대 그렇지 못한 비유대인, 정통 대 이단, 하나님 대 사단, 성스럽고 순수한 성경텍스트 대 미신적이고 야만적인 더러운 아프리카 전통적 믿음 및 의례와 같은 이분법 관계로 나타난다.

31. "너는 신상들을 부어 만들지 말지니라."(출애굽기 34:17) "너를 위하여 새긴 우상을 만들지 말고 또 위로 하늘에 있는 것이나 아래로 땅에 있는 것이나 땅 아래 물속에 있는 것의 아무 형상이든지 만들지 말며, 그것들에게 절하지 말며 그것들을 섬기지 말라…"(출애굽기 20:4~5, 개역한글판)

32. "그러므로 남자는 아버지와 어머니를 떠나, 아내와 결합하여 한몸을 이루는 것이다."(표준새번역)

33. "하나님의 대속적 사랑 안에서는, 사마리아와 다른 도시들은 더 이상 야훼의 상대 구혼자나 공동아내가 될 수 없었고, 오직 예루살렘이라는 딸들만이 야훼의 유일한 신부였다."(Shorter 1973, p. 175)

34. "선교사를 받아들인 어떤 공동체이건 선교사가 그들 중에 끼어 있는 한 전쟁에서 지는 일은 결코 없었다."(Sundkler and Steed 2000, p. 326)

35. "선교사의 존재로 인해 추장의 적들은 화력무기로 반격당할까 두려워 추장을 공격하기를 저어하였다."(Chidester 1992, p. 42)

36. 당시 수많은 코사족 사람들은 러시아 사람들이 자신들과 같은 흑인이며, 이들이 영국 사람들을 바다로 내몰기 위해서 도와주러 올 것이라 믿었다. 이런 믿음을 바탕으로 농카우세는 일부 러시아 사람들과 코사족 조상신들처럼 생긴 이상한 사람들과 관련된 계시를 받았는데, 여기서 이들은 엄청나게 많은 소를 데리고 함께 나타나 백인 침략자들을 몰아내어 땅과 소를 되찾아 사람들에게 번영을 돌려줄 것임을 약속하였다. 그런데 이들 조상이 돌아오기 위해서는 살아 있는 사람들이 사회질서 유지를 해치고 단결을 방해하는 사악한 의례와 주술행위를 반드시 삼가야 한다고 했다. Chidester 1992, p. 51.

37. 음락카자는 기독교 개종자로서 예언자 은시카나가 오래 전부터 언급하던 가슴이 넓은 이, 시푸바-시반지라는 메시야의 즉각적인 도래에 관한 예언에 심취해 있었다. 이런 음락카자가 1849년부터 1852년까지 그래햄스타운에서 나다니엘 제이 메리만을 대주교로 모시면서 기독교 천년왕국사상의 영향을 받았다는 사실은 의심의 여지가 없었다. 같은 책 1992, p. 52. 기

독교의 천년왕국사상은 이사야 샴베의 아프리카 메시아신앙으로 구체화되고 있다(이 책 3장 참조).

38. 〈표 1〉의 "제1유형: 성경텍스트+데카르트적 콘텍스트⇒기독교적 믿음과 문화"를 고려해 보면 선교사들이 전통종교의 믿음과 문화를 무시한 것은 자연스러운 일로 판단된다. 선교사들은 서구의 데카르트적 관점에서 성경을 읽었기 때문에 오직 기독교적 믿음과 문화만이 남아 있을 가치가 있었다.

39. 아마음펭구(아마-사람)는 줄루왕 샤카로부터 도망친 추장과 부족들 중 일부 부족의 후손들이다. 이들은 1930년대에 오늘날 트란스카이와 시스카이에 해당하는 지역에 정착하였다. Pauw 1975, pp. 2~3. 1828년에 줄루왕 샤카는 군대를 남쪽, 코사와 템부 지역으로 보냈고 샤카의 군대 때문에 코사어를 사용하는 부족들 사이에는 대혼란이 일어나게 되었고 결국 수많은 이주민들이 생겨나고 서로간에 충돌이 불가피하였다(Pretorius 1993, p. 7).

40. 아막펠라는 주로 응구니 지역에 있는 아프리카 기독교공동체를 뜻하는 용어이다(Pretorius 1993, p. 12; Etherington 1978).

41. 그들의 동료인 토착 흑인들(노예들)과 달리 그들에겐 말과 총을 가지고 다닐 수 있게 하였다. "그들은 다른 토착인과 달랐다. 특히 그들은 말을 타고 다녔고 모두가 총을 가지고 있었다." (Etherington 1978, p. 165)

42. 뚫린 사람들, 구멍이 있는 사람들—학교 다니는 사람들이 나라에 구멍을 내어 문을 열어두어 그 구멍을 통해서 적(敵)인 백인세력이 들어오게 되었다.

43. 아마카바는 기름기 많은 붉은색 황토가 온몸에 스며들도록 치장한 사람들, 즉 붉은 사람들을 의미했다. 이들은 "담요로 덮인 답답한 사람들"이라고도 알려졌는데, 의식적으로 자신들이 옛것이라 생각하거나 전통적이라 믿는 생활방식을 고수했다. Chidester 1992, p. 53.

44. 응구니에 해당하는 부족들은 주로 드라켄스버그의 단층지역에서부터 바다 사이 내륙의 높은 고원 아래쪽과 수백여 개의 부족영토에 걸쳐 있는 스와질란드 오른편에서 나탈을 거쳐 쭉 아래쪽으로 내려와 케이프 지역에 이르는 광활한 지역에서 살았다. 응구니 사람들은 주로 5개 어족, 즉 코사어, 줄루어, 스와질어, 남부 은데벨레어, 북부 은데벨레어로 나뉘는데 이들 언어를 사용하는 사람은 1970년 현재 남아공 전체인구의 66% 정도이다. Van Warmelo 1974, pp. 59~60.

45. 이 점은 이 책 3장 제3유형의 문화적 성경읽기에서 자세히 논하고 있다.

46. 대 템부족의 위대한 추장

47. "에티오피아가 그 손을 하나님께 뻗을 것입니다."(우리말성경)

48. "붉은 사람들은 이것을 '이디니' 라고 부르지만, 우리 학교 다니는 사람들은 '이디나' 라고 불렀다."(Pauw 1975, p. 177)

49. "너희는 부모를 공경하여라…."(출애굽기 20:12, 표준새번역)

50. "그것은 무자비하고 늘 불만족에 가득한 아둘람(분리주의자, 격리된 곳, 유다 남부에 살던 가나안 사람들의 성읍)의 소굴이었다. 이것은 곧… 반드시… 영국인 또는 제국의 정책 및 견해와 충돌을 일으키게 될 것임이 분명하다."(Cuthbertson 1991, p. 59)

51. "그들은 성경에서 하나님이 특정 단체의 사람들만의 하나님이 아니라, 모든 사람을 위한 하나님이라는 사실을 배워 알게 되었다."(Maboea 1994, p. 134)

52. "나[예수 그리스도]는 파괴하러 온 것이 아니라 완성하러 왔다."(마태복음 5:17; Pauw 1975, p. 211; Maboea 1994)

53. 19세기 초반 『위대한 찬송』의 저자 코사인 응시카나 역시 인식론적 한계를 드러냈다. 비록 응시카나는 코사인들을 상대로 아프리카의 전통 인식틀이 깊이 잠재되어 있는 구전찬송을 이용하여 성경말씀을 전했지만, 그 역시 전통종교의 영역에 성경텍스트(기독교적 믿음)를 완전히 토착화시키지는 못하였다(이는 앞에서 말한 이사야 샴베의 문화적 성경읽기와 대조를 이룬다). 예컨대 『위대한 찬송』의 첫 소절(을로 티소 옴쿨루, 응코시줄위니/그는, 위대한 하나님, 하늘에 계신)에서 전지전능한 하나님은 하늘에 계셔서 가까이 다가갈 수 없는 멀리 떨어진 신(Deus Otiosus)으로 묘사되는데, 바로 여기서 아프리카 전통과 완전히 분리되는 개념설명이라는 점을 알 수 있다(Hodgson 1980, p. 28). 그리고 응시카나의 찬송은 그들의 국가(國歌)가 되었는데 노래 중간에 "하나님이 왕을 구원하소서"로 끝나는 구절은 그 틀(원래는 "하나님이 영국 여왕을 구원하소서"이다)은 식민주의적 영향 속에 만들어진 것이라는 점에서 그들의 아프리카인으로서의 정체성이 결국 식민주의 틀 내에서만 재생산되고 있는 한계를 드러냈다(Hodgson 1984, p. 27).

54. 근대의 성경해석학적 관점에서 보면 중국어로 썅띠(上帝)/한국어로 상제(上帝)는 16세기경 기독교 선교사들에 의해 중국에 기독교가 재수용된 이후 중국어 성경에서 기독교 하나님의 번역어로 사용되었다. 그러나 한국어 성경에서는, 초기 기독교 선교사들과 한국어로 성경을 번역한 한국인들이 전통종교에서 주로 신을 부르는 말로 사용한 고유의 한글이름 '하느님' 혹은 '하나님' 을 기독교의 신을 가리키는 용어로 사용하였다.

55. "소토츠와나어로 '모디모' 라는 이름의 아프리카 하나님은 인간의 한계를 초월하여 인간의 이해범위를 넘어선 너무도 위대하고 굉장하고 광대한 유일무이한 존재로서 결코 죽을 수 없는 존재였다."(Setiloane 1976; 1979, p. 60; Schutte 1978)

56. 하느님께서 "우리 모습을 닮은 사람을 만들자"(창세기 1:26, 공동번역) "만물이 그에게 창조되되… 만물이 다 그로 말미암고 그를 위하여 창조되었고… 이 아들을 만유의 후사로 세우시고 또 저로 말미암아 모든 세계를 지으셨느니라."(골로새서 1:16; 히브리서 1:2, 개역한글) "여호와 하나님이 땅의 흙으로 사람을 지으시고" (창세기 2:7, 역개정)

57. "높은 신께서 인간에게 영원한 생명을 주는 계시를 내렸고 이 계시를 전달하는 책임은 카멜레온이 맡았다. 그러나 카멜레온은 동작이 느려 길을 가다 멈추고 또 멈추고 하다 보니 생명

의 선물은 도착이 지연되었다. 이를 언짢게 여긴 높은 신께서 두번째 계시를 내렸는데, 이 계시는 죽음의 계시로서 발 빠른 도마뱀이 전달의 책임을 맡았는데 이 도마뱀은 매우 빠르고 정확하게 인간세계에 이 계시를 전하여 결국 인간은 죽을 운명에 빠지게 되었다."(Chidester 1992, p. 7)

58. "뱀이 나를 꾀므로 내가 먹었나이다." "너희는 먹지도 말고 만지지도 말라. 너희가 죽을까 하노라 하셨느니라."
59. "쇼나국의 한 지역에서는 하나님은 '아버지, 아들, 어머니' 로 인식되고 있다. 이웃에 있는 은데벨레에서도 비슷한 믿음체계 즉 아버지, 어머니, 아들로 나타나는 영적 삼위일체가 존재한다."(Mbiti, 1970, p. 30)
60. "그는 내재해 있어 자연물과 자연현상에 드러나며 그들[아프리카인들]은 예배를 통해 언제 어디서든 그에게 다가갈 수 있었다."(Mbiti 1990, p. 33)
61. "**나나 예수**는 인간세상뿐만 아니라 우주적 힘과 조상들을 포함한 모든 영적 피조물까지도 관장하고 있다."(Pobee 1979, p. 94. 강조는 인용자) "**예수가 조상신이 되었기 때문에** 우리는 그의 성령을 통해 정기적으로 그와 교통해야 하는 성스러운 영적 책임감을 가지게 되고 이로 인해 우리는 마침내 예수의 형제이자 후손이 될 수 있다."(Nyamiti 1984. 강조는 인용자)
62. "아버지가 신 포도를 먹었는데 그 아버지의 자식들이 이가 시다."
63. 사도신경 제15항
64. "제5계명, 네 부모를 공경하라."(Mbiti 1994, p. 36)
65. "미리암과 아론의 불평의 정체는 바로 모세가 유대인이 아닌 사람을 아내로 택하였기 때문이다." (Goldenberg 2003, p. 209)
66. "십보라가 아들을 낳으니, 모세는 '내가 낯선 땅에서 나그네가 되었구나!' 하면서, 아들의 이름을 게르솜이라고 지었다."(출애굽기 2:22, 표준새번역)
67. 모세의 일부다처에 관한 논쟁 때문에, 미리암은 여호와로부터 벌을 받았고 결국 나병에 걸리고 말았다(민수기 12:10). 이것은 단순히 첩을 한 명 선택하는 문제라기보다는 새로운 아내 혹은 두번째 아내를 이민족에서 들이는 중대한 문제였다. 유대의 전통적인—첫째부인 조강지처에게 우월적 지위가 있고 나머지는 전부 첩의 지위에 놓이는—축첩제와 반대로, 아프리카의 전통적 일부다처제는 아내들 사이의 평등을 매우 강조했다. Kanyoro 1992, p. 98.
68. "여자가 아들을 낳으면, 그 여자는 칠일 동안 깨끗하지 않은 것이다. 이때 만약 출산한 아이가 딸이면 깨끗하지 않는 기간이 1주일에서 2주일로 늘어났다." "생식능력이 있는 정상적인 남편은 더러운 기간 안에 있는 월경중인 아내를 가까이 해서는 안 되었다."(Dickson 1984, p. 154)
69. "생물의 목숨은 그 피에 있는 것이다. 그 피는 너희 자신의 죄를 벗는 제물로서, 제단에 바치라고 내가 너희에게 준 것이다. 이 피야말로 생명을 쏟아 죄를 벗겨주는 것이기 때문이다."

"여인이 피를 흘리는데, 그것이 월경일 경우에는 칠일간 부정하다. 그 여인에게 닿은 사람은 저녁때가 되어야 부정을 벗는다."(공동번역)

70. 파랏은 "서구의 문자를 중심으로 한 성서 학제의 확립이 오늘날 아프리카에 가장 당면한 과제이며, 이는 아프리카 교회에서 오랫동안 너무도 많이 소홀히 하였던 분야"라고 강조한다(Parratt 1987, p. 148). 그는 대부분의 프로테스탄트 신학자들, 특히 딕슨과 파슐레-루크가 문자 중심의 성서 학제 확립에 소홀히 하였다고 비판한다.

71. 구전텍스트는 알파벳이나 활자로 된 문어체(文語體)텍스트와 다르다. 위티그(1978)가 읽기란 "여러 가지 표시나 상징—알파벳뿐만 아니라 해석의 대상이 될 수 있는 모든 형태의 자연적 사건, 문화적 잔재물—으로부터 적극적으로 의미를 만들어 내는 과정"으로 정의한 바와 같이, 구전텍스트의 개념은 여러 형태의 종교적 상징물, 특히 예전부터 들어왔던 이야기나 전해 내려오는 이야기 모두를 포함할 수 있다(Mazamisa 1995, p. 2). 이 책에서는 다음 절에서 논의하는 시온파 의례에 사용된 상징물과 이사야 샴베의 찬송을 구전텍스트의 예로 제시하고 있다.

72. 시온파 교인들에게 치료는 다만 육체적인 아픈 병만 치료하는 것에서 나아가 공동체 전체의 조화로운 관계를 회복하는 것을 의미하였다. 기존의 선교사 중심 교회에서 질환치료는 교회 활동의 부수적 것이지만, 대부분의 아프리카 전통교회에서 질환치료는 교회의 핵심적 활동이었다. Oosthuizen 1992, p. 41, 192.

73. 오스츄이젠은 Schlosser(1958, pp. 205~206)의 의견에 공감하며 다음과 같이 말한다. "예언자가 주도한 시온파 교회에서의 병 진단과 치료과정은 마치 기독교의 전형적인 마귀퇴치운동과 같았다."(Oosthuizen 1992, p. 186).

74. 두베는 텍스트가 될 수 있는 범위를 물이나 색깔 있는 옷, 양초 등 의례에 사용되는 상징적 물건들로 한정했지만, 시온파 교회의 모든 활동—댐이나 강, 바다에 온몸을 담그는 정화의식을 통한 치료행위, 몽둥이로 악령을 두들겨 패서 내쫓는 활동, 손이나 성스러운 봉을 가볍게 내리면서 신도에게 성령을 퍼주는 활동, 기타 활동들—은 성령이 충만한 예언자 · 점술가와 밀접한 관련이 있다는 점에서 텍스트로 분류될 수 있다(Dube 1994, p. 108).

75. "남아공에서 가장 많은 신도가 다니는 교회는 시온 그리스도 교회이며, 아프리카독립교회인 이 교회는 약 200만 명 이상의 신도를 확보하고 있다."(Oosthuizen 1992, p. 71, 184)

76. 오스츄이젠은 거대도시 더반에서 활동하고 있는 기독교 예언자들에 대해 다음과 같이 설명한다. "개종과정에서 아프리카의 점술가들은 기독교 침례기도를 들은 직후 혹은 이제 당신은 기독교인이 되었다고 하는 선언을 듣자마자, 곧바로 기독교 예언자가 될 수 있었다. 이들은 강이나 바다(특히 흐르는 물)에 온몸을 담그고서 점술가 의상을 벗고 교회에서 인정해 주는 교회 의상으로 바꾸어 입었다. 이들을 위한 침례기도가 끝나면 이들은 더 이상 아프리카의 점술가가 아니고 곧바로 기독교의 예언자가 되었고, 일반사람들이 기독교 예언자에게 기대하

는 것과는 달리 기존의 아프리카식 점술행위를 버릴 필요가 없었다."(같은 책, p. 169).

77. "**성령**께서 나를 부르셨으나 곧바로 **나의 조상들**을 사자(使者)로 보내셨다…. 어떤 예언자는 오직 성령의 명령에만 복종하였는데 이것은 성령과 조상신의 의견이 달라 서로 다투는 경우도 종종 있었기 때문이다."(같은 책, p. 68. 강조는 인용자)
78. "문자문화가 매우 발달되어 있는 곳과 비교해 볼 때, 구전문화 속의 그리스도나 성령의 존재는 직접 만질 수 있을 정도로 훨씬 더 구체적으로 묘사되어 있다."(Loubser 1993, p. 75)
79. "시온파 교인들의 의례에서 현재 사용되고 있는 상징물들은 시온주의를 이해하고 해석하는 데 절대 무시할 수 없는 중요한 텍스트이다."(Dube 1994, p. 105)
80. '아마나자레타'는 나사렛파 교인들을 뜻하는데 Sundkler(1961)의 분류법에 따르면 넓게는 이들도 시온파 교회에 속한다. 이들은 1860년대에 생겨나 1935년까지 존재했고 1911년에 나탈 지역에서 직접 선교활동을 시작한 이사야 샴베의 추종자들이다. 오늘날 나사렛파 교인은 약 60만 명에 이른다(Loubser 1993, p. 71).
81. Parratt(1987, p. 143)는 구전신학은 교회 설교나 연설, 찬송, 사적 토론, 기독교신자들간의 신학적 의견 교환과정 등에서 일어나는 여러 가지 신학적 반영물로 구성된다고 설명한다.
82. 이사야 샴베가 작사·작곡한 〈이지흐라벨레로〉(찬송, 노래)는 1940년 줄루어로 『이지흐라벨레로 자만자게타』라는 제목의 책으로 출판되었다. 오스츄이젠은 이 책을 바탕으로 이사야 샴베를 연구했는데, 필자는 오스츄이젠이 모아놓은 이사야 샴베의 찬송 모음집에 근거하여 논지를 편다.
83. "사람들의 관심의 초점은 예수나 하나님께 결코 있지 않고 신성을 발현하는 샴베에게 있었다."(Loubser 1993, p. 75; Oosthuizen 1994, p. xxxvi, xliii)
84. "그들은 무덤에서 불려나왔다. 그들은 이미 나왔으며, 우리가 그들을 보았다. 그들은 성스러운 도시에 들어갔고, 이로써 여호와께서는 찬양받았다."(Hymn 148:4. Oosthuizen 1992, p. xxxv에서 재인용)
85. "거대 담론의 무의식적 폭력성—그것은 가난한 자들과 소외된 자들을 배타적으로 대하고, 무시하고, 그들의 목소리를 침묵시키는 또 다른 이름일 뿐이다."(Maluleke 2001, p. 369)

4. 탈근대적 성경읽기

유희의 다차원적 평면상에 존재하는 선택받은 유대인들(기독교인들)

앞의 2장과 3장에서는 독자 중심의 탈근대적 성서해석학 관점을 채택하여 한국과 남아공 성경독자들이 정치적 · 문화적 콘텍스트에 따라 성경을 어떤 식으로 해석해 왔는지 그 역사적 양상과 유형을 살펴보았다. 정치적 측면에서, 인종 · 계층 · 국가 간의 다름의 주제는 지배적이고 이분법적인 정치이데올로기의 영향력 아래 차별적으로 재구성되었다. 여러 집단이 각각 자신들을 '선택받은 유대인' 으로 동일시하는 동일성 추구과정을 거치면서 다름의 주제는 부지불식간에 곧바로 차별로 바뀌었다. 문화적 측면에서, 기독교와 전통종교 간의 다름의 긴장은 '선택받은 유대인 되기' 를 향해 변증법적 동일성을 추구하는 과정에서 해소될 수 있었다. 요컨대 통시적 관점에서 본 다름의 긴장은 '선택받은 유대인 되기' 라는 거대담론의 근대적 지평에서 동일성을 추구함으로써 사라질 수 있었다.

그럼에도 불구하고 거대담론이 없으면 안 될 것 같다는 해석학적 집착은 어쩔 수 없이 '타자들' (선택받지 못한 비유대인들)을 주변으로 몰아세웠다. 이에 타자들은 '선택받은 유대인 되기' 라는 거대담론에 내포된 무의식적 폭력성의 희생자가 될 수밖에 없었다. 정치적 성경읽기에서 힘 있는 사람들은 심각한 실존적 고민 없이 당연하게 힘없는 자, 가난한 자, 민중, 피식민지 토착민 들을 선택의 권리조차 없는 비유대인, 정치적 정복대상, 경제적 수탈대상, 노예 등 한마디로 표현해서 적으로 대했다. 이에 대응하듯, 피식민지의 힘없는 토착민들은 똑같은 방식으로 억압자, 식민지배자, 힘 있는 자 들을 하나님에게 선택받지 못한 비유대인으로 인식했다. 문화적 측면에서도 여러 유형의 문화적 성경읽기 모두에서 선택받지 못한 비유대인 집단은 문화적 성경독자들의 정통(진짜) 기독교를 향한 '동일성 추구' 의 변증법적 메커니즘을 통해 철저하게 무시되었다.

하나의 성경이 성경독자들의 다변화한 정치 · 문화적 콘텍스트에 따라 구성되었다가 해체되고 또다시 재구성되었다. '동일성 추구' 의 지평 위에서 '선택받은 유대인 되기' 라는 근대의 거대담론이 꿈꾸어 온 타자에 대한 동일화 욕구는, 성서읽기 속에 필연적으로 존재할 수밖에 없는 선택받지 못한 비유대인들의 존재성 때문에 원천적으로 성취될 수 없는 것이었다. 따라서 이러한 거대담론은 다음과 같이 마침내 해체될 필요가 있었다. "정상적으로 생각을 할 수 있는 사람들이라면 세계 여러 지역에서 벌어지고 있는 선택받은 사람 되기 신드롬의 결과만 보더라도 그것이 결국 바보 같은 환영에 불과하다는 자명한 사실을 금방 깨닫게 될 것이다."(Villa-Vicencio 1994, p. 124) 이러한 상황인식은 탈근대론자 리오타르의 탈근대 상황에 대한 통찰, 즉 '거대담론의 해체' 와도 일치한다.

포스트모더니즘[탈근대주의]은 계몽주의적 전통에서 나온 '거대담론' (meta-narratives, metadiscourse, grand narrative)을 정당화시키는 경향에 대해 제동을 걸고 의심하는 것을 뜻한다. 우리는 전체주의화하려는 모든 시도에 대해 과감히 투쟁해야 한다. (Lyotard 1984, p. xxiii; Aichele 1995, p. 8; Lakeland 1997, p. 101)

한편 이 같은 근대의 거대담론 해체는 다차원적 평면상의 변두리에 수많은 이야기와 담론을 만들어내었다. 그리하여 '다름' 이나 '타자' 같은 주제는 탈근대적 성경읽기에서는 마침내 '경축' 해야 할 대상이 되었다(이 책 1장 3) 참조).

타자란 원래 다르다(이것은 타자는 반드시 나와 같아져야 한다는 근대성의 독단적 원리와 정면으로 배치될 수 있는 논리이다). 이제 타자는 원래 다른 것으로 공식적으로 받아들여질 뿐만 아니라, 나와는 다른 타자성은 이제 축하의 대상이 되었다. (Tracy 1994, p. 108; Hartin 1997)

계몽주의적 전통에 대한 탈근대적 비판은 이제 우리가 다름에 대해 훨씬 더 감수성 있게 인지해야 한다는 사실을 알게 해주었고, 이제 하나의 기준으로 모든 것을 섭렵할 수 있다는 생각은 독단적일 수 있다는 것과 변화는 불가피하다는 사실을 알게 해주었으며, 또한 지식은 절대적인 것이라기보다 사회적으로 구성된 산물이고 지식을 만들어내는 여러 가지 기재에 대해 더 많이 알게 해주었다. (Aichele 1995, p. 10).

따라서 과거 동일성 추구의 기치 아래 근대의 무의식적 폭력의 대상이 되었던 억압받는 사람들의 다양한 해석학적 목소리가 이제는 다름이라는 유희적인 다차원적 공간에서 탈근대적 성경읽기라는 이름으로 전면에 나서기 시작했다. 탈근대적 세계에서는 이제 더 이상 동일성 추구라는 이름으로 진행된 무의식적 폭력성은 존재하지 않았다.

성서해석학 영역에서는, 과거의 전근대적 성서해석학의 출발점이 되었던 "어떠한 정치 · 문화적 콘텍스트의 영향도 받지 않는 무오류의 절대적이고 보편적으로 적용될 수 있는 '하나님 말씀' 으로서의 성경"(텍스트 안에서 성경읽기)은 이제 역사적으로, 정치적으로, 문화적으로 재구성되고 재개념화된 '진리' /성경(텍스트 뒤에서 성경읽기)으로 바뀌었다. 나아가 새로운 양식의 탈근대적 성경읽기가 "독자에 초점이 맞춘 텍스트 앞에서 성경읽기"라는 이름으로 성서해석학 분야에서 집중적으로 조명받기 시작했다.

> 성경을 하나님의 말씀으로 받아들이는 신학적 개념에서 출발한 성서연구법 및 성서해석 방법은 진리란 역사적이지 않고 문화적이지도 않으며 경제적인 영향도 받지 않는다는 해석학적 인식틀을 전제하고 있다. (Mosala 1989, p. 19)

앞의 제2장 정치적 성경 읽기에서 예시하고 있듯이, 여러 해방신학자나 민중신학자들이 이같이 해석학적 시각의 변화를 보였다. 3장의 문화적 성경읽기에서도, 제2유형과 특히 제4유형의 성경독자들이 다름의 주제와 관련하여 탈근대적 평면을 명확하게 보여주고 있다. 역사적으로 소외되었던 보통사람들의 해석학적 목소리도 이제는 "다름을 축하하자"는 기치 아래 각광받기 시작한 것이다.

일반서민인 전통종교인들은 대개 배우지 못한데다 문맹이고 '구전전통' 및 '미분화' 된 원시심성으로 구체화될 수 있는 전통적인 인식틀을 갖고 살았다. 이들은 대개 서구의 이분법적 차별논리보다는 전통종교의 믿음과 의례를 바탕으로 성경을 읽었다. 특히 이들의 인식틀이 서구의 데카르트적 개인주의에 근거하지 않고 미분화된 원시심성에 기초한다는 점에서, 이들에게는 다름이라는 측면에서 특정한 세계관 및 인식론적 충돌을 경험하는 것은 불가능했다. 따라서 이들은 독창적으로 전통종교의 믿음이라는 콘텍스트 안에서 성경을 토착화했고, 3장에서의 논의대로 전통종교 의례 또한 지속할 수 있었다. 제1유형의 성경독자들의 근대적 시각에서 제4유형의 문화적 성경읽기는 정통 성경읽기와 전혀 다른 이단적인 것이었지만, 다차원적인 탈근대 해석학적 지평에서는 제4유형의 성경읽기 또한 제1유형과 똑같이 중요한 성경읽기로 인정받게 되었다.

왜 아프리카 사람들이 전통종교와 기독교 사이의 다름의 긴장에서 파생될 수 있는 우주론적 · 인식론적 충돌을 경험하지 않았는지에 대해, 퀜다는 아프리카 사람들의 역사적 · 종교적 정황을 검토하여 이들이 '의식의 이중성' 을 정신 속에 내재화시켜 자연스럽게 갖고 있다는 점을 발견하고는 바로 이 의식의 이중성 때문에 아프리카 사람들에겐 인식론적 충돌이 없었다고 설명한다. "의식의 이중성이 서구적 인식론의 감각에서는 매우 받아들이기 어려운 혐오스러운 것이 될 수 있지만, 노예제와 식민주의의 희생자들이었던 과거 노예들에겐 어쩌면 영원한 그들의 인식론적 환경이 되어야만

했다."(Kwenda 2002, p. 168) 예컨대 제1유형의 성경독자(서구인)들에게 '신들림' 현상은 설명할 수도 없고 불쾌해서 토할 만하고 심리적으로 불편한 종교적 의례로서, 반드시 논리적으로 현실세계와 영적 세계 중의 한 영역에는 속해야만 하는 종교경험이었다(이 책 1장 1) 참조).

그러나 아프리카 사람들에게는 신들림 현상 속에 영혼(귀신)과 인간이 공존하는 이중성이 오랫동안 이어져 온 전통종교의 믿음 및 의례라는 점에서 매우 자연스럽게 받아들여졌다. 특히 신들림 현상은 질병치료 의례의 일부일 뿐이었다. 영적 세계, 나와 다른 국민, 다른 가문의 조상신, 다른 종류의 동물 및 식물을 포함한 다양한 타자성과의 결합은 그 자체로도 치료의례에서 매우 중요한 역할을 했다. 아프리카 사람들에게 치료개념은 "환자의 육체적 질병 치료에서 더 나아가 전체 공동체의 화목과 조화를 위해 생명력을 지속적으로 증가시켜 그 효력의 범위가 영적 세계에까지 미치는 것"이다(Kwenda 2000, p. 257). 따라서 아프리카 사람들의 정신세계 속에 자리 잡고 있는 의식의 이중성은 다름의 긴장을 내포하고 있지 않기 때문에 다름의 긴장이 차별적 경향으로 흐르는 것을 원천적으로 막는다. 제1유형의 문화적 성경읽기의 독자가 기대한 것과는 달리, 아프리카 사람들은 아무런 고민 없이 기꺼이 "나는 기독교인이요" 하고 말하며, 자신들의 종교적 정체성을 다름이라는 다차원적 유희공간에서 표현한다. 다시 말해 정치적 · 문화적으로 변두리에 위치한 독자 중심의 다양하고도 다원적인 성서해석학이 다름이라는 탈근대적 유희의 평면에서 전면에 부상한 것이다.[1]

몇 년 전 한국에서 하나님으로서 예수 그리스도가 존재하는가에 관한 논쟁과 남아공에서 동성애를 성서적으로 정당화할 수 있는가에 관한 논쟁은 탈근대적 경향의 성경읽기의 대표적 예라 할 수 있다(오강남 2001; Offord 2000; Mthombothi 2003). 전근대주의에서 근대주의를 거쳐 탈근대주의에 이르는 해석학적 변동을 고려할 때, 수많은 탈근대 이론가들은 타자(믿지 않는 자들)를 불가피하게 이단(선택받지 못한 비유대인)으로 몰아갈 수밖에 없는 신성이 있는 예수 그리스도의 존재성에는 회의적인 견해를 표명하고, 역사적으로 주변화된 동성애자들의 동성애 옹호론적 성서해석에는 긍정적인 태도로 그들의 입장을 지지하고 있다(Wink 2004; Nordin 2003; Sanders 1997).

특히 동성애와 관련한 성서의 화제(話題)는 성공회 교회사상 최초의 '동성애 주교' 임명 이후 국제적인 관심사로 떠올랐다.[2] 창세기 2장 24절, 19장 1~29절, 레위기 18장 22절, 20장 13절, 로마서 1장 26~27절에서 명백하게 동성애는 죄라고 밝히고 있지만, 탈근대적 성경독자들은 이런 보수적 시각의 성경읽기를 거부했다. 전형적인 탈근대적 성경읽기의 시각에서 이들은 성경을 문자 그대로 절대 틀린 것이 없는 무오류의 하나님 말씀으로 받아들이는 전근대의 무비판적 성서해석학을 거부하고, 대신 '텍스트 뒤' 또는 '텍스트 앞'에서 읽는 성서해석학을 해석의 출발점으로 삼았다. 다시 말해 성경 몇 구절만으로 성서 전체를 해석해서는 안 되고 성서 전체의 주제가 성경 일부의 의미를 좌우해야 한다는 것이다(Nordin 2003, p. 69).

예컨대 "여성의 생리기간 동안에는 그 여성과 성관계를 금지하는 것"(레위기 15:16~24), "간음하는 경우를 빼고는 이혼이 불가한 것"(마태복음 5:32; 19:9; 마가복음 10:1~12), "다수의 아내를 인정한 것"(출애굽기 21:10), "노예제를 인정한 것"(출애굽기 21:20~26; 레위기 25:44~46)은 근대 기독교인들의 일상적 삶의 양식과 정면으로 배치된다. 오늘날 대다수의 기독교인들은 생리중의 피를 더럽다 여기지 않으며, 이혼한 기독교인도 성직자에 임명되고, 대부분의 여성 기독교인은 자신이 온전한 인간이 아닌 재산이나 노예로 대우받을 가능성이 존재한다는 사실만으로도 참을 수 없어한다(Wink 2004; Nordin 2003). 따라서 탈근대적 성경독자들은 '텍스트 뒤' 또는 '텍스트 앞'에서의 성서해석학 관점에서, 성서 전체의 맥락을 고려하지 않는 몇몇 구절만의 문자해석은 지양(止揚)한다.

많은 사람들이 창세기 2장 24절[3]의 문자 그대로의 해석을 근거로 동성애적 결합을 반대하는 입장에서 성서를 읽지만, 이 구절은 그리스도와 교회의 관계에 적용될 수 있다는 주장도 있다(에베소서 5:31~32; Nordin 2003, p. 23). 심지어 창세기 19장 1~19절에 나오는 저 유명한 소돔과 고모라 텍스트에 대해서도, 만약 습격자들(소돔의 남자들)이 동성애자들이었다면 그들에게 여성(롯의 딸)을 대신 주기로 한 암묵적 시도 자체가 처음부터 이루어지지도 않았을 것이라고 본다(Nissinen 1998, p. 48, 51; Nordin 2003, p. 23). 노딘은 소돔과 고모라의 멸망은 동성애가 주요 원인이 아니었다고 말한다(Nordin 2003, p. 23).[4] 유다서 7절에 소돔과 고모라의 성적인 죄에 대해 구체적인 언급이 있지만, 그것이 '동성애'를 말하는지 '집단강간, 윤간(輪姦)'을 말하는지는 명확하지 않다. 레위기 18장 22절과 20장 13절의 율법 세부사항은 여성의 생리중에 생긴 피(레위기 15:16~24)와 마찬가지로 오늘날의 성경독자들을 구속하는 조항이 아니다. 로마서 1장 26~27절에서는 바울이 자연적인 성적 지향성을 동성애로 바꾼 이성애자들을 비난하지만, 그는 처음부터 동성애자로 태어난 사람들의 성적 지향성에 대해서는 언급한 바 없으며 따라서 이들의 자연적 지향성은 동성애자로 보는 것이 마땅하다(Wink 2004).

이와 같이 탈근대적 성경독자들은 성서 전체의 맥락을 파악해서 동성애를 정당화 했다. "어떤 것이 죄가 되고 안 되는가라는 질문은 삶의 방식의 문제이지 그 외부적인 문제가 아니다."(Nordin 2003, p. 72) 그러나 가장 위력적인 주장은 다음 두 가지에서 구체적으로 드러나는데, 하나는 "게이가 되는 것 그리고 게이로 사는 것 그 자체가 결코 이웃에게 고통을 주는 일이 아니며 또 어떤 사람을 하나님에게서 멀어지게끔 유혹하는 것도 아니다"(같은 글, p. 70)는 사실이며,[5] 또 하나는 동성애자들은 "이민족에서 나온 새로운 기독교인들(the new Gentile Christians)"이라는 사실이다(같은 글, p. 68).

보편적으로 알려진 예수 그리스도의 새 계명—"너의 하나님을 사랑하고, 네 이웃을 네 몸같이 사랑하라"(누가복음 10:27)—이 모든 율법을 완성할 수 있는 가장 중요한 계명이라는 점을 생각해 볼 때, 우상숭배에 사용된 제사음식을 먹지 말라는 레위기 율법은 고린도 교회의 기독교인들을 완전히 구속할 수는 없었다(고린도전서 8:1~6). 이들은 자신들이 원한다면 우상숭배에 사용된 음식을 먹을 수도 있었다. 그러나 우상에게 바친 음식은 먹지 말아야 하는 것이라고 확신하는 영성이 약한 기독교인들에 대한 사랑을 지키기 위해, 고린도 교회 기독교인들은 그 음식을 먹지 않는 쪽으로 권고를 받았다. 다시 말해 죄에 관한 지식은 예수의 사랑계명보다 훨씬 덜 중요한 것이었다.

이런 이유로 할례(割禮, 포경수술) 없이도 이방인들은 기독교 교회성원으로 받아들여질 수 있었다(고린도전서 7:18). 이는 예수 그리스도의 훨씬 더 중요한 복음사업을 위해서라면 이방의 관습도 받아들일 수 있음을 보여준다. 동성애자들은 단순히 기독교인과 다른 이방인이라기보다 기독교인이 사랑해야 하고 복음소식을 전파해야 하는 이웃이방인이라는 점을 고려해 볼 때, 여러 탈근대적 성경독자들 역시 바로 지금이 이런 새로운 '이방인 동성애 기독교인' 들을 있는 그대로 가슴으로 받아들일 때라고 강조한다(Wink 2004; Nordin 2003; Sanders 1997). 요컨대 동성애가 죄라는 사실을 명확히 드러내는 몇몇 성경텍스트(창세기 2:24, 19:1~29; 레위기 18:22, 20:13; 로마서 1:26~27)는 성경의 전체적 콘텍스트 내에서 '해체' 되고 말았다.

성경독자의 정치 · 문화적 콘텍스트 또는 탈근대적 유희의 차원 속에 있는 독자의 의도에 따라 성서텍스트와 성구(聖句)의 의미가 좌지우지되고 통제받게 되는 한, 성서의 절대적 '진리' 에 관한 어떠한 근대적 확신도 또 다른 형태의 새로운 거대담론이 되어 타자의 종교적 자유와 권리를 침해하고 배제할 수밖에 없다. 바로 이런 이유로, 각 개인은 다른 사람의 사적인 성경읽기에 관여하지 말고 존중해 줄 필요가 있다(Norton 2003, p. 70 참조). 탈근대적 해석학 영역에서는 더 이상 '자아' 도 없으며, 절대적 기준이나 거대담론, 절대적인 하나님 그리고 예수 그리스도도 존재하지 않고 대신 수많은 타자, 상대적인 도덕률, 이야기, 담론, 다름이라는 유희적 평면에 위치한 여러 신들만 존재할 뿐이다(이 책 1장 3) 참조). 이런 점에서 새로운 탈근대적 경구(警句)가 탄생하게 되었다.

이 문제는 네가 참견할 바가 아니다. 나는 나대로 나의 신을 섬기고 나는 내 교회에 가면 된다. 제발 네가 다니는 교회에 너희 신의 말을 나에게 전도하려 들지 마라. "우리는 우리고… 그들[너희들]은 그들[너희들]이다. 바로 현재 지금이 가장 좋은 상태이다." (Lakeland 1997, p. 113)

이 경구는 서구 개인주의의 철학적 영향력이 얼마나 큰지 그대로 보여주고 있다.

외형적으로는 이분법 개념이 '다분법'으로 해체되었고, '선택받은 하나의 이스라엘 백성' 개념은 사라지고 변두리에 '수많은 이스라엘 민족들'이 형성되었다. "이제 변두리를 가진 중심은 더 이상 존재하지 않고, 다만 여러 중심들만 존재할 뿐이다."(Tracy 1994, p. 4) 그럼에도 이런 '다분' '수많은' '다양성' '다원주의' 형식 속에는 서구의 데카르트적 인식틀이 여전히 뿌리를 내리고 있다. 여러 변두리가 존재하는 중심이 해체된 것은 사실이지만, 새롭게 형성된 많은 중심들이 서구 개인주의라는 정신적 근간을 계속 유지시켜 주는 결정적인 역할을 하고 있는 것이다. "변두리가 존재하는 중심은 더 이상 없다는 상대주의적 원칙은 해석학적 쟁점을 해결할 수 있는 그 어떤 안정적 실마리도 제공하지 못하고 있다. 그 결과, 우리 스스로가 만든 캡슐에 싸인 수많은 폐쇄적인 세계 안에서의 고립과 침묵뿐이다."(Lategan 1984, p. 13)

탈근대 이론가들이 다름, 다원성, 다양성, 개인주의라는 용감한 가치를 바탕으로, 역사적으로 소외되어 온 사람들에게 다양한 종류의 민주적 자유와 권리를 '페미니즘, 다문화주의, 반독단주의' 이름으로 되찾게 해주는 데 결정적으로 기여한 것은 사실이다. 그러나 "이성적 제약이 없는 개방성과 도덕적 가치평가가 없는 관용성이 새로운 탈근대주의의 강령"이 되었다

(Leffel 2004). 빌라 비센시오는 뉴욕주 사회학회 보고서에서 "미국에서 문화적 다름의 가치를 보호하고 축하하며 영속할 수 있는" 교육의 필요성이 강조된다고 말한다(Villa-Vicencio 1994, p. 118). 그렇지만 남아공의 상황에서는 이러한 논리가 '아파르트헤이트의 영구적 유지'를 의미할 뿐이었다(같은 곳). 또한 앞의 1장에서 논의한 바와 같이 "다원성, 다양성, 개인주의, 다름이라는 용감한 가치"와 같은 탈근대적 선언은 다름아니라 '새로운 형태의 문화적 착취'이자 '구시대적 거대담론의 변형'이며 '새로운 제국주의 이론'으로서, 세계적으로 보편화되어 있는 자유시장경제의 제국주의적이고 사람냄새가 전혀 나지 않는 보이지 않는 손[6]의 위력에 종속되어 있다.

반(反)탈근대주의적 관점의 연장선에서, 1995년 짐바브웨의 무가베 대통령은 네덜란드 마스트리치에서 열린 아프리카를 위한 세계연합회의에서 동성애에 대한 반감을 여과 없이 드러내었다. "동성애는 짐바브웨에서 전혀 발붙일 곳이 없다. 우리 아프리카 문화와 전통이 동성애를 전혀 인정할 수 없음을 전세계가 다 알아야 할 것이다."(Sanders 1997, p. 10에서 재인용) 마찬가지로 다수의 한국 성경독자들이 여전히 보수적인 근대적 성서연구 시각을 정통한 것으로 판단하고 있는 점에서 볼 때, 불가피하게 타자(믿지 않는 사람)들을 이단(선택받지 못한 비유대인)으로 몰아갈 수밖에 없는 그런 예수는 존재하지 않는다는 탈근대 이론가들의 주장은 한국과 남아공의 정치 · 문화적 정황에서 사회적 · 심리적 마찰 없이 쉽게 받아들일 수 있는 명제는 아니다(허호익 2001).

탈근대적 성서해석 방법론이나 탈근대적 관점은 오늘날 학자들의 해석학적 관심을 역사적으로 소외되어 온 일반 성경독자들에게 기울이게 했다는 점에서 매우 긍정적일 수 있다. 그러나 서구 개인주의라는 데카르트적 인식틀이 깊이 자리 잡고 있는 탈근대주의가 끼치는 인간관계에 대한 부정적인 영향은 비판적인 관점에서 검토할 필요가 있다.

> 흔히 탈근대론자에게 가지는 불평불만 중 하나는… 이들이 정치적으로 그리고 윤리적으로 중립적이라는 데 있다. (Aichele 1995, pp. 10~11)

> 보편적 이성이 그 지위를 잃고 나서 보편적인 하나님을 그 자리에 복위시키지도 못했다. 이로써 도덕성은 개인화되고 윤리는 개인적 차원의 분별력 문제로 전락하여, 늘 위험이 따르고 불확실한 상태는 만성적이 되어 늘 불안한 상태가 지속되고 있다. (Bauman 1992, p. xxiii)

사실 다름의 주제를 '동일성 추구의 평면상에서' 차별적 경향으로 흐르지 않게 하고, 다원적이고 유희적이며 다중적인 다름의 평면상에서 캡슐에 싸인 폐쇄적 개인주의 성향으로도 흐르지 않는 황금률을 발견하는 것은 결코 쉬운 일이 아니었다.

> 타자를 식민지화하려는 유혹['동일성 추구'의 평면상에서 차별하는 경향]과 부족이라는 범위에 만족하여 스스로를 외부와 차단시키는 이기심[다원적이고 유희가 있고 다차원적인 다름의 평면상에서 캡슐에 싸여 폐쇄적인 개인주의적 경향] 사이에 황금률을 발견하는 것은 결코 쉽지 않은 일이 될 것이다. (Bauman 1992, p. xxiv)

설령 탈근대주의자들이 황금률을 발견한다 하더라도, 그 결과는 '실존적인 불확실성—우연적인 존재성'에 그치고 말 것이다. 예컨대 대안을 찾고자 시도한 이른바 레이크랜드의 탈근대적 호교론은 결국 '존재론적 불완전성'만 낳았다.

> 탈근대적 세상에서 기독교 믿음을 갖는다는 것은 무관심하고 천하태평한 탈근대성의 세계에 유익한 도전이었다. 이제 수많은 여러 선택사항들 중 하나를 고르는 것이 매우 중요해졌다. …기독교에 헌신하기로 마음먹은 자는 기독교 안에만 머물러야 하고 배타적인 우월성을 말하면서 사치스러운 요구를 하려고 그 범위 밖을 넘어와서는 안 된다. …우리는 남을 개종시키려 해서는 안 된다. 그저 지금의 우리 모습에 즐거워하면 된다. 각자 자신의 세계에서 헌신하며 우리는 우리대로 그들은 또 그들대로 그저 각자의 세계 속에 머물러 있으면 된다. 그냥 이대로가 최선이고 최고인 것이다. (Lakeland 1997, p. 113)

레이크랜드의 논리에서는 다양한 유형의 성경독자들이 특정한 성경읽기 유형을 선택한 뒤 혹은 특정 유형의 교회 교인이 된 뒤 전도활동과 같은 포교행위를 할 아무런 이유가 없다. 이들은 다른 사람들의 성서적 관점의 다양성 및 다원성과 상관없이 스스로의 성경읽기를 개인적으로 자기 교회에서 즐기면 된다. 일단 이들이 하나를 선택하였다면, 거기에 멈추어서 결코 남에게 다가가려고 해서는 안 된다("하나만 고르고 나머지는 잊자"). 따라서 설령 이들이 대화할 수 있는 장소[7]가 있어서 성서주제를 토론할 기회가 있다손 치더라도, 이들은 심리적으로 하나님에 대해서 이야기해서는 안 될 것 같은 무언의 압력을 느껴 대신 '아프리카인' '헌법' '민주주의' '인권' '공공의 선' 같은 비신학적인 주제만 토론하게 된다. 이것은 성서독자들이 실존적 신앙인이 아닌 오직 기능적 시민이라면 능히 가능한 일일 수도 있다. 그러나 앞의 1장에서 명확히 밝힌 바와 같이, 다양한 유형의 성경독자들이 실존적 신앙인이라는 종교적 정체성을 완전히 잃어버리지 않는다면, 그들을 오로지 기능적 시민으로만 바라보는 관점은 무리가 있다.[8)]

레이크랜드의 황금률인 "하나만 고르고 나머지는 잊자"라는 탈근대적 대안은, 만약 여러 유형의 성서독자들이 단순히 기능적 시민들이라면 '동일성 추구'라는 근대의 제국주의적 욕망과, 다름의 주제와 연결된 탈근대적 개인주의 성향을 서로 조화를 이루게 하는 탁월한 해결책이 될 수도 있다(같은 책). 그러나 성경독자들은 성경읽기의 다양한 유형이나 방식과 상관없이 실존적으로 신실한 종교적 인간('실존적 신앙인')들이다. 레이크랜드의 탈근대적 호교론은 데카르트의 논리를 기준으로 학계에서는 정당화될 수 있겠지만, 경험적이고 실존적 차원에서 특히 하나님을 온 몸과 마음, 영혼을 다 바쳐 섬기고 있는 실존적 신앙인의 눈으로 바라본다면 그것은 텅 빈 학계의 지적 유희 및 카타르시스, 지적으로만 정당화시키려는 공허한 목소리에 불과하다. 탈근대주의 사상가들은 성경독자들이 실제로 체험하지만 말로 설명할 수 없는 '종교성' '신비주의' '경건주의' 속에서 자연스럽게 솟아나오는 실존적인 해석학적 목소리를 간과하였다. 성경독자들은 기능적으로 움직이는 종교적 꼭두각시가 아니다. 이런 점에서 황금률을 찾고자 한 탈근대 이론가들의 노력의 결과에 대한 바우만의 예상은 역설적이게도 정확하다. "실존적인 불확실성—우연적인 존재성—이 바로 그 결과이다."(Bauman 1992, p. xxiv)

다음 장에서는 성서독자를 실존적 신앙인으로 바라보면서, 다름의 주제가 '동일성 추구'의 평면상에서 차별적 경향으로도 흐르지 않고 또한 다원적 · 유희적 · 다차원적인 다름의 평면상에서 캡슐에 싸여 폐쇄된 개인주의적 성향으로도 흐르지 않고 연합의 주제로 흐르게 할 수 있는 실존적 대안을 구체적으로 논할 것이다.

[주]

1. "과거를 지배했던 거대담론의 권위가 벗겨지는 순간, 뒤이어 나오는 것은 다양한 가치들의 탄생이었다."(Adams 1997)
2. "화요일 저녁(2003. 08. 06) 주교회의에서 진 로빈슨을 뉴햄프셔 주교로 임명하는 것을 확정하였고 이는 성공회 교회사에서 최초의 동성애자 주교의 탄생을 알리는 것이다."(〈CNN〉 2003)
3. "그러므로 남자는 아버지와 어머니를 떠나, 아내와 결합하여 한몸을 이루는 것이다."(표준새번역)
4. "네 동생 소돔의 죄악은 이러하다. 소돔과 그의 딸들은 교만하였다. 또 양식이 많아서 배부르고 한가하여 평안하게 살면서도, 가난하고 못사는 사람들의 손을 붙잡아주지 않았다."(에스겔 16:49, 표준새번역)
5. Nordin(2003)은 서구 개인주의의 지평에서 이러한 주장을 강력히 전개했다. 이 문제는 앞으로 나올 단락에서도 계속 논의된다.
6. 근대경제학의 아버지 애덤 스미스가 『국부론』(國富論, 1776)에서 강조한 중요한 경제개념 중 하나가 '보이지 않는 손'(가격)이다. 스미스는 윤리적으로 부의 균등한 분배에 관심을 가질 수밖에 없는 정부의 간섭 없이 오로지 보이지 않는 손(사람의 간섭이 없는 비인격적 가격)에 의해서만 시장경제가 운영될 때 경제는 이상적이고 효율적으로 작동하여 결국 최대이윤을 낳을 수 있는 것이라고 주장하였다.
7. 3장에 소개되고 있는 여러 유형의 성경독자들 사이에 신학적 대화의 장이 공식적으로든 비공

식적으로든 존재하지 않는다는 점에서, Ackermann(1998, p. 24)은 진실과화해위원회(TRC)의 청문회장이 다양한 성경독자들이 만날 수 있는 대화의 장이 될 수 있다고 말한다. 그러나 진실과화해위원회는 정치적 영역에 속한 단체이고 따라서 이 영역에서는 기능적 시민들이 정치적 주제를 토론하는 것이지 종교적인 성서의 주제에 대해서 토론하는 것은 아니다(누가복음 8:1, 사도행전 17:17 비교. "예수께서 **성과 마을을 두루** 다니시면서, **하나님의 나라를 선포**하며, 그것을 복음으로 전하셨다." "바울은 **회당**에서 유대사람들과 이방사람 예배자들과 더불어 토론을 벌였고, 또한 **광장**에서 만나는 사람들과 **날마다** 토론하였다." 표준새번역. 강조는 인용자). 대화의 장소에 관해서는 다음 장에서 계속 논의된다.

8. 3장에서 간접적으로 논한 바와 같이, 성경독자들 중 그 누구도 실존적 입장에서 "나는 불완전하고 상대적이며 기능주의적 역할을 하는 해체된 하나님을 즐겁게 믿습니다"라고 고백하는 사람은 없을 것이다.

5. 온정적 성경읽기

윤리적 관점에서 본 다름의 긴장, 이제는 연합으로

"주 너의 하나님을 사랑하여라.

또 네 이웃을 네 몸같이 사랑하여라.

하나님은 사랑이십니다.

사랑 안에 머무르는 사람은

하나님과 결합(結合)하여 머물러 있으며,

하나님도 그와 결합(結合)하여 머물러 계십니다."

(누가복음 10:27; 요한 첫째 4:16, 표준새번역; 신세계역)

이 장에서는 알렉산더의 예화[1]에서 추론할 수 있듯이, 한편에서는 다름의 주제가 차별적으로 흐르지도 않고 또 한편에서는 기능성 · 비종교성 · 비신비성 · 비성스러움으로 대표되는 개인주의적 성향으로도 흐르지 않는, 조화로운 황금률 찾기에 대해 논의가 될 것이다. 서로 다른 정치적 집단과 여러 유형의 문화적 성경독자들이 존재하는 다원적 평면상에서, 이들 전체를 관통하는 '동일성 추구' 라는 보편적인 공통의 실이 '선택받은 유대인 되기' 라는 이름으로 구체화되었다. 선택받은 유대인을 가리키는 수많은 명칭—새 예루살렘, 성스러운 도시, 시온, 약속의 땅, 천국, 하나님의 나라에 있는 정통 기독교인들(제3의 유대민족)—에도 불구하고, 동일성 추구의 최종 목적지는 선택의 권리조차 없는 비유대인들을 배척해야 하는 '선택받은 유대인 되기' 였던 것이다. 선택받은 유대인 되기라는 거대담론의 무의식적 폭력성에 맞서고자, 수많은 탈근대 사상가 · 성경독자들은 거대담론을 해체시키고, 다름이라는 유희의 공간 속에서 새롭게 여러 담론과 이야기들을 만들어냈다. 이제 수많은 변두리(다수의 선택받지 못한 비유대인들)가 존재하는 중심(하나의 선택받은 유대민족)은 더 이상 존재하지 않는다. 다만 수많은 중심(수많은 선택받은 유대민족)들만 존재할 뿐이다. 그러나 이러한 명제 역시 무의식적으로 깊이 잠재되어 있는 데카르트 식의 제국주의적 · 비인간적 · 서구 개인주의의 보이지 않는 힘을 위장된 형태로 보여줄 뿐이다.

따라서 여기서는 동일성 추구의 목표점(본질)을 '선택받은 유대인 되기' 에서 '네 이웃 사랑하기' [2])로 전환시킴으로써, 이제는 다름의 주제가 연합의 흐름으로 나가야 할 때라고 주장한다. 이는 엘리아데의 '종교적 인간' 개념, 한국의 정한(情恨) 윤리, 아프리카인들의 우분투 윤리, 성서의 사랑(아가페) 윤리에 대한 논의를 통해 구체화된다. 이 과정에서 온정적 성서해석학의 실체 역시 드러날 것이다.

구체적으로 온정의 본질을 살펴보면서 전통에 빛나는 서구의 데카르트적 인식틀—나는 생각한다, 고로 존재한다—을 논파하며, 특히 데카르트적 인식틀에서 나온 "목적은 수단을 통해 달성될 수 있다"는 논리적 순서의 타당성을 비판적으로 검토한다. 예컨대 제1유형의 성경독자들은 사랑의 계명이 '선택받은 유대인 되기' 라는 최종목표를 달성하기 위한 수단이라고 추론하였다. 즉 "만약 너희가 너희의 하나님과 이웃을 사랑하지 않는다면, 너희는 하나님의 나라를 상속받을 수 없다"는 것이다.

> 만약 너희가 [문화적으로] 할례를 하지 않으면, 하나님의 나라를 이어받을 수 없다. 만약 아프리카인들이 문화적으로 서구화되지 않고 루터교인이 되지 않고 감리교인이 되지 않고 성공회 교인이 되지 않고 로마가톨릭이 되지 않고 장로교인이 되지 않으면, 그들은 단 1센티미터의 기독교적 믿음도 상속받을 수 없을 것이다. (Mbiti 1973, p. 82; Musopole 1994, p. 32)

그러나 '선택받은 유대인 되기' 라는 목적—새 예루살렘, 성스러운 도시, 시온, 약속의 땅, 천국, 하나님의 나라에 있는 선택받은 기독교인(제3의 유대민족)—에 대한 적극적 관심이 없다 하더라도, 사랑의 계명 자체가 실존적 차원에서는 궁극적인 목적이 될 수 있다. 왜냐하면 "하나님은 사랑이시기" 때문이다(요한 첫째 4:16).

1) 종교적 인간: 다수의 중심들 속에 자리 잡은 중심

엘리아데는 '호모 렐리기오수스' (종교적 인간)라는 개념을 가지고 각각 다른 성경독자들이 서로 사랑할 수 있는 인간적 가능성을 열었다(Eliade 1959). 인간을 생각하는 사람이라고 정의하는 '호모 사피엔스'에 대해, 엘리아데는 종교적 측면에서 인간은 '꿈을 꾸는 사람'이라고 선언한다.[3] 좀더 극단적으로 말하자면 "나는 생각한다, 고로 존재한다"의 대명제에서 생각하지 않는 사람에게 삶의 존재성은 무의미한 것처럼, 엘리아데에게 꿈꾸지 않는 사람은 인간이라 볼 수 없다. 엘리아데의 이론에서 인간은 실존적 신앙인이며, 따라서 "나는 믿는다(꿈꾼다), 고로 존재한다"는 새로운 명제가 탄생한다(Cave 1993, pp. 92~93; Saliba 1976, pp. 45~65).

일반적으로 엘리아데는 인간을 고대 신화시대(선사시대 또는 원시시대) 인간 대 역사화된 인간으로 이분법적으로 나누어 설명한다(Eliade 1959). 신화시대 고대인은 실존적 인간으로서 조상신, 여러 신, 영웅, 초월적 하나님 등 초자연적 존재들의 성현(聖顯)을 체험하며 살았다. 그는 루돌프 오토의 『성스러움의 의미』(*Das Heilige, The Idea of the Holy*, 1917)를 인용하여, 고대인간들은 성스러운 세상에서 경외감에 감싸인 신비감(mysterium tremendium)을 체험하지 않고서는 살 수 없는 존재라고 강조한다. "종교적 인간은 성스러운 세상에서만 살 수 있는데, 그 이유는 오직 그러한 세상에 동참해야만 스스로의 존재감을 느끼게 되고 진정한, 살아 있는 경험을 할 수 있기 때문이다."(같은 책, pp. 8~10, 64) 반대로 역사화 · 탈신화화 · 세속화된 인간은 초자연적 하나님이나 신성한 힘의 세계에서 점점 멀어져, 그들의 조상들이 경험했던 경외감에 싸인 신비감을 맛보지 못하고 아예 태초의 완전성마저 완전히 망각해 버리는 이른바 세속적 세계에 살고 있는 것이다. 인간이란 오직 경외감에 싸인 신비감을 경험할 때 비로소 제대로 된 인간이 될 수 있다는 가설을 증명하기 위해, 엘리아데는 모든 인간이 의도적이건 비의도적이건, 고의건 우연이건, 의식적이건 무의식적이건 관계없이 삶의 진정한 의미를 맛볼 수 있는 태곳적 원시 신화시대의 시작점으로 되돌아가 완전한 낙원상태에서 성현(聖顯, hierophany)[4]을 체험하고 싶은 욕망을 가지고 있다고 주장한다.

심지어 오늘날 역사화된 인간에게서도, 삶의 의미를 찾을 수 있게 해주는 성현 체험의 시공간인 낙원에 대한 동경이 위장되고 감추어진 형태로 여러 경로를 통해 드러나고 있다. 성년식을 거행한다든지, 신년의례를 올린다든지(설날, 주만찬식, 부활절, 크리스마스), 시를 짓는다든지, 영화를 본다든지, 그림을 그린다든지 하는 소망의 표현 등이 낙원에 대한 동경을 감추어진 형태로 표출하는 대표적인 예이다. 이런 낙원에 대한 동경은, 고대 원시종교에 대항하여 발생한 유대기독교 및 근대의 역사주의 같은 두 차례의 역사적 혁명에도 불구하고 지금까지도 계속 이어져 왔다(Pals 1996, pp. 181~85).

유대기독교에서 나타난 낙원에 대한 동경은 다음과 같이 설명될 수 있다. 유대교의 야훼는 홍해를 가르고 유대인을 구한, 직접적으로 활동하는 신이다. 마찬가지로 기독교의 예수 그리스도는 신화시대가 아닌 역사시대에 와서 스스로를 드러내셨다. 따라서 유대교인과 기독교인은 고대·선사·원시 시대 사람들처럼 성현을 체험하기 위해 삶의 의미를 찾아 태초로 되돌아갈 필요가 없었다. 그 이름이 야훼이건 예수 그리스도이건 이들의 하나님이 늘 가까이 역사 속에 함께 있었기 때문에, 신화시대의 고대인들처럼 그들은 바로 현재의 역사시대 속에서 성현을 경험하고 그 즉시 삶의 의미를 찾을 수 있었다. 심지어 그들은 예수 그리스도가 역사 속에서 사라진 이후에도, 원시 신화시대의 태초로 돌아갈 필요가 없었다. 이는 유대 · 기독교의 직선적인 우주론의 진행주기가 낙원창조, 실낙원(失樂園), 복낙원(復樂園)으로 전개되는 데서 분명해진다. 그들은 태초뿐만 아니라 역사의 종말에 가서도 성(聖)을 반복적으로 만날 수 있던 것이다. 유대교인들은 여전히 메시야를 기다리고 있고, 기독교의 성(聖)이 드러난—현현(顯顯)한—책이라는 뜻의 계시록은 성경 66권 중 마지막 정경(正經)으로 굳건히 자리 잡고 있다. 요컨대 고대종교에 저항한 유대 · 기독교적 혁명에도 불구하고, 유대기독교인들에게서도 낙원에 대한 동경은 태초로 되돌아가는 데서 종말로 그 방향만 바꾸어 색다른 모습으로 구체화되었다.

또한 낙원에 대한 동경은 근대 혹은 탈근대 시기라 불리는 오늘날까지도 지속되고 있다. 계몽주의 시대를 기점으로 초자연적 존재는 역사 속에서 사라졌고,[5] 사라진 성으로부터 아무런 도움도 받지 못하고 삶의 의미를 찾는 과업은 이제 개인의 몫(개인적 과제)이 되고 말았다.[6]

이런 상황에서 라캉은 심리분석을 통해 인간이 '결핍된[비어 있는, 뭔가 채워지지 않아 부족한] 존재'라는 사실을 발견하게 되었고, 인간이란 결핍된 존재로서 본래 완전성 및 영원성에 대한 내적 동경을 마음속에 품고 있다고 정리한다(Lacan 1989). 가령 아이가 태어날 때를 생각해 보면, 아이가 엄마 몸에서 분리되어 나오기 전에는 엄마와 완벽한 합체(合體)상태에 있지만(엘리아데의 성현에서 우러나오는 신비롭고 거룩한 경험), 아이는 세상에 나오자마자 뭔가 '부족한' '비어 있는' 느낌이 든다. 엘리아데의 전제에서 알 수 있듯이, 이 텅 빈 느낌은 완벽한 결합을 위해 엄마와 합체하려는 욕구가 근원적이고 인간의 원초적 본능이기 때문에 생겨나는 것이다. 곧 아이는 어머니의 자궁으로 되돌아가는 것이 불가능함을 깨닫게 되고, 이제 아이는 뭔가 결핍된 자신을 지워버리고 싶어 어머니와 완벽한 결합(의사소통)을 유지하고 있는 상징적인 아버지(언어 또는 문화)와 동일시하는 과정을 밟게 된다. 바로 이것이 아이가 문화와 언어를 어떻게 학습하게 되는지 그 동기를 설명해 주는 전형적인 제1단계 심리분석이다(같은 책, p. 167). 다시 말해 인간은 타자들(어머니 또는 상징적인 아버지)의 존재 없이는 혼자 서 있을 수도 없는데, 이는 데카르트의 대명제인 "나는 생각한다, 고로 존재한다"와 정반대되는 주장이다.

라캉이 인간을 '결핍된 존재'로 보는 정신분석학적 통찰은 탈근대주의의 대명제가 되는 '자아의 해체'라는 이름으로 사회과학 여러 분야에서도 적용되었다. 그의 분석에 따르면 "나는 생각한다, 고로 존재한다"는 데카르트적 인식론은 "나는 생각할지 모른다, 하지만 나는 타자 없이는 존재하지 않는다"라는 새로운 명제로 탄생되어야 했다(같은 책). 앞의 태어난 아이와 어머니의 관계에서, 어머니(타자)는 아이가 되돌아가야 하는 장소이자, 태초의 시간이자, 생명의 원형 그 자체를 상징한다는 것이다. 이는 인간이 조상신, 영웅들, 전설적 전사, 심지어 절대적 하나님 같은 여러 종류의 초자연 존재로 형상화된 성(聖)과의 만남, 신화시대에 있었던 성현(聖顯)을 동경함으로써, 인간 본연의 완전성 및 영원성을 추구하려는 시원적 욕망을 갖고 있다는 사실을 다시 한번 확인시켜 준다.

뿐만 아니라 마르크스의 유명한 사회주의 이론(Marx 1888)에서도, '선한' 프롤레타리아와 '악한' 부르주아지의 계급투쟁 속에서 신은 선한 프롤레타리아 편에 서서 몰래 숨어 있었다. 다시 말해 모든 프롤레타리아들이 정치적 · 사회적 · 경제적으로 평등한 공산주의 기치 아래 완벽하고 영원한 세상을 건설하려는 유토피아적 꿈이자 목표를 염원한다는 점에서 신의 존재를 처음부터 부정하고 있는 사회주의 안에서도 인간에게는 성현을 체험하고자 하는 완전성 및 영원성에 대한 동경이 용어만 바꾸어 다르게 표출되었다고 볼 수 있고, 따라서 외형적으로 신이 부재한 사회주의에서도 성현을 체험하고 싶은 동경은 역설적이게도 명확하게 존재한다는 것이다.

또한 〈슈퍼맨〉[7] 같은 할리우드 영화 역시 신화시대의 영웅정신을 불러일으키고 있다. 비록 근대에 역사화되고 성스러움을 잃어버린 인간과 신화시대의 신 및 영웅들을 이어주는 다리가 잘 보이지 않을지라도, 영화감상이라는 새로운 이름의 근대적 의례행위를 통해 〈슈퍼맨〉은 성과 속을 연결해 주는 매개체 역할을 다한다. 역사화된 시청자는 영화보기라는 의례에 동참함으로써, '슈퍼맨' '전설적인 영웅들' '여러 신들' '예수 그리스도' 가 주인공으로 등장하는 성현(聖顯)의 공간에서 일시적으로 유사성현을 체험할 수 있는 것이다.

예술분야에서도, 무질서 · 죽음 · 파괴 이미지가 주된 특징인 아방가르드 예술은 사실은 '새로운 창조' '새 질서' '부활' 에 대한 강력한 동기를 역설적으로 보여준다. 무질서가 극에 달하면 곧 새로운 창조가 시작되는 것은 자연의 순리이기 때문이다. 아울러 사람들이 소설을 읽고 나서 행복을 느낄 때조차도 이 행복은 신화시대의 성현 경험과 본질적으로 같은 것으로 볼 수 있었다. 즉 성스러움을 잃어버려 역사화된 근대시대에 살고 있는 인간들이 잠시 동안 성과의 만남이라는 축복되고 신성한 경험을 망각하고 살지만, 인간은 다양한 형태와 방식으로 태초의 거룩한 경험(mysterium tremendium)을 부지불식간에 드러내고 있는 것이다. 이런 식으로 성스러움을 잃어버린 비신화화 · 역사화된 인간들은 낙원을 향한 간절한 동경을 겉으로 드러나지 않는 위장된 형태로 표출하였다(Eliade 1974).

이들이 신화시대의 인간이든 혹은 역사화된 인간이든 중요한 것은 모든 인간이 성현을 체험하고자 하는, 낙원에 대한 동경이 있는 호모 렐리기오수스(종교적 인간)라는 사실이다. 신화시대의 완전성에서 멀어져 성스러움을 잃어버리고 역사화되어 속의 세상에서 살고 있는 사람들은 조상신, 여러 신들, 영웅, 절대적 하나님으로 가시화된 성(聖)과의 만남이라는 신화시대의 경이적 순간으로 돌아감으로써만이 삶의 의미를 되찾을 수 있었다(Eliade 1976, p. 29).

성과 속, 질서(cosmos)와 무질서(chaos)의 변증법적 관계에서, 질서는 역설적이게도 무질서가 최고조에 이를 때 달성될 수 있다. 종교적 인간의 태초로의 회기 욕구도 사실상 무질서가 정점에 이를 때 표출되게 마련이다. 종종 종교의례에서는 무질서가 절정에 이르는 순간 살인의 장면이 나타나곤 했다. 예수가 지상에서 활동하던 시기에 일어났던 예수 죽이기, 헤롯왕의 첫 장자 살해 명령 그리고 아브라함이 첫아들을 희생제물로 바치려 했던 것, 예수 그리스도의 마지막 주만찬식(主晩餐式)이 살인의식의 대표적인 예이다. 이러한 죽이기 과정이 다 끝나면, 마침내 역사화된 인간은 태초로 돌아가서 새로운 신을 만나 성스러운 생명력을 되찾을 수 있었다. 이런 엘리아데의 신화분석은 앞에서 언급한 지라르의 그것과도 정확하게 일치한다. 다만 양자가 차이가 있다면, 엘리아데는 인간을 신화시대의 영원하고 완벽한 원형상태로 돌아갈 꿈을 가진 '실존적 신앙인'으로 본 데 비해, 지라르는 인간의 원초적 본능인 폭력적 측면을 강조한다는 점이다. 엘리아데의 시각에서는 그 종교현상이 인간의 활동과 관련되는 한 인간이 이해할 수 없는 종교현상은 전혀 존재하지 않는다.

그런데 이런 관점은 엘리아데가 나치즘의 공동저자라는 비판을 받는 데 중요한 빌미를 제공했다. 아울러 이러한 비판은 엘리아데가 강철근위대(Iron Guard)[8]에 정치적으로 개입했기 때문이라기보다는 그가 옛 신을 새 신으로 바꿀 수도 있다고 강조했기 때문이다(Eliade 1976, pp. 25~26; Bellow 2001). 유대의 하나님은 아리안 민족주의라는 게르만 민족의 신으로 대체될 수 있는, 죽여야 할 대상인 옛 신으로 받아들여질 수 있었다.[9]

상징물이 성현의 차원에서 부분에서 전체로 움직여가는 과정을 고려하면, 특정한 혹은 기초적인 종교적 상징이나 신화(특정 민족을 중심으로 한 아리안 민족주의)가 정치적으로 이용되어 보편적이거나 근본적인 상징(아리안 민족주의의 전세계로 보편화)으로 이동하는 것이 이론적으로 정당화될 수 있다. 예컨대 한 개인이 특정 나무를 숭배하는 개인의 종교현상을 1차적인 성현이라 부른다면, 다른 사람들이 와서 그 나무에 있는 초월적 존재를 계속 숭배하면서 성현을 경험하게 된다면 처음의 개인적인 1차적 성현은 이제 모두의 근원적인 성현으로 바뀌고, 마침내 그 나무는 우주의 중심인 우주목(宇宙木, axis mundi)[10]이 되어 하나님도 이 우주목을 이용해서 천국에 올라갈 수 있게 된다. 상징물이 부분에서 전체로 움직일 수 있는 이러한 성현의 변증법적 과정은 종교적 상징물을 나치즘이라는 이름으로 정치적으로도 이용할 수도 있음을 명확히 보여준다.

그러나 성현의 변증법적 과정에서 상징물의 움직임은 전체에서 부분으로 가는 역방향, 즉 정반대방향도 존재한다. 근원적인 성현은 위로부터 수많은 기초적인 성현의 형태로 하강하기도 한다. "어떤 사람은 이 세상에 존재하는 모든 성현이 단순히 예수의 성육신 기적을 예측한 것들이라 주장할 수도 있고, 또 어떤 사람은 하나님과 인간이 함께 만나는 경이감을 드러내려다 실패한 것들이라고 볼 수도 있다."(Eliade 1976, p. 29) 일반적으로 엘리아데를 비판하는 사람들은 전체에서 부분으로 움직이는 성현 내에서의 역동적인 움직임을 무시한다. 성현의 역방향 관점에서는 모든 기초적인 성현들이 평등한 지위를 가질 수 있었다. 따라서 특정 상징물이나 신화를 보편화시켜 그렇지 못한 상징물이나 신화를 차별하는 의도는 성현의 역방향 측면에서는 원천적으로 있을 수가 없다.

> 모든 성현은 전체의 일부이다. 히틀러의 전체주의는 단지 한 문화적 집단만 포함시키고 다른 집단을 배타시하였다. 엘리아데의 이론적 틀에서 보자면, 히틀러는 상징물이 부분과 전체 사이에서 역동적으로 움직일 수 있는 변증법적인 특성을 이해하지 못했거나 이해했어도 인정하려 들지 않았다. 히틀러는 전체보다 부분에 가치를 두고 부분을 우선시했다. (Cave 1993, pp. 24~25)

게다가 근원적인 성현 개념 자체가 특정 상징물이나 신화를 보편화시키는 것을 의미하는 것이 아니라, 수많은 개인들의 태초 혹은 영원으로 되돌아가고자 하는 욕망에서 공통적으로 발견될 수 있는 형식, 구조, 원리 등과 같은 보편적인 유형이나 원리 또는 우주적 법칙을 의미한다. 질서와 무질서를 오가는 변증법적 움직임에서 낙원에 대한 동경으로 구체화되는 우주적 원리가 바로 근원적 성현(聖顯)이다(Eliade 1974).

엘리아데의 이론적 틀에 따라, 앞의 2장과 3장에서 논한 정치적 · 문화적 성경읽기 역시 분석할 수 있다. 민족주의, 해방운동, 보수주의, 자유주의 같은 상징 또는 신화를 바탕으로 각각의 정치적 집단과 여러 유형의 문화적 성경독자들은 성경에 있는 하나님의 말씀을 경험함으로써/읽음으로써 성현을 체험하였다.[11] 예컨대 제국주의적인 정치적 성경독자들과 제1유형의 문화적 성경독자들은 자신들의 옛 신을 우상숭배, 즉 이교도들이 따르는 신이라 하여, 과거 자신들의 전통문화를 야만적이고 열등하고 더러운 문화적 전통으로 치부하고 과감히 버렸다. 이른바 전통적인 정치 및 문화 제도는 죽여야 할 대상이었고 "야만인들에겐 종교도 없는" 것이기에 파괴의 대상이었다(Chidester 1995). 이들은 정치 · 문화적 무질서가 최고조에 달하는 순간, 옛 전통종교의 상징물을 없애고 그 자리를 국가주의적이고 제국주의적인 기독교 상징물로 대체함으로써 무질서에서 탈출을 시도했다. 이들은 옛 신들을 죽임으로써 잃어버린 낙원을 회복하여 완전한 유토피아에 도달하고픈 '진실한' 꿈을 갖고 있었다. 그러나 앞에서 설명한 나치즘의 경우에서와 같이, 이들 역시 성현의 변증법에서 '전체'에서 '부분'으로 가는 움직임을 간과하였다.

한편 이들과 대항관계에 있던 정치적 집단이나 다른 유형의 문화적 성경독자들은 옛 신에 집착하였다. 왜냐하면 하나님은 성경독자들 누구에게나 그때그때마다 다른 유형과 모습으로 스스로를 드러내시기 때문이었다.

이렇게 평등주의적이고 인간주의적이며 이상주의적인 차원에서, 억압받은 자들이나 가난한 자들, 식민지 희생자들, 주변적 존재들, 전통종교의 콘텍스트를 중심으로 성경을 읽는 독자들은 전통종교의 상징물과 신화들을 '상황신학' '해방신학' '자유주의 신학' '토착화 신학' 이라는 이름으로 받아들이고 하나님 말씀인 성경을 읽음으로써 성현을 경험할 수 있었다.

하나님이 스스로를 수많은 경로[12]를 통해 드러내시게 되면, 특정 집단이나 특정 유형의 성경독자들도 상대방의 성경읽기(성현)를 무시하면서 자신들의 기초적이고 지역적이고 역사화된 성현(성경읽기)을 보편화시킬 수는 없다. 그 어떤 집단 혹은 유형의 성경독자들도 "우리가 중심(우주목 宇宙木)이고 너희가 변두리"라고 말할 수 없다. 즉 엘리아데는 중심의 본질이나 내용에 대해서는 자세히 언급한 바가 없었기 때문이다. 따라서 근원적 중심을 향해 특정 성현을 보편화시킨다는 것은 다만 원리나 형태의 보편화를 뜻하는 것이지 특정 양식의 성경읽기를 강제하는 등의 특정한 성현의 전체주의화를 의미하지는 않는다. 한마디로 이것은 "다수의 중심들(기초적인 성현들) 속에 자리 잡은 하나의 중심(근원적 성현)"이라고 요약할 수 있다. 엘리아데에게 '하나의 중심' 은 필연적으로 다른 신들을 배척할 수밖에 없는 특정한 위격을 가진 하나님에 의해 독점될 수 없는 자리이다. 오히려 그 자리는 유형, 원리, 구조, 우주의 법(우파니샤드에서의 브라만, 불교에서의 다르마, 도교에서의 도)으로 대체되는 것이 더 적절할 수 있다(Eliade 1959; 1974; Pals 1996, p. 165).

앞에서 서술한 바와 같이 개개인의 성서독해 양식은 그들의 정치 · 문화적 콘텍스트의 특수성을 고려할 때 매우 독특한 동시에 일반적으로 '차별의 원리' '흡수의 원리' '연합의 원리' 등으로 이름 붙인 공통의 형식과 원리를 찾아볼 수 있다. 이런 공통의 형식 혹은 원리가 '하나의 중심' 자리에 대체될 수 있는 것이다. 그리고 개개인의 자세한 성경읽기의 예들은 하나의 중심 밖에 있는 다수의 중심들에 위치할 수 있다.

바로 이러한 관점이 엘리아데의 창조적인 해석학적 통찰을 엿볼 수 있는 대목이다. 누군가 하나의 중심 자리에 특정한 위격을 가진 하나님을 두면, 그 중심은 주변에 있는 다수의 중심들을 배척할 수밖에 없다. 그러나 특정한 양식이나 원리 혹은 힘을 그 중심의 자리에 위치시키면 나머지 중심들 또한 소외되지 않고 그 존재의의를 가질 수 있다. 엘리아데는 개개인의 성경읽기가 매우 다양함에도 불구하고 그들의 실존적 목소리 하나하나도 무시하지 않았다. 엘리아데의 이론틀에서는 심지어 식인풍습도, 그것이 새로운 우주질서를 회복하기 위한 의례절차의 하나라는 점에서는 용인될 수 있다(정진홍 1997, 215쪽).

따라서 각 집단별 정치적 성경독자들과 각 유형별 문화적 성경독자들 모두가 성경을 해석하는 동안 말씀이신 하나님을 만나 성현을 경험한다는 점에서, 존중받아야 하고 소중하게 여겨져야 할 대상이다. 그렇다고 해서 탈근대주의에서처럼 하나의 중심이 해체될 필요도 없고, 다만 하나의 중심 자리가 보편적이고 우주적인 형식이나 원리 또는 힘과 구조로 대체되면 되는 것이다. 엘리아데의 이러한 창조적 통찰에 영감을 받아 이 책에서는 '사랑'의 원리를 하나의 중심 자리에 놓음으로써 온정적 성경읽기의 중요한 이론적 기틀을 세우고자 한다.

서로 다른 성경독자들이 실존적 신앙인이고 이들은 성경읽기를 통해 말씀이신 하나님을 경험하고 나아가 사랑이라는 이름의 근원적 성현도 경험할 수 있다는 점에서, 이 이론적 기틀은 다음과 같은 새로운 명제로 구체화될 수 있다. "다수의 중심들(개별적인 성경독자의 경외감 넘치는 성서해석) 속에 자리 잡은 진정한 중심(사랑이라는 우주적 원리)이 존재한다." 다시 말해 엘리아데의 호모 렐리기오수스(종교적 인간)의 개념은 개개인이 실존적으로 개인적 꿈을 가지고 있고 성현을 체험하고 싶은 동경이 있고 사랑의 원리를 바탕으로 한 성현체험을 통해 사랑의 원리를 우주적 차원까지 확대시키는 인간주의로 구체화될 수 있다는 점에서, 온정적 성경읽기의 이론적 기틀이라고 할 수 있다.

특히 엘리아데의 호모 렐리기오수스 개념은 신적 힘이 현현(顯現)하여 발생하기 때문에 누미노스(신이란 뜻의 라틴어 numen에서 나옴)라고 부르는, 실존적 신앙인의 신비롭고 성스럽고 말로 표현할 수 없는 종교적 경험을 결코 배제하지 않는다는 점이 주목할 만하다. 아울러 종교적 인간 개념은 기초적인 성현에서 출발하여 근원적 성현인 '사랑이신 하나님'과의 연합으로 나아가는 성현의 변증법적 움직임을 포함하고 있다는 점에서, 기존의 탈근대적 성서읽기의 기본 가정인 다차원적인 유희적 평면에서의 개인주의와는 사뭇 다르다. 나아가 바로 이 종교적 인간 개념을 통해 서구의 데카르트적 인식론과 서양철학의 기반인 생각하는 사람으로서 호모 사피엔스, "나는 생각한다, 고로 존재한다"는 마침내 호모 렐리기오수스, "나는 믿는다/꿈꾼다, 고로 존재한다"로 대체되어 인식론적 전환을 이룰 수 있다는 점에서 그 의의가 크다고 하겠다.

2) 정(情): 한국의 역(逆)윤리학 아가페와 아프리카의 아가페 윤리학 우분투

예수 그리스도가 제자들에게 내린 계명은 "너희 하나님을 사랑하고" "너희 이웃을 사랑하라"는 두 가지이다.[13] 한국과 남아공의 정치적 · 문화적 성경독자들 대부분은 자신들의 정치 · 문화적 정황에 맞게 성경을 읽고 말씀 하나님과 만나는 성현을 체험함으로써 그들 방식대로 첫번째 계명은 지켰을 것이다. 그러나 '극단적 분리' 혹은 '차별'이라는 원리로 구체화된 지배적인 정치이데올로기의 강력한 영향 아래 각각의 정치적 집단과 여러 유형의 문화적 성경독자들로서 두번째 계명은 지키지 못했다. 각 집단과 유형의 성경독자들은 서로 사랑할 수 있는 기회 · 시간 · 공간을 마련할 수 없었다. 오히려 이들은 탈근대주의의 영향 때문에 이웃의 사적인 성경읽기에 대해 간섭하지 말고 침묵할 것을 요구받았다(이 책 4장 참조). 탈근대적 성경읽기의 접근법이 다름 아닌 개인주의라는 탈근대의 지배적인 정신이고 서구 제국주의의 변형된 형태임을 인식하고, 여기서는 서로 다른 집단과 유형의 사람들이 전통종교의 콘텍스트 안에서 전통적인 사랑(정과 우분투)이라는 존재론적 요소를 매개로 어떻게 서로 사랑하고 연합을 이룰 수 있는지를 살펴볼 것이다.

그리고 논지의 핵심은 한국과 남아공의 전통종교 콘텍스트에서 일어난 결혼식 절차를 가지고 구체화시킨다. 서로 다른 집단이나 사람들 사이에 연합할 수 있는 전통적인 결합의 실례는 온정적 성경읽기를 실현할 수 있는 통찰을 제공할 것이며, 또한 이것은 엘리아데의 호모 렐리기오수스와도 그 맥을 같이하고 있다. 전통종교의 인식틀이 대부분의 토착 성경독자들, 특히 제4유형의 문화적 성경독자들의 정신에 뿌리내리고 있다는 점을 고려할 때, 전통종교 콘텍스트 안에서 서로 다른 집단 혹은 사람들 사이의 실질적인 결합의 예를 살펴보는 것은 매우 의미 깊은 일이 될 것이다.

정: 한국적 역(逆)윤리학 아가페

엘리아데의 성(聖) 개념이 그 내용물에 해당할 수 있는 여러 가지 경우나 이야기, 화소(話素) 들에 의해서만 구체화될 수 있는 것처럼, 정 개념 역시 일반사람들의 삶의 체험에서 나온 여러 사례와 사건(event)을 통해서만 구체화될 수 있다. 그것은 정의 개념이 서구의 철학적이고 논리적이고 이성적인 전제—"어떤 대화를 시작하든지 대화 시작 전까지는 반드시 모든 용어의 개념이 확고하게 정의되어 각자의 자리에서 흔들림이 없어야 한다"—만으로 설명될 수가 없기 때문이다.

이 전제에 기초해서 데카르트는 방법론적 회의론의 결과를 다음과 같은 유명한 공리(公理)로 정리한다. "나는 생각한다, 고로 존재한다." 그러나 여기서는 보통사람들의 일상생활에 근거한 여러 가지 담화나 이야기, 속담 등을 중심 소재로 삼을 것이다. 방법론에서는 오늘날 보통사람들이 잘 알지도 못하는 고대의 텍스트를 끌어다가 숨겨진 진리를 찾고자 하는 자유주의 신학자들의 연구방법론과는 사뭇 다르다.[14] 따라서 전통적 사고방식의 틀을 가지고 살아가는 보통사람들의 정신세계에서는 동전의 앞뒷면처럼 상생관계에 있는 전통적인 텍스트와 콘텍스트를 강제로 둘로 나눈다는 것은 인식론적으로 뭔가 불편하다는 점에서, 정의 개념은 보통사람들의 일상적 삶의 경험이라는 콘텍스트를 살펴보는 과정에서 구체화될 것이다.

19세기 후반 한국에 기독교 선교사가 방문하기 전까지 한국인들은 감리교 선교사 존이 관찰한 대로 이른바 종교 다원주의의 환경에서 살고 있었다. "한국인들은 사회적 측면에서 바라보았을 때는 유교인이며, 철학적 측면에서는 불교도며, 뭔가 고통스러움이 있어 그 고통을 피하기 위해 여러 신들에게 기도할 때에는 샤머니즘[무교 巫敎]에 심취해 있는 사람들이다." (Jones 1910, p. 14. Kim 2003, p. 17에서 재인용) 특히 한국종교사에서 한국의 샤머니즘은 불교 · 도교 · 신유교(성리학) 등 동양의 기성 종교를 모두 조화롭게 수용할 수 있는 기본적인 사상적 토양과 같은 역할을 하였다(황필호 1997; Kim 2003, pp. 12~20). 따라서 한국 전통종교의 기본 정신(바탕, ethos)은 앞에서 열거한 동양종교 철학 및 사상으로 다양하게 구체화될 수 있었고, 특히 그중에서도 정한(情恨) 사상은 한국인의 특성을 보여주는 가장 대표적인 정서(한국적 윤리)라는 사실에 대해서는 일반적으로 누구도 이의를 제기하지 않는다.

하나님 대 사탄, 그리스도 대 적그리스도(사탄), 유대인 대 비유대인, 선 대 악과 같은 차별적 이분법을 강조하는 유대 · 기독교 · 이슬람 종교 전통의 성서에 기초한 세계관과 반대로, 동양철학은 음양(陰陽)철학에서와 같이 차별적 이분법으로 분리할 수 없는 이원론과 미분화상태의 원시심성을 바탕으로 한 세계관이다. 동양철학은 하늘과 땅(天地), 남자와 여자(男女), 선과 악(善惡), 이성과 감성(理感), 현세와 내세, 낮과 밤(晝夜), 해와 달(日月), 영혼과 육체(魂肉) 등과 같은 이원론적 요소 각각의 상생관계를 강조한다. 그렇기 때문에 양쪽 요소 모두 상대편 요소의 존재를 근거로 스스로의 존재의의를 발견한다.

양쪽 요소는 균형을 이루고 있으며, 이 균형이 깨어지면 한쪽이 다른 쪽을 전부 지배하는 전체주의화 성향이 강하게 나타나게 된다. 예컨대 밤이라는 어둠의 시기 없이 낮만 있어 작렬하는 태양빛이 계속 내려쬐면 식물은 곧 말라버리고, 이 세상에서 악이 전부 사라진다면 선 또한 그 존재가치를 잃게 되는 것이다. 완전한 하나님조차도 만약 불완전한 인간이 더 이상 섬기지 않는다면 그 존재의의를 찾기가 매우 어려울 것이다. 삶이나 젊음 역시 죽음이나 늙음이 있기에 그 존재의의가 빛나는 것이다. 이런 상생관계에서 양쪽 요소는 모두 떼려야 뗄 수 없는 하나로 여겨지게 되는 것이다.

한국의 샤머니즘에서도 현세를 중심으로 분리할 수 없는 '하나'의 사상을 볼 수 있는바, 저승은 이승이 연장된 세상으로 여긴다. 바리공주 설화[15]에서, 저승에 있던 신선은 바리공주에게 청혼하고 바리공주와 자식까지 낳는다. 이처럼 설화에서는 저승에 있는 신들 역시 이승의 인간과 똑같은 욕구를 가진 것으로 묘사된다. 오늘날 한국인들의 매장절차에서도, 자손들은 죽은 자가 생전에 가장 좋아하던 옷과 신발, 음식 등 사자(死者)의 소장품을 함께 묻어주곤 한다. 심지어 사자가 목마를까 염려되어 무덤에 막걸리를 뿌려주기도 한다(강원도 2004). 이는 사자가 저승까지 무사히 가기를 바라는 자손들의 샤머니즘(무교)적 소망을 직 · 간접적으로 보여주는 대목이다. 제사를 지낼 때도 자손들은 밤에 제사지내는 동안 조상들이 찾아와 음식을 먹을 것이라는 믿음을 가지고, 생전 좋아했던 음식을 제사상에 정성스럽게 차려놓는다.[16] 이렇듯 한국의 샤머니즘에서는 그리스 전통과 데카르트 식의 육체 대 영혼, 자아 대 타자 같은 구분과 유대 · 기독교 · 이슬람 식의 이 세상 대 다음 세상의 이분법도 거의 존재하지 않는다. 양쪽 모두 '하나'로서, 자아 대 타자, 텍스트 대 콘텍스트, 영혼 대 육신, 삶 대 죽음, 이승 대 저승 등의 차별적 이분법은 존재하지 않고 상생관계에서 공존한다.

이러한 상생의 관점에서 보면, 정(진심으로 우러나는 사랑)이 지닌 존재론적 의미 또한 한(恨)에 대한 기본적인 이해를 전제로 분명하게 나타난다. 어떤 처녀가 이승에서 남자와 사랑 한번 못해 보고 죽었다고 한다면, 그 처자는 한 많은 처녀귀신이 될 가능성이 높다. 그 처자는 저승에도 못 가고 이승과 저승을 넘나들며 한을 달래고자 이따금 처녀귀신으로 이승에 나타나곤 한다. 실제로 젊은 남정네들이 보름달이 뜬 날 밤에 소복을 입은 아름다운 처녀귀신과 잠을 잤다는 이야기는 한국에서 흔하게 전해 내려오는 민담이다.[17] 아울러 음기(陰氣)가 센 처녀귀신과 잠을 잔 남성이 죽었다는 이야기도 가끔씩 전해지고 있다. 그래서 드라큘라(전형적인 흡혈귀이자 낭만성, 불멸성, 공포의 상징)가 주인공인 서양의 공포영화는 한국에서 처녀귀신 영화에 비해서 별로 인기가 없다. 드라큘라는 한국인의 정서에 잘 들어맞지 않기 때문이다.

여성이 품은 한은 간혹 다른 방식으로도 표출되는데, 이를테면 "여성이 한을 품으면, 오뉴월에도 서리가 내린다"[18]는 속담이 있다. 러시아 · 중국 · 일본 등 이웃한 강대국들의 한반도 침략역사 속에서 한국인들은 늘 희생자가 되어 상처받은 슬픈 기억을 안고 살아왔다. 2차대전 당시 일본군대의 위안부로서 구성된 정신대(挺身隊)에 한국 여성들이 끌려간 사실은 한국 여성들의 뿌리 깊은 한의 본질을 잘 보여주는 대표적인 예이다. 일본 제국주의자들은 수많은 한국 여성들을 강제로 데려가 여성으로서의 기본적 인권을 박탈하였다.[19] 이와 같이 한국인의 정서, 특히 억압받는 여성들의 정신세계에는 한의 요소가 뿌리깊이 자리 잡고 있다.

오늘날의 페미니스트적 관점에서 볼 때, 가부장적 가족제도를 근간으로 한 장구한 유교의 영향력 아래 조선왕조 500년 동안 여성은 남성으로부터 억압을 받아왔다. 여자는 결혼하면 무조건 시댁 사람들에게 순종해야 했으며, "여자가 시집가면 장님 3년, 벙어리 3년, 귀머거리 3년을 살아야 한다"는 속담에서 짐작되듯이 특히 시어머니 앞에서는 더욱더 조심해야 했다. 이렇게 10년 가까운 세월의 고생이 끝나고 나서야 비로소 여자는 시댁의 정식 가족원이 될 수 있었다.

이와 같이 꽃다운 나이에 사랑 한번 못해 보고 죽은 처녀귀신, 역사적·정치적 현실 속에서 피해자로서, 인간으로서의 권리를 향유하지 못한 채 만신창이가 되어버린 피식민지 여성, 가부장적 제도에 종속되어 여성 개인으로서의 목소리는 낼 수 없었던 조선시대의 여성은, 다름 아닌 역사적으로 힘없이 당하고만 살아야 했던 한국 민중 전체를 상징하였고, 이는 한의 정서로 여전히 한국인들의 마음 깊이 남아 있다.

한국인의 사랑(agape)[20]을 의미하는 한국인의 존재론적 요소인 정은 바로 이런 한의 존재를 전제로 생겨나는 것이다. 인구에 회자되는 "누군가를 더 깊이 사랑하면 할수록 그만큼 마음이 더욱 아프다"는 말은, 바꿔 말하면 한의 본질을 제대로 경험한 사람만이 진정한 사랑의 의미를 알 수 있다는 뜻이다.

한편 한국의 전통결혼식은 정과 한이라는 분리할 수 없는 이원적 관계 속에서 이 두 요소가 어떻게 결혼식이라는 의례를 통해 상생관계를 유지할 수 있는지 구체적으로 보여준다. 이 상생관계는 웃음, 유희, 오락, 유머, 농담의 형태로 결혼식을 행복한 결말로 이끈다. 일반적으로 성(姓)도 다르고 가문도 다른[21] 두 가족이 결혼식을 통해 서로 만나게 되는데, 이러한 만남의 과정 전체를 관통하는 주된 정신(실)이 바로 정이며, 이런 정을 통해 한은 '행복과 기쁨과 웃음'으로 승화된다.

동양의 음양철학의 섭리가 내포되어 있는 혼인(婚姻)은 상생의 차원에서 '남자와 여자의 결혼'을 의미한다. 그러나 결혼을 의미하는 또 하나의 단어 시집은 신부의 관점에서 보면 '시댁의 가문으로 떠나는 여정'을 뜻한다. 흥미롭게도 신부의 여정이라는 의미가 담긴 결혼의 용어는 아프리카 줄루어 '엔다'에서도 찾아볼 수 있다(Ngubane 1981, p. 84). 신부가 신랑집에 들어가서 살면서 겪는 전통적인 한의 깊이를 생각해 본다면, 신부 쪽 가족들은 신랑가문을 선택할 때 매우 신중할 수밖에 없다. 따라서 신부 쪽에서는 신랑을 올바로 선택하기 위해 중매쟁이의 존재가 필수적이지만 신랑 쪽에서는 중매쟁이 없이도 신붓감을 맞이할 수 있었다.[22] 양가의 안녕을 위해 전통적으로 다섯 가지 유형의 가문이 결혼상대로 금기시되었는데, 첫째 정권에 반역한 반역자 가문, 둘째 예의 없는 가문, 셋째 범죄를 저지른 가문, 넷째 중병이 있는 가문, 다섯째 가장인 아버지가 없는 가문이다(강원도 2004, 32쪽). 지역마다 조금씩 다르지만 결혼식 절차는 대체로 다음과 같았다.

준비단계

1. 궁합: 결혼당사자의 궁합 비교
2. 사주: 신랑신부의 운세 보기
3. 택일: 신부집에서 결혼날짜 정하기

4. 우양단자: 신랑집에서 신부집에 혼수품 목록을 보내기

5. 고사당: 사당에서 조상들께 결혼 보고하기

6. 납폐: 신부집에 청홍사(靑紅絲) 보내기

본례는 다음의 단계로 진행된다.

1. 혼례행차: 신랑은 신랑용 가마를 타고 결혼식에 간다.

2. 전안: 신랑은 나무로 만든 기러기를 상에 올린 뒤 신부에게 절한다.

3. 초례: 신랑신부가 절하며 한 표주박의 술을 서로 따라 마신다.

4. 알묘: 조상의 사당에 새 신부가 가족이 되었음을 보고한다.

5. 폐백: 신부가 큰절을 하며 시댁 부모님께 선물을 드린다.

6. 여물: 시어머니가 신부에게 선물을 준다.

첫날밤 의식:

신방 엿보기: 결혼식에 참석한 사람들이 신혼방을 엿본다.

마지막 의식:

동상례: 신랑이 신부집을 다시 방문하면, 신부집 마을청년들은 신랑을 두들겨 패며 논다. (같은 책, 30~43쪽)

이상의 대략적인 결혼절차 중, 여기서는 폐백과 신방 엿보기, 동상례를 살펴보고자 한다. 이 세 가지 전통혼례 풍습은 오늘날까지도 일부 이어지고 있다. 신부가 시어머니로부터 선물을 받기는 하지만, 그보다는 신부가 시어머니에게 드리는 선물은 시댁식구의 새 딸로서 받아들여질 수 있을지 여부

를 판단하는 데 매우 중요한 역할을 하였다. 그래서 신부가족은 딸이 다른 가문에 시집가서 행복한 결혼생활을 해나가기를 바라는 마음에서 될수록 진귀한 선물을 시집에 보내고자 최선을 다했다. 이런 신부가족들의 사랑(정)은 신부가 직접 선물을 전달함으로써 신랑가족들에게 전해졌다. 물론 이런 풍습 때문에 간혹 신부가족이 경제적으로 어려움을 겪기도 했지만, 선물을 교환하는 과정은 서로 다른 두 가족을 결합할 수 있게 해주는 매우 중요한 절차였다. 신부가족 쪽에서는 딸이 새로운 가족 안에 정착하여 자식을 낳음으로써 그 가문에서 지위를 공고히 하기를 원하고, 신랑가족으로서는 신부를 들임으로써 신부의 출산능력을 통해 가문의 생명력을 지속시킬 수 있고 또한 가문의 살림을 이어받을 수 있는 새로운 경영자를 얻을 수 있었다. 설령 신부가 마음속에 한이 쌓여 신랑의 새 가문에 적응하기 힘들지라도, 양가는 결혼식에서 선물을 주고받음(폐백)으로써 정을 나누고, 이렇게 나눈 정을 바탕으로 서로 결합하고 연합하여 혹시 남아 있을지 모를 한의 요소를 원천적으로 없애고자 하였다.

흥미롭게도 '신방 엿보기' 전통은 결혼식을 통해 가족뿐 아니라 마을의 구성원들 모두를 결합시키는 연합의 본질을 잘 보여준다. 첫날밤 신랑이 신혼방이라는 사적인 공간에서 신부의 예복을 벗기고 이윽고 촛불이 꺼지면, 결혼식에 참석한 마을사람들은 신혼방을 엿보기 시작하였다. 다음날 아침이 되면, 사람들이 밤새도록 신혼방을 들여다보느라고 문살에 붙은 창호지를 빵빵 뚫어놓아 마치 벽이 뚫린 듯 신혼방이 훤하게 보였다. 가장 사적인 첫날밤이라는 시간과 공간이 그대로 대중에게 드러나게 되는 것이다. 신방 엿보기 의례를 함께한 마을사람들 사이에는 이제 더 이상 사생활도 없고,

개인주의도 없고, 서로 다른 가문이라는 긴장감도 없으며, 계층이 서로 달라 생기는 긴장도 존재하지 않았다. 실제로 신방 엿보기 풍습은 1960년대까지 대부분의 시골마을에서 계속 이어져 오던 공식적인 결혼절차였다(김영동 2000, 16쪽). 엘리아데의 이론에 따라 설명하면, 결혼축제에 참석한 사람들은 신방 엿보기를 통해 신부가족과 신랑가족, 자아와 타자, 부자와 빈자, 억압하는 남성과 억압받는 여성, 이성과 감성 사이의 구분 자체가 아예 존재하지 않는 성현(聖顯)을 경험할 수 있었다. 연합의 핵심이 된 신랑신부의 사랑(정)이라는 끝없는 연결고리로써 신랑신부와 양가, 나아가 마을 전체가 하나로 결합될 수 있었다.

결혼절차 중 웃음 · 유머 · 농담 · 오락을 특징으로 하는 동상례에서 신랑은 새로 얻은 신부의 귀중함을 깨달을 수 있었다. 결혼식이 끝나고 신랑이 다시 신부집을 찾으면, 신부의 마을 청년들은 '동상례' 라고 부르는 게임을 하기 시작한다. 먼저 도둑이 신부의 마을에서 예쁜 처자를 데리고 도망갔다는 소문이 퍼진다. 이어 마을의 청년들이 신부의 오빠나 남동생을 데려다가 다리를 묶고 발바닥을 두들겨 팬다. 마침내 신부 오빠(동생)가 사실 그 도둑은 신랑이라고 자백하면, 이번에는 진짜 도둑인 신랑을 묶어놓고 발바닥을 세차게 때린다. 그러고 나서 마을 청년들은 신랑의 장모에게 맛있는 음식과 술을 내어오라 청하고, 마지막으로 장모는 그들에게 무슨 부탁이든지 다 들어준다고 약속하며 사위를 구한다. 동상례에 함께 곁들여지는 전통적인 음악과 춤은 모든 참석자들을 즐겁게 하기 충분했다. 이 결혼절차에서 가장 중요한 것은 동상례가 끝난 뒤에 신랑은 신부의 가족을 사랑하지 않을 수 없게 된다는 사실이었다. 이 게임은 신부가 한을 품게 해서는 안 되며 늘 남편의 사랑을 받고 행복하게 살아야 한다는 신부가족의 소망을 역설적으로 보여준다. 요컨대 웃음과 기쁨과 오락이 넘치는 동상례 의례(게임)를 통해 한은 정으로 승화될 수 있었다.

이상과 같이 결혼식 의례에서 한 · 정 · 웃음의 전통 윤리적 · 정서적 3요소가 서로 분리될 수 없는 상생의 역학관계 속에서 다른 친족이나 가족, 계급 들 사이에 생기는 긴장을 녹일 수 있었음을 알 수 있다. 이 세 가지 정서적 요소 중 한국적 사랑의 개념인 정은 서로 다른 집단과 유형의 사람들을 연합시킬 수 있는 주된 실(연결고리)이었다. 한국 샤머니즘이라는 토양에 불교, 도교, 유교, 심지어 기독교까지 흡수된 한국인의 전통종교 심성에 바로 정이라는 역(逆)윤리학[23]은 가장 깊이 뿌리를 내리고 있는 연합 및 결합의 본질 그 자체였다.

우분투: 아프리카적 윤리학 아가페

앞에서 한국인의 전통종교 심성을 구체화시킨 현세 중심의 샤머니즘은 음양이라는 서로 분리할 수 없는 동양적 이원론 혹은 미분화적 원시심성을 바탕으로 하고 있다는 점을 설명하였다. 한국 결혼식 사례에서, 서로 다른 혈족 혹은 가문 사이의 연합(결합)의 고리를 찾아볼 수 있었는데, 그 연합의 고리는 한과 웃음이라는 역학관계에서 구체적으로 드러나는 한국적인 사랑 정이다. 여기서는 아프리카인들의 미분화적 원시심성을 형상화시키고 있는 공동체 · 확대가족 중심의 아프리카 전통종교가 상호 불가분의 아프리카적 이원론과 아프리카 구전전통의 정신을 바탕으로 하고 있음을 설명할 것이다. 아프리카인의 결혼식에서 서로 다른 부족을 연결시켜 주는 연합의 고리를 찾아볼 수 있으며, 그 고리는 웃음과 노래와 음악을 특징으로 하는 아프리카의 의례를 통해 자연스럽게 드러나는 아프리카적 사랑의 윤리인 우분투임을 알 수 있다.[24)]

그 유명한 아프리카인들의 존재론적 요소인 우분투는 다음의 말로 구체화될 수 있다. "사람은 사람들을 통해서 비로소 사람이 될 수 있다"(우문투 응구문투 응아반투), "나는 우리가 있기에 존재한다. 바로 우리가 있기에 내가 존재하는 것이다" "나는 혈족에 속한다, 고로 내가 존재한다"(Shutte 1993, p. 46; Okolo 1992, p. 483; Pobee 1979, pp. 165~67). 이는 데카르트적 존재론인 "나는 생각한다, 고로 존재한다"뿐만 아니라, 탈근대적 '자아의 해체' 혹은 라캉의 "나는 생각할지 모른다. 하지만 나는 타자 없이는 존재하지 않는다"와 차별화되는 선언이다.

영혼 대 육체, 자아 대 타자를 나누는 그리스 및 데카르트 전통의 이분법과 이 세상 대 다음 세상, 그리스도 대 적그리스도(사탄), 유대인 대 비유대인, 선 대 악을 나누는 유대 · 기독교 · 이슬람교 전통의 이분법 등의 강력한 철학적 영향에 맞서 아프리카의 여러 학자들은 개인이나 자아보다 공동체나 확대가족(가문)의 중요성을 강조하였다.

아프리카의 우주관에서는 영적 영역과 물적 영역, 이승과 저승이 구분되고, 창조자와 피조물의 위계질서 또한 존재한다. 초월적 하나님, 신적 존재들, 영혼적 존재들, 죽었지만 살아 있는 조상신(조상들 혹은 조상신들)은 영적 영역에 존재하고, 인간과 동물과 식물, 무생물 들은 물적 영역에 존재한다. 각 존재들의 차이는 생명력(활력, Seriti)의 수준에 따라 발생한다(Shutte 1993, p. 57). 이 차이를 오콜로는 위대한 피라미드에 비유해서 설명한다. "피라미드의 정점에는 초월적 존재인 하나님이 갖고 있는 전지전능한 힘이 있고, 양쪽 옆면에는 신적 존재, 영혼적 존재, 죽었지만 살아 있는 조상신 들로 형상화된 위대한 영적 힘이 있으며, 밑면에는 동물, 식물, 무생물 등과 같은 좀더 낮은 수준의 주술적 힘이 자리 잡고 있다. 그리고 이러한 여러 종류의 역학관계 중심에 인간이 자리하고 있다."(Okolo 1992, p. 480) 따라서 우주의 중심이 되는 인간은 공동체의 의례를 통해 성(초월적 하나님, 신적 존재들, 영혼적 존재들, 죽었지만 살아 있는 조상신)과 만남으로써 생명력(세리티)을 지속적으로 키워내야 하는 존재이다. "모든 반투 사람들의 현재 혹은 미래의 삶의 목표는 생명력을 키우는 데 있을 뿐이며, 생명력을 유지하고 키우는 것이 그들이 행하는 모든 의례의 목표이자 의미 그 자체이다."(Tempels, 1959, p. 175. Okolo 1992, p. 480에서 재인용) 결국 인간의 삶의 목표는 선을 행함으로써 조상신이 되는 것이었다(Kwenda 1999, p. 1).

외형적으로는 생명력이 가장 강한 하나님에서부터 가장 약한 무생물에 이르기까지 위계질서가 존재했다. 그런데 각 존재는 오직 각각의 생명력이 전체적으로 어우러져 크게 하나 되는 생명력의 조화 속에서만 그 존재의의가 있으며, 이렇게 하나 되는 조화로운 생명력은 물적 영역뿐 아니라 영적 영역에까지도 영향을 끼쳤다. 따라서 영적 영역에 존재하는 여러 신들은 하나 된 생명력의 조화 속에서 실질적으로는 위계질서가 사라진 수평면상의 단 하나의 하나님으로 파악될 수 있다(Mulago 1991, p. 120). 또한 물적 영역에 살고 있는 개개인도 하나 된 생명력의 조화 속에 연결되는 순간 생명력의 항상성이 유지되어 설령 육체적으로 죽을지라도 그 생명력에는 절대적인 감소가 일어나지 않는다. 왜냐하면 이들은 자신들보다 훨씬 더 강력한 생명력을 가진 영적 존재들과 관계 맺음으로써 계속 생명력을 공급받을 수 있었기 때문이다. 그래서 음비티는 죽은 사람은 절대 그들의 공동체(확대가족/가문)를 떠나는 것이라 볼 수 없고, 다만 육체적으로는 죽었지만 영적으로는 여전히 살아 있는 조상신으로서 가족공동체뿐 아니라 가축들과도 예전과 똑같이 함께 살고 있는 존재라고 말한다(Mbiti 1978, p. 157).

신 앞에 혼자 설 수 있는 서구의 데카르트적 인간정의와 달리, 아프리카 사람은 혼자 서 있을 수도 또 혼자 서 있을 필요도 없었다. 아프리카 사람은 "후손들, 가족들, 같은 부족의 형제자매들, 조상들, 모든 생명의 최종적 원천인 하나님과 생명력으로 연결되어 하나 된 조화로운 관계" 속에서 오직 전체적인 생명력을 지속적으로 보호하고 증가시키는 삶(생명)의 목표에 집중할 따름이다(Mulago 1991, p. 120; Shutte 1974, p. 9). 이러한 과정에서 물적 영역에 사는 인간과 영적 영역에 사는 조상신(들)은 확대가족(공동체, 가문)을 중심으로 동적으로 연결됨으로써 끊임없이 상호작용을 했다(Okolo 1982, p. 481). 이처럼 확대가족을 중심축으로 한, 아프리카인의 전통적 정신세계 속에 남아 있는 분리할 수 없는 이원론이나 구전전통은 그리스 전통 및 데카르트 식의 차별적인 이분법이라는 거대한 흐름을 완전히 전환시켜 다름 속에 연합(결합)의 기초를 구축할 수 있는 인식론적 토대를 제공했다.

일개인보다는 확대가족(공동체) 및 가족 차원의 공동체적 영화(榮華)를 강조하는 측면에서 여러 인류학자들이 학계에서 발표한 아프리카 결혼제도의 연구결과는 주목할 만하다. 아프리카 남부지역에서 이루어지는 다양한 형식의 결혼식에서 몇 가지 문화적 공통점을 발견한 것이다(Okolo 1992, p. 478; EOA 1999, p. 119). 첫째, 아프리카 사람들 대부분은 족외혼(族外婚)을 따랐다.[25] 둘째, 다음과 같이 결혼식 절차는 대개 3단계로 이루어졌다. "① 양가부모 또는 후견인, 친척 사이에 공식적인 결혼에 대한 합의 ② 신부 옮기기 ③ 신부를 데려오기 위한 결혼지참금(로볼라) 건네기"(Krige 1981, p. 184) 아프리카 사람들이 영적 영역이나 심지어 아직 태어나지도 않은 자손에게까지 미치는 확대가족 또는 부족 안에서의 상호연결성과 상호작용을 통해 삶의 의미를 발견하며 살아간다는 점을 고려할 때, 족외혼 관습은 양가가 서로 달라 생길 수밖에 없는 다름의 긴장을 해소할 수 있는 양쪽 확대가족공동체의 최대 행사임이 분명하다. 아프리카 결혼제도에서는 특히 양가의 다름의 긴장이 로볼라 제도로 극복될 수 있었다.

하지만 초기의 선교사들 대부분은 신부를 데려오기 위한 결혼지참금(신부몸값)을 여성을 '구매' 하고자 하는 의사표시가 담긴 일종의 '거래' 로 해석하였다(Phillips 1953, p. xxvi). 흑인 노예제도 및 흑인 문화에 대한 왜곡된 이미지가 만연한 기나긴 아프리카 식민주의 역사로 인해, 통상 인간이 아닌 물건을 살 때 사용하는 '구매' (purchase)라는 단어를 흑인 여성에게 적용시켜 '흑인 여성을 구매' 한다는 표현이 영미권에서 일반화되어 있음은 새삼 놀라운 일도 아니었다. 심지어 오늘날까지도 비인격적인 시장경제논리의 영향을 크게 받아 부지불식간에 사용되는 "신부 '몸값' 을 지불한다"는 표현에서도 신부는 '인격을 가진 인간' 이라기보다 '비인격적인 물건' 을 나타내곤 한다(Chigwedere 1982, p. 3; Jeffereys 1951, p. 2). 대부분의 아프리카 결혼제도에 대한 근대 인류학계의 입장은 로볼라를 비롯하여 신부의 출산능력(재생산력)에 집중되어 있었던 것이다.

카프는 아프리카의 결혼식을 "소와 같은 가축을 얻고자 가축과 여자를 교환하는 것이며, 이러한 교환에는 여성의 물리적 · 사회적 측면의 재생산 기능이 포함되며 이때 여성 본연의 아름다움 같은 여성적 요소는 이 재생산 기능에 절대적으로 종속된다"고 정의한다(Karp 1987, pp. 131~32). 신부는 신랑측에서 그녀를 데려오기 위해 보내는, 지금까지 재생산기능을 담당해 온 '로볼라 소' 그 자체라는 것이다. 특히 카프는 이테소족[26]의 신부 두들겨 패기 의례(게임, 놀이)를 소개하는데, 이 의례에서는 신부를 데려오기 위해 신랑측에서 준비한 소(신부몸값으로 지불되는 소)를 신부가 태어난 집으로 데리고 갈 때 채찍질을 하는 것이 필수적인 요소이다. 흥미롭게도 로볼라 소가 신부집으로 가는 동안 맞는 것처럼, 이 의례에서는 신부가 맞으면서 시어머니집으로 인도되는 것이다. 게다가 신부집으로 가는 로볼라 소를 때리는 채찍과 시어머니집으로 가는 신부를 때리는 매는 같은 재료로 만들어야 한다. 의례에 참석한 사람들은 의례가 진행되는 동안 매를 맞는 신부를 보면서 몹시 재미있어하며 웃음을 터트리곤 한다. 하지만 출산은 전적으로 여성의 활동영역이라 하여 남자들은 이 신부 때리기 의례에 참여할 수 없다.

응구바네는 로볼라를 여성의 재생산능력으로 보는 시각의 연장선상에서 이렇게 말한다.

> 소 10마리와 신부 어머니를 위한 특별한 소 1마리로 이루어진 선물꾸러미 로볼로는 신부의 재생산능력에 감사하며 신랑 쪽에서 신부 쪽에 보낸 것이다. 로볼로를 받은 신부아버지는 딸의 생식능력을 지켜달라고 조상신께 여러 가지 의례를 올린다. 결혼식에서 거행되는 대부분의 의례는 신부와 시어머니와 관계있는 데 반해, 신랑의 역할을 별로 중요하

지 않다. (Ngubane 1981, p. 84)

사실 오늘날까지 계속되고 있는 결혼식 전의 '부엌파티'[27] 행사에서도 신부가족은 신부의 생식능력 보호를 상징하는 의례를 올린다. 전통적으로 이들은 만약 신부가족이 조상들께 의례를 올리지 않으면 신부가 조상들로부터 보호를 못 받아 아이를 낳지 못할 수도 있다고 믿었다.[28]

나아가 로볼라는 가족 내에서도 그리고 다른 가족들과도 무한한 연결고리를 만들어내었다. 왜냐하면 로볼라를 받은 신부가족 중에 어린 남동생이나 사촌이 있어 그들이 나중에 다른 집안에서 아내를 맞이할 때, 신부가족들은 그 로볼라를 남동생이나 사촌의 신부집에 다시 보낼 수 있기 때문이다 (Levi-Strauss 1969, p. 467). 영적 영역에 있는 조상신들이나 아직 태어나지도 않은 아이도 가족으로 여기는 아프리카 가족문화의 특성을 볼 때, 로볼라를 통해서 결혼당사자인 양가뿐 아니라 다른 가족들에게까지 상호작용이 이루어지고 상호연결성이 확대되는 그 위상과 범위는 상상을 초월할 정도로 매우 역동적이며 거대하다. 서로 다른 가문이 만나 만들어내는 이런 역동적인 상호작용은 대개 기쁨과 즐거운 폭소를 자아낸다.

한편 로볼라 소와 동일시되었던 출산능력을 가진 아프리카 여성은 데카르트적 인간존재론[29]과는 처음부터 거리가 멀었다. 차라리 아프리카 여성에게는 "나는 가족(가문, 혈족)에 속한다, 고로 존재한다"는 명제가 훨씬 더 적합할 것이다.

이런 아프리카의 시각은 외형적으로는 '자아의 해체' 또는 "나는 생각할지 모른다, 하지만 나는 타자 없이는 존재하지 않는다"로 대표되는 탈근대 시각과 같아 보이지만, 실제로는 어떻게 다른지 살펴볼 필요가 있다. 다시 말해 신부가 비인격적인 로볼라 소와 동일시되면 신부는 곧 양가의 결속을 다지는 생식능력 자체로서 물질적으로 환원될 수 있고, 신부가 비인격적인 힘과 동일시되는 한 인간으로서의 정체성을 잃고 탈근대 학자들이 주장하듯이 겉으로 보기에는 자아가 해체되었다고 할 수도 있는 논리가 도출된다. 마찬가지로 아프리카의 결혼식은 재생산능력을 향상시키기 위한 것이라는 주류 인류학자들의 비인격적 기능주의 연구시각 또한 아프리카의 정신세계를 오도할 수 있다(Okolo 1992, p. 482).

오늘날까지도 수많은 인류학자들이 주로 기능적인 측면에서 로볼라와 관련된 아프리카 결혼제도를 연구하고 있다(EOA 1999, pp. 110~23; Jubber 1994).[30] 하지만 이들은 아프리카적 존재론을 한편으로는 데카르트적 인식틀에 대항할 수 있는 대안으로 보면서도 또 한편으로는 기능주의적 시각에 사로잡혀 탈근대주의의 자아해체론과 뚜렷하게 구분하지 못하고 있다. 그래서 아래에서는 아프리카 결혼제도의 분석시각을 처음부터 다시 검토함으로써 양자가 어떻게 차이가 나는지 밝히고자 한다.

한국의 결혼식 절차 중 예물(시어머니가 신부에게 주는 선물)과 마찬가지로, 아프리카 결혼식에서도 신랑가족은 신부가족에게 선물을 보내며 특히 신부어머니에게는 특별한 소를 선물하였다.

> 코모 에아 타리 카마 렛소엘레는 특별한 소의 이름이다. 이 소는 친정어머니가 딸을 낳아 젖을 먹이며 키우고 딸이 결혼적령기에 이르기까지 무사무탈하게 정성껏 돌봐준 정성에 대한 고마움의 표시로 신랑 쪽에서

드리는 선물이다. (WLSA 2002, p. 15)

눈물을 닦아주는 역할을 하는 짐승으로 알려진 스와질란드의 '인술람넴베티'는 친정어머니가 신부를 길러준 그 정성에 고마워 신랑어머니 쪽에서 친정어머니에게 보내는 선물이다(같은 책, p. 16). 이 선물의 존재는 신부와 그녀를 떠나보내는 신부가족들의 슬픔의 감정을 여실히 보여준다. 양가는 기능적인 차원뿐 아니라 실존적 차원에서도 신부가 신랑가문으로 떠나는 여정의 중요성을 정확히 인식하고 있었다(Ngubane 1981, p. 84). 이 때문에 신랑어머니는 아마도 한국적 한이 사무치게 가득할지 모를 신부어머니에게 그 슬픈 마음을 위로하려고 특별한 소를 선물하였던 것이다. 아울러 딸을 시집보내면서 로볼라를 받은 친정아버지는 로볼라 소를 팔아 집을 크게 지을 수도 있었지만 로볼라 소를 보면 딸 생각이 너무 나서 차마 팔지 못하고, 다만 나중에 딸의 남동생이나 사촌동생의 결혼식에 쓸지 몰라 계속 간직하였다(WLSA 2002, p. 13).

요컨대 한, 정, 웃음이라는 상생의 역학관계 속에서 서로 다른 두 가족이 연합할 수 있는 이 요소들간의 작동방식(mechanism)을 고려해 볼 때, 아프리카의 결혼제도에도 분명히 한의 요소가 존재한다. 다만 한국인의 전통적 정신세계에서는 웃음보다 한이 더 강조된 반면, 아프리카인의 전통적 정신세계에서는 한의 요소는 감추어지고 웃음이 춤과 음악 형태로 드러났다. 7세기 이슬람 세력의 아프리카 침략시기까지 거슬러 올라가는 장구한 흑인노예제도와 인종차별의 역사에서(Goldenberg 2003), 한의 요소가 아프리카인들의 정신세계에 잠재되어 있음에 틀림없다. "우분투라는 아프리카인의 존재론은 태어날 때부터 부여받은 것이 아니고 역사 속에서 생존하기 위한 몸부림에서 나온 결과물"(Kwenda 2003, p. 154)로 보아야 할 것이며, 일반적으로 웃음이나 노래, 춤으로 표출되는 아프리카인들의 사랑인 우분투에는 분명히 한의 요소가 잠재되어 있다고 해야 할 것이다. 더욱이 학자들의 연구시각이 재생산능력을 강조하는 기능주의에서 인간존재를 강조하는 존재론적 차원으로 옮겨가게 되면, '신부 구매하기' '신부몸값을 지불하기' 같은 용어는 사라지고 '신부가족에게 선물 드리기'와 같은 존재론적 표현이 로볼라에 대한 가장 적절한 번역이 될 것이다. 따라서 "나는 가족(가문, 혈족)에 속한다, 고로 존재한다"라는 아프리카의 존재론은 신부의 친정과 새로운 가족인 시댁뿐만 아니라 신부 자신에게도 특별한 의미를 지닌 것이었다.

앞에서 엘리아데의 호모 렐리기오수스 개념을 전제로 한 인식론적 전환의 중요성을 살펴보았듯이, 모든 인간은 꿈을 가진 소중한 인간으로서 의당 인간답게 대우받아야 한다. 아프리카인 신부라고 해서 그녀가 절대로 비인격적 존재나 근대 자유주의 시장경제의 돈으로 환산될 수 있는 물건값으로 여겨질 수는 없다. 물론 로볼라가 양가의 상호연결성을 강화시켜 주는 신부의 상징적인 재생산능력을 의미하지만, 그렇다고 해서 그것이 신부를 비인격적인 사실이나 물건 혹은 가격으로 환원시키지는 않는다. 왜냐하면 신부는 영적 영역에 존재하는 조상신에서부터 물적 영역에서 아직 태어나지 않은 아이까지를 포함하는 전체 확대가족의 연결고리 속에서 삶의 목적을 찾을 수 있기 때문이다. 신부는 종교적 인간(호모 렐리기오수스)으로서 자신을 낳아준 부모에게는 착한 딸로, 남편에게는 부덕을 갖춘 아내로, 자식들에게는 훌륭한 어머니로, 또 자손들에게는 좋은 조상신으로서의 '꿈'을 가지고 있는 것이다. 그녀가 이러한 꿈을 가지고 살아가는 한, 그 존재론적 정체성은 결코 탈근대의 선언인 '자아의 해체' 로 환원될 수 없다.

미분화된 전통적 원시심성, 분리되지 않는 이원론, 구전전통 속에 살고 있는 전통종교인들은 한국인의 존재론적 요소인 정, 아프리카인의 존재론적 요소인 우분투를 통해 다름 속에서 연합(결합)을 이룰 수 있었다. 특히 결혼식 축제에서 서로 다른 한국인 가문들은 한국인 존재론의 핵심인 정을 통해 한의 요소를 기쁨과 웃음, 행복으로 승화시킬 수 있었다. 아프리카 사람들 역시 신부가 신랑가문으로 가는 여정(줄루족의 결혼정의) 속에서 서로 다른 가족과 부족들 사이에 연합(결합)을 이룰 수 있었다. 호모 렐리기오수스라고 일컬어지는 전통적 인간은 호모 사피엔스인 근대의 데카르트적 인간과도 구별되며, 존재론적 불확실성을 갖고 살아가는 탈근대의 해체된 자아와도 달랐다. 전통적 인간은 여러 유형의 축제와 결혼식 의례에 동참함으로써 자아와 타자가 분리되지 않은 시원적 상태이자 연합의 상태인 성현(聖顯)을 경험할 수 있었다. 확대가족 및 공동체 구성원들이 모두 결혼축제에 참석하여 하나 되는 삶의 의미를 발견할 수 있었다. 그리하여 이들은 마침내 춤추고 노래하고 웃으면서 서로를 사랑할 수 있었다.

3) 아가페: 성경의 사랑 윤리학

예수 그리스도가 명령한 두 가지 주요 계명차—"네 하나님을 사랑하고 네 이웃을 사랑하라"(마태복음 22:36~40)—이 분명히 존재했음에도 불구하고, 앞의 장들에서 살펴본 각 집단 및 유형의 성경독자들은 자신 혹은 자신이 속해 있는 집단을 중심에 둔 사랑에만 만족하였다.[31] 사랑의 원리는 결코 정치적 · 문화적 이해관계나 각 집단과 유형의 성경독자들의 콘텍스트 범위를 넘어서는 적용될 수 없었다. 유대인 율법학자들과 바리새인들이 전통적인 율법—"눈에는 눈, 이에는 이" "너희는 네 이웃[선택받은 유대인 이웃]을 사랑하고, 네 원수[선택받지 못한 비유대인]를 미워하라"(마태복음 5:38, 43)—을 따르듯이, 상대편 정치집단이나 자신과 다른 유형의 문화적 성경독자들은 이웃(사랑의 대상)이라기보다 원수(증오의 대상)로 여겨졌다. 그러나 예수는 이러한 율법해석에 반대하며 "누구든지 너희의 오른쪽 뺨을 때리거든 너희의 다른 쪽 뺨도 내주어라"고 가르쳤고 "계속해서 너희 원수를 사랑하고 너희를 핍박한 자들을 위해 기도하라"(같은 곳)고 설교했다. 아프리카에서 매우 잘 알려진 속담—"백인들이 아프리카에 왔을 때는 흑인이 땅을 소유하고 백인이 성경을 가지고 있었으나, 이제 흑인이 성경을 가지고 있고 백인이 땅을 소유하고 있다"(Zulu 1972, p. 5)—에서 짐작할 수 있듯이, 제국주의자들 및 식민주의 지배자들과 함께 왔던 서구 선교사들은 기독교인의 주요 계명 중 특히 두번째 계명인 "네 이웃을 사랑하라"를 결코 지키지 않았다. 오히려 그들은 한국과 남아공의 종교적 토양에 차별적 유형의 성경읽기를 심어놓았다.

니그렌은 사랑의 네 가지 영역—인간에 대한 하나님의 사랑(제1차적), 이웃에 대한 인간의 사랑(제2차적), 하나님에 대한 인간의 사랑(제3차적), 인간의 자신에 대한 사랑(제4차적)—을 상위 수준에서 하위 수준으로 위계적으로 소개한다(Nygren 1982, p. 219). 이 가운데 인간의 자신에 대한 사랑은 아가페 영역이 아니고 에로스 영역에 속한다.[32] 반대로 하나님의 사랑은 아가페의 최고 수준인 신적 사랑에 속한다. 하나님의 위대한 사랑은 예수 그리스도의 희생적인 사랑으로 구체화되었다. "나의 계명은 이것이다. 내가 너희를 사랑한 것과 같이, 너희도 서로 사랑하여라. 사람이 친구를 위하여 목숨을 버리면 이보다 더 큰 사랑은 없다."(요한복음 15:12~13, 표준새번역) 성경에서 흔히 사용되는 그리스어 '아가페'는 보통 하나님의 인간에 대한 사랑, 인간의 이웃에 대한 사랑, 인간의 하나님에 대한 사랑 이렇게 세 가지 사랑을 의미하는데, 이중 예수 그리스도의 죽음으로 명확하게 드러난 하나님의 인간에 대한 사랑은, 인간의 이웃에 대한 사랑이나 하나님에 대한 사랑과 비교가 되지 않을 정도로 가장 위대한 사랑이었다(Nygren 1982, p. 128). 이에 바울도 신의 아가페(하나님의 사랑)는 "아가페라고 부를 수 있는 모든 사랑의 뿌리가 될 수 있는 이상적인 원형 그 자체"라고 강조하였다(로마서 8:39; Nygren 1981, p. 130). 이는 『바인의 신약 및 구약 성경말씀 해설사전』(*Vine's Expository Dictionary of Old and New Testament Words*)에 실린 명사 아가페 (agape)와 동사 아가파오(agapao)의 설명과도 일치한다.

> 사랑은 오직 사랑이 발현되는 행위에 의해 알려지게 된다. 하나님의 사랑은 그의 아들이라는 선물을 통해 우리에게 드러났다(요한 1서 4:9, 10). 그러나 이 사랑은 편안하거나 다정다감한 사랑은 아니다. 즉 이 사랑은 어떤 대상이 최고로 발현되는 경우에 나오게 되는 것이 아니다(로마서 5:8). 이것은 의도적으로 선택한 신적 의지가 작용한 것이며, 다른 의도로는 설명될 수 없는 하나님 당신의 성품 자체가 담겨져 있는 인류에 대한 구원 그 자체를 의미한다(신명기 7:7, 8). (Vine et al 1981, p. 21)

아가페 개념은 완전히 이타적이라 할 수 있는, 인간에 대한 완벽한 신적 사랑에서 우러나는 원리에 의해 인도되거나 통제를 받는 사랑이라고 정의할 수 있다.

한편 필레오(phileo)라 불리는 또 다른 종류의 사랑이 있는데, 그리스어 동사 필레오는 '다정다감한' '좋아하는' '호의감이 있는' '키스하는' 등으로 번역되었다(마태복음 10:37; 23:6; 요한복음 12:25; 마가복음 14:44).

> '다정함이 있는' 의 의미는 부모자식 사이처럼 가까운 가족간의 긴밀한 관계를 뜻한다. 예수는 그의 친구 나사로에게 이러한 깊은 친밀감을 가졌고 그래서 예수는 나사로가 죽은 것을 알고 눈물을 흘렸다(요한복음 11:35, 36). 같은 표현이 예수의 제자들이 하나님의 아들에 대해 느끼는 따뜻한 마음을 보여주는 데 사용되었고 또한 여호와께서 그의 아들 예수 및 그의 아들을 따르는 사람들에게 가졌던 매우 따뜻한 인간적인 애정을 보여주는 데 사용되었다(요한복음 5:20; 16:27; 고린도전서 16:22). (Insight 1988)

동사 필레오(phileo)는 "좀더 부드러운 애정을 표현하는 데 사용되며 이는 '아가파오' 와는 구별된다"고 할 수 있다(Vine et al 1981, pp. 21~22). 사랑을 표현함에도 이렇게 가시적인 구분이 존재함에도 불구하고, 여러 번역가들은 요한복음 3장 35절과 5장 20절이 같은 내용을 담고 있다고 해서 아가페와 필레오를 구분하지 않고 사용하였다. "아버지께서는 아들을 사랑하시어(agapao) 모든 것을 그의 손에 주셨다/아버지께서는 아들에게 애정을 가지고 계셔서(phileo) 그분 자신이 행하시는 모든 일을 그에게 보여주십니다." 한편 요한복음 21장의 예수와 베드로의 대화에서는 이 두 단어 사이에 어감의 차이가 명백히 존재한다. 예수는 베드로에게 동사 '아가파오'를 사용해서 베드로가 예수를 사랑하는지 묻고, 베드로는 예수께 좀더 다정다감한 표현인 '필레오'를 사용하여 예수에 대한 애정이 넘쳐남을 확인시켜 준다(요한복음 21:15, 16). 이에 예수는 '필레오'를 사용하여 "나에게 애정을 가지고 있는지" 다시 물으며 베드로는 그렇다고 예수께 확신시켜 준다(요한복음 21:17). 이 대화를 통해 베드로는 개인적으로 예수에 대한 따뜻한 친밀감이 넘쳐남을 확인시켜 주었다(Insight 1988).

요컨대 아가페는 따뜻한 애정이나 정감을 포함하는 경우도 있고 그렇지 않은 경우도 있지만, 어떤 경우든 완전히 이타적이라 할 수 있는 인간에 대한 완벽한 신적 사랑에서 우러나는 원리의 인도 혹은 통제를 받는 사랑을 뜻한다. 성서에 "아버지께서 아들을 사랑하시어"(요한복음 3:35), "애정을 가지고 계셔서"(요한복음 5:20)라는 표현이 있는데, 비유컨대 한국인의 정 윤리는 인간의 부드러운 애정(phileo)에 더 가깝고 아프리카인의 우분투는 공동체 전체의 생명력(세리티)을 증가시키는 원리에 의해 인도된다는 점에서 아가페에 더 가깝다. 그러나 데카르트적 인식틀에서는 아가페와 필레오, 이 두 유형을 논리적이고 지적으로 구별할 수 있지만, 실존적 차원에서는 단 하나의 사랑(아가페)으로 볼 수 있다.

오트카는 아가페에 부드러운 애정을 배제시킨 이타적인 신적 사랑이자 모든 사랑의 뿌리가 되는 이상적인 원형이라는 개념을 엄격히 적용시켜 '이웃에 대한 사랑'과 '하나님에 대한 사랑'이 우상숭배라는 이름으로 상극을 이룰 수 있다고 주장한다.

> 혹자는 언제든지 하나님을 숭배하고 하나님께 순종할 수 있다. 그러나 이웃을 숭배하는 것은 우상숭배 행위이다. 혹자는 이웃 때문에 고통도 받고 한편으로는 이웃을 용서해 줄 수 있다. 그러나 하나님을 용서하려는 것은 신성모독에 해당할 것이다. (Outka 1972, p. 46)

이처럼 신적 아가페를 문자 그대로 원리적 차원에서 하나님에 대한 사랑과 이웃에 대한 사랑 모두에 적용시키고는 양자가 명백히 다르다고 말한다(같은 책). 그러나 아가페 개념에는 높은 수준의 하나님의 인간 사랑에서부터 인간의 이웃에 대한 사랑 그리고 낮은 수준의 인간의 하나님 사랑에 이르기까지 역동적인 움직임이 포함되어 있다(Nygren 1982, p. 219). 또한 이따금 상황에 따라 마음 따뜻한 부드러운 애정이 포함되기도 한다.[33] 따라서 성서적 사랑을 이해하거나 설명할 때 항상 논리적이고 원리적인 아가페 개념만 적용시킬 수는 없었다. 즉 실천적 측면에서는 이웃과 하나님을 함께 사랑(agapao)할 수도 있다. 그렇지만 앞에서 서술했듯이, 인간이 하나님을 사랑하는 방식과 충돌하지 않으면서 동시에 나와 다른 정치 · 문화(우상숭배)적 제도 속에 살고 있을지 모르는 이웃을 어떻게 하나님을 사랑하듯 사랑할 수 있을 것인가라는 '실천' 문제는 매우 중요한 쟁점임에 틀림없었다.

특히 예수 그리스도는 복음을 전하는 3년 동안 말과 행동을 통해 성서적 사랑의 본질을 몸소 실천하면서 보여주었다.

그리스도께서 여러분을 위해 고난을 받으심으로 우리가 따라야 할 모범을 보여주셨습니다. 그러므로 그리스도의 발자취를 따르십시오(베드로전서 2:21, 쉬운성경). 사랑은 오직 사랑을 발현시키는 행동으로만 드러날 수 있는 것입니다. (Vine et al 1981, p. 21)

잘 알려진 주기도문 중 "나라가 임하게 하옵시며"(let thy Kingdom come)에서 추론할 수 있듯이, 예수는 세례요한으로부터 침례를 받은 뒤 곧바로 마을마다 도시마다 찾아다니며 하나님의 나라 소식을 유대인들과 비유대인들, 포로와 맹인들에게 가르치고 전파하는 여정에 올랐다(마태복음 6:9; 누가복음 11:2; 4:18; 8:1). 여정 동안, 예수는 당시에 '위험하고' '오염되고' '혐오스럽고' '더럽다' 는 취급을 받던 나병환자를 직접 만져서 낫게 하였다(마가복음 1:40~42; 민수기 5:1~4).[34] 나병환자에게 한이 가득함을 본 예수는 안타까운 나머지 그를 깨끗이 낫게 해주었다. 예수는 나병환자에게 사랑을 보여주었고 그럼으로써 치유의 기적을 행하였다. 마찬가지로 예수는 운구행렬에서 외아들을 잃고 한에 사무쳐 울고 있는 과부를 위해 기적을 행하여 아들을 부활시켜 주었다(누가복음 7:11~15). 나아가 예수는 손과 발을 못 박아 자신을 수치스럽게 죽게 만들었던 종교지도자들과 로마군인들을 용서해 주었다. "아버지, 그들을 용서하여 주십시오. 그들은 자기들이 무슨 일을 하고 있는지 모르고 있습니다."(누가복음 23:34; 요한복음 11:45~53).

마침내 예수 그리스도는 십자가/고통의 기둥[35]에서 죽음으로써 이상적인 사랑의 원형인 자기희생적 사랑을 직접 보여주었다(요한복음 3:35; 14:30~31; 15:12~13; 빌립보서 2:5~11). 예수는 부활한 후 자신을 세 번 배신한 베드로를 찾아갔다. 예수가 베드로에게 제자들의 활동과 관련해 중차대한 역할을 맡긴 것을 보면, 자신을 부인한 베드로를 용서하였음이 분명하다(누가복음 22:61; 24:34; 고린도전서 15:4~8; 사도행전 2:1~41).

예수 그리스도는 치료하고 용서하고 자신을 몸소 희생하는 행동을 직접 보이고 행함으로써, 1차적 사랑인 신적인 아가페를 보여주었다. 특히 예수 자신을 희생하는 죽음을 통해 예수는 유대인(선택받은 유대인)과 비유대인(선택받지 못한 비유대인)을 나누어 비유대인을 차별하던 모세시대부터 전해 내려온 유대의 율법을 없앴다. 이로써 유대인 · 비유대인 할 것 없이 모두가 예수의 죽음으로 새롭게 열린 화목의 길을 선택함으로써 "하나님 앞에서 하나"가 될 수 있었다(에베소서 2:11~16; 골로새서 1:20; 2:13, 14). 비유컨대 다윗왕과 솔로몬왕이 세운 예루살렘 성전에 갇혀 있던 하나님이 민중신학에서 "야훼는 오직 한 분뿐"라는 이름으로 해방되었던 것처럼, 유대교에 한정되어 갇혀 있던 하나님이 예수 그리스도를 통해 보편화된 기독교의 이름으로 해방되었다. 예수 그리스도의 희생적 죽음의 의의는 유대인 · 비유대인 관계없이, 그들의 정치 · 문화적 상황의 다양성 및 차이점과 상관없이, 세상 모든 사람들을 영적으로 연합(결합)할 수 있게 해주는 '하나님의 보편화'에 있다.

예수 그리스도는 십자가[고통의 기둥]에 달려 죽으심으로 유대인과 이방인 사이에 가로막힌 미움의 벽을 허물어뜨리셨습니다. 이 둘을 하나가 되게 함으로써 이 둘 모두 하나님과 화목하게 되기를 바라셨습니다. …그 아들의 십자가의 피로 평화를 이뤄 만물, 곧 땅에 있는 것이든 하늘에 있는 것이든 모든 것이 아들로 인해 자기와 화목하게 되기를 기뻐하셨기 때문입니다. (에베소서 2:16, 쉬운성경; 골로새서 1:20, 우리말성경)

연합(결합, 화목)은 바로 예수 그리스도의 신적 사랑인 아가페를 통해 가능했다. 예수는 그의 신적 사랑을 인간이 실제생활 속에서 구현할 수 있도록 "너희 하나님을 사랑하고 너희 이웃을 사랑하라"는 두 가지 계명을 인간에게 주었다(마태복음 22:36~40).

오직 자신들의 정치 · 문화적 이해관계 때문에 하나님을 사랑(eros)하는 성경독자들의 자기중심적 성경읽기가 있는 것처럼, 에로스와 아가페의 상호관계 속에서 이웃을 사랑(2차적 사랑)하는 것이 하나님을 사랑(3차적 사랑)하는 것보다 높은 경지의 사랑이라고 평가하기도 한다(Nigren 1982, p. 219). 예수는 착한 사마리아 여인 이야기를 통해 이웃사랑의 실례를 소개한다(누가복음 10:29~37). 이웃의 범위와 관련해서, 예수는 강도질당해 거의 죽다시피 한 사람을 그냥 지나친 제사장이나 레위사람은 결코 이웃이 될 수 없고, 그 사람을 돌봐준 사마리아 여인만이 진정한 이웃이라고 말했다. 사마리아 여인의 입장에서도 지역주의나 혈연관계 · 친족관계와 상관없이 억압당하고 강도를 만나 거의 죽다시피 한 사람이 바로 사랑을 나누어줄 대상이요 이웃이었다. 이를테면 남아공의 대통령이었던 넬슨 만델라가 국내외 연설에서 흔히 말머리에 언급하는 '친구들'(friends) 혹은 '형제들'(brothers)이 가리키는 모든 대상이 바로 이웃의 범위에 속할 수 있다. 비록 이들 모두가 혈연이나 친척관계, 지역주의로 이어져 있지는 않지만, 아가페라는 평면 위에서 이웃으로서 서로 감정적으로 연결될 수 있다. 예수가 사마리아 여인 이야기의 가르침을 편 이후, 이번에는 베드로가 이웃사랑의 본질을 구체적으로 설명한다(고린도 전서 13:4~7).[36)]

요한1서에는 3차적 사랑인 하나님에 대한 사랑의 의미를 명확하게 기록하고 있다. "하나님을 사랑하는 것은 그분의 계명을 지키는 것입니다. 그분의 계명은 무거운 짐이 아닙니다."(요한1서 5:3, 표준새번역) 예수는 기독교인이 따라야 할 삶의 이상적 표본이라는 점에서, 인간에겐 예수가 지녔던 치유기적을 일으키는 능력은 없지만 적어도 예수처럼 원수를 용서할 수는 있을 것이다.[37)] 비록 인간은 자신을 희생하는 자기희생적 사랑을 실제 옮길 수는 없다 하더라도, 바울의 권고처럼 이웃을 사랑할 수는 있을 것이다(고린도전서 13:4~8). 이와 같이 예수를 표본으로 삼아 계명을 지키는 사랑이 구체적인 행동으로 나타나게 되면, 하나님에 대한 사랑과 이웃에 대한 사랑은 서로 충돌하지 않고 조화를 이룰 수 있다.

한편 예수 그리스도는 이분법적 사유를 바탕으로 한 그리스 전통 및 데카르트적 철학논리를 완전히 배제하지는 않았다. 왜냐하면 예수는 하나님을 따르는 자 대 하나님을 따르지 않는 자, 선 대 악, 하나님 대 사탄 등등의 구분을 근본적으로 그리고 잠재적으로 인정하였기 때문이다.[38)] 게다가 정치적 · 문화적 성경독자들이 성서해석의 사상적 중심(center)을 자신들에게 유리한 정치 · 문화적 상황 안에 둔 것처럼, 비록 콘텍스트는 다르지만 예수 그리스도 역시 하나님의 나라(Kingdom)라는 사상적 중심을 정치 · 문화적 상황을 초월한 탈콘텍스트 영역에 두었다. 그러나 예수 그리스도는 갇혀 있는 하나님을 인류 전체에 보편화시킴으로써, 한쪽 혹은 자기를 중심으로 선택받은 유대인과 그렇지 못한 비유대인을 데카르트의 이분법적 인식틀로 나누어, 전자가 후자를 일방적으로 차별하는 흐름을 조장하는 데 대해서는 분명하게 반대했다.

또한 예수는 차별적 성격을 지닌 전통적인 자기중심적 율법인 "눈에는 눈, 이에는 이, 이웃을 사랑하고 원수를 미워하라"를 폐기하고 "누구든 오른뺨을 때리면, 왼뺨까지도 내밀고 …원수를 계속 사랑하며 박해하는 자를 위해서도 기도하라"고 권고하였다(마태복음 5:38, 44). 예수 그리스도의 관점에서는 정의(justice, 정의로운 심판)는 인간이 처리할 문제가 아니라 하나님 고유의 권한이며, 따라서 2장에서 논한 특정한 정치적 집단의 차별적이고 자의적인 정치적 성경읽기는 말 그대로 인간이 하나님의 정의를 자의적으로 해석한 것으로서 대부분 인정할 수 없었다.[39] 바로 이런 이유 때문에 예수는 황금률인 사랑의 계명을 사도들과 하나님을 따르는 사람들에게 구체화시키며 각인시켰던 것이다.

결론적으로 하나님은 사랑의 의미를 나타내는 사랑의 상징적 존재가 아니라 사랑 그 자체가 인격화된 실체이며, 따라서 사랑은 계명인 동시에 인류의 목적 자체가 된다.[40] 이로써 비로소 정치적 · 문화적 성경읽기에서 '동일성 추구'의 평면상에 위치한 목표지점인 '선택받은 유대인 되기'라는 주제는 이제 온정적 성경읽기에서 동일성 추구의 평면상에 위치한 목표지점 즉 '이웃 사랑하기'로 대체되는 것이다. 이것은 또한 다름이라는 유희적 평면에 있는 '윤리적으로 중립적인' 탈근대적 성경읽기와도 분명히 다르다(Aichele 1995, pp. 10~11). 실존적 차원에서 예수를 진정으로 따르는 기독교인들은 천국에 가는 목적을 달성하기 위해서 그 수단으로서 하나님을 믿는다기보다 하나님을 사랑하기 때문에 믿는 것이다.[41] 결국 서구 데카르트 식

논리나 인식틀에 근거한 단순한 신학윤리인 수단–목적 공식[42]은 실존적 차원의 사랑(아가페)이라는 윤리에서는 전혀 적용될 수 없는 논리로 전락할 수밖에 없다(Outka 1972, p. 51).

4) 맺음말

온정적 성경읽기에서 온정의 본질이자 목적은 사랑이다. 모든 인간은 종교적 인간(호모 렐리기오수스)으로서 꿈이 있고 낙원에 대한 향수가 있다. 신화시대 사람들이건 역사시대 사람들이건, 혹은 분리되지 않은 전통적인 이원론적 심성 속에 사는 사람들이건 근대의 차별적인 이분법적 정신세계 속에 사는 사람들이건, 그 실존적 삶의 의미는 성(聖)을 만나는 데, 성현(聖顯)을 경험하는 데 있다. 기독교인에게 성경읽기는 새로운 차원의 성현을 경험할 수 있는 현대식 의례였고, 또 정치적 측면에서 식민지배자(억압자) 혹은 식민희생자(억압당한 자)이건, 문화적 측면에서 제1유형의 성경독자 혹은 제4유형의 성경독자건 관계없이 모두 다 성경읽기라는 의례를 통해 삶의 의미를 찾았다.

정치적 성경독자들은 차별적인 성서해석의 흐름 속에서 삶의 의미를 찾았다면, 문화적 성경독자들은 자신들의 문화적 콘텍스트 안에만 하나님을 국한(지역화)시켜 삶의 의미를 찾았다. 이러한 과정에서 '동일성 추구'라는 공통적 주제(실)가 '선택받은 유대인 되기'라는 이름으로 구체화되었다. 탈근대적 성경독자들은 절대적인 참 하나님의 존재를 해체시켰고 '선택받은 유대인 되기'의 공통주제를 바꾸어, 종교적으로 신비한 목소리가 빠져 텅 빈 개인주의 즉 "유희적 · 다차원적 평면상에 존재하는 수많은 유대인 되기"로 환원시켰다. 그럼에도 불구하고 정치 · 문화 · 탈근대적 성경독자들은 다름의 긴장을 연합(결합, 화목) 차원까지 승화시킬 수는 없었다. 다만 이들은 자아 대 타자, 무자아(무중심) 대 수많은 타자(수많은 중심)로 이분되는 데카르트 인식틀의 영향을 받아, 다름의 주제를 차별적인 방향으로 혹은 위장된 형태의 개인주의적 방향으로 즐기듯이 유쾌하게 흘려보냈다.

기독교가 수용되기 전까지 한국과 남아공의 전통적인 토착 종교인들은 미분화의 원시심성이나 분리될 수 없는 이원론으로 다름 속에서 연합을 경험하며 살았고, 결혼식과 같은 축제나 의례를 통해 삶의 의미를 발견했다. 한, 정, 웃음으로 연결되는 역동적 움직임 속에서 연합의 본질은 정과 우분투로 형상화되었고, 이를 통해 서로 다른 친족과 부족이 연합(결합)할 수 있었다. 그러나 서구 기독교가 데카르트의 인식틀을 제국주의 · 식민주의 무기로 해서 전통적인 정신세계를 황폐화시키면서 연합(결합)의 촉매제는 특히 서구화된 엘리트 토착민들의 정신세계에서 서서히 사라져 버렸다. 더욱이 최근에는 탈근대의 무기인 비신비적 개인주의가 사람들의 정신세계에 강력하고도 지배적인 영향을 끼침에 따라 '동일성을 추구' 하는 일체의 시도가 근대의 전체주의적 횡포이자 또 다른 환원주의 오류라고 오도되어 쓸모없고 무모한 행동처럼 인식되고 말았다.

하지만 한국과 남아공의 정치 · 문화적 콘텍스트에서 성서독자들에게 조화롭게 적용되지 못했던 "너희 하나님을 사랑하고 너희 이웃을 사랑하라"는 사랑의 성서윤리는 정과 우분투의 상생관계 속에서 조화로운 방향으로 적용될 수 있다. 비록 사랑을 나타내는 단어의 어감과 이름은 정치 · 문화적 콘텍스트에 따라 다를지라도, 그 본질은 다르지 않으며 하나의 사랑으로 인식될 수 있다. 전통적인 사랑 및 성서적 사랑의 실체에는 다름의 긴장이 조화롭게 녹아내려 하나가 될 수 있는 연합의 영(靈)이 내포되어 있기에, 만약 하나의 사랑이 안 된다면 이는 사랑이라고 부를 수도 없을 것이다.

특히 예수의 자기희생적 행동에서 발현된 성서적 사랑 개념은 전통적 사랑 개념인 정과 우분투를, 부족주의 · 지역주의 · 민족주의를 뛰어넘어서 적용하고 보편화할 수 있다는 점에서 그 의의가 크다. 또한 전통적인 종교 심성인 미분화된 이원론은 '비인간적인 차별' '비신비적 개인주의'로 구체화되었던 데카르트의 차별적이고 이분법적인 인식틀을 깨부숨으로써, 서로 다른 성경독자들 사이에서 영적 연합을 이끌어내는 초석이 될 수 있었다. 전통적 사랑 개념인 정과 우분투는 보편화를 지향하는 아가페 원리가 내포된 성서적 사랑에 더해 인간의 실존과 감정, 신비, 다정다감함, 자기중심이 아닌 공동체 중심을 강조하는 전통종교의 요소가 담겨 있다.

요컨대 온정적 성경읽기는 인간의 따뜻한 사랑을 바탕으로 성경을 읽는 것이며, 이로써 이분법적인 데카르트의 차별논리에 결코 종속되지 않는다. 온정적 성경읽기는 성서적 아가페 사랑 윤리와 전통적인 사랑 윤리인 우분투나 정의 조화로운 상생의 관계를 전제로, '동일성 추구하기'라는 평면상에 존재하는 목표지점인 '이웃 사랑하기' 계명을 실천함으로써 비로소 그 실체가 드러난다.

[주]

1. 알렉산더 대왕(BC356~BC323)에 관한 매우 유명한 일화가 있다. 알렉산더가 여러 아프리카 부족국가를 정복한 뒤, 어느 날 한 아프리카 추장을 만나 그의 재판과정을 지켜보게 되었다. 사건의 쟁점은 어떤 사람의 집 뒷마당에서 발견된 금의 소유권이 누구에게 있는가 하는 것이었다. 이 금은 이전 주인이 새 주인에게 집의 소유권을 넘기고 얼마 안 되어 발견되었다. 전주인은 뒷마당 땅속에 묻혀 있던 금을 포함해서 집을 판 것이 아니라고 주장하였고, 새 주인은 집을 산 후 뒷마당에서 금을 발견했으니 자기가 금을 가져야 한다고 주장하였다. 알렉산더 나라의 사법제도에 따르면 두 사람은 다툼의 죄를 물어 사형에 처할 것이고 금은 자동으로 국가에 귀속될 것이다. 그러나 아프리카 추창의 평결은 정말 뜻밖이었다. 아프리카 추장은 새 주인에게 아들이 있는지 묻고 전 주인에게 딸이 있는지를 물어, 둘을 서로 결혼시키라고 평결하였다. 재판의 전과정을 지켜본 알렉산더는 아프리카 사법제도의 목적이 '금'을 획득하는 데 있지 않고, 부족 공동체성원 전체의 조화로운 관계 회복(우분투)에 있다는 사실을 배워 크게 깨닫게 되었다. 요컨대 **아프리카 사법제도의 지향점은 금의 획득이 아니라 우분투에 있었다.** 민재식 2001, 34~56쪽; Goldenberg 2003; Kwenda 1997, pp. 60~61.
2. "주 너의 하나님을 사랑하여라. 또 네 이웃을 네 몸같이 사랑하여라. **하느님은 사랑이십니다.** 사랑 안에 머무르는 사람은 하느님과 결합(結合)하여 머물러 있으며, 하느님도 그와 결합(結合)하여 머물러 계십니다."(누가복음 10:27; 요한 첫째 4:16, 표준새번역/신세계역. 강조는 인용자)
3. "호모 렐리기오수스는 세속화된 사람들 사이에서는 노스탤지어, 꿈, 야망, 소설, 정치활동, 새해 축제의 형태로 그 실체를 드러내고 있다."(Cave 1993, p. 92)
4. 성현(聖顯, Hierophany)은 엘리아데 현상학에서 가장 중요한 개념이다. 예를 들어 자아는 성(聖, 초자연적 존재, 조상신, 영웅, 여러 신들, 초월적 하나님)을 경험하지 않고서 진정한 삶의 의미를 발견할 수 없다. 역으로 성은 그것을 믿는 사람들이 없다면 존재의미는 곧 사라지게 된다. 다시 말해 자아와 성 모두의 존재의의는 오직 성현의 존재 여부에 따라 결정되는데, 이때 성현이란 **성이 자아 안에서 드러나게 되는 것**을 의미한다. 엘레아데의 현상학은 성(초자연적 존재)과 속(인간)이 서로 만나 양쪽 모두에서 서로의 존재의미를 발견하는 여러가지 종교현상에 대한 분석을 토대로 형성된 학문이다. 그런데 엘리아데에게는 성의 정의보다 그 내용물이 훨씬 더 중요하다. "성의 내용물을 채우는 것이 신학에 남겨진 몫이다."(Cave 1993, p. 37) 왜냐하면 어떤 사람이 성의 정의에 대해 물어보는 순간 그의 정신 속에서는 성이란 반드시 무엇인가로 정의되어야만 하는 전제적 사실로 자리 잡게 되고, 그렇게 되면 이 전제로 인해 환원 불가능한 성질을 지닌 성이 일개 언어의 내적 논리 혹은 서구의 인식틀에 수동적으로 종속되는 결과를 가져오기 때문이다. "어떤 것에 대한 개념은 반드시 특정한 언어의 내부적 논리를 사용해서만 정의될 수 있는 것이다." 따라서 환원 불가능한 성질을 가진 종교현상을 설명하기

위해서는 "성이란 무엇인가?"가 아니라 "무엇을 일컬어 성이라 부를 수 있을까?"로 질문이 바뀌어야 한다. 바로 이 점에서 여러 학자들이 성을 "질서 또는 완전성의 영역, 조상신, 영웅들, 여러 신들의 고향" "성속의 두 가지 성향과 관련하여 시간과 공간의 영역 안에서 그리고 인간 스스로에 대한 인식의 영역 안에서, 성속의 구별이 최소화된 질적인 구별"이라고 정의하기도 하는데, 여기서는 이를 단순화시켜 조상신들, 영웅적 존재들, 여러 신들 그리고 특히 이 책의 성서해석학적 분석에 필요한 하나님과 같은 초자연적 존재들로 성의 내용물을 구체화시키고 있다. 정진홍 1997; Pals 1996, p. 164; Cave 1993, p. 37.

5. 프리드리히 니체(1844~1900)의 유명한 선언 "신은 죽었다"에서 이 사실은 분명해진다.
6. "그들은 성(聖)의 영역으로부터 어떠한 도움도 없이 역사라는 속(俗)의 영역에서 완전히 혼자 힘으로 삶의 의미를 발견해야만 했다."(Pals 1996, p. 184)
7. 〈슈퍼맨〉은 같은 이름(별명은 강철맨)의 대중만화를 원작으로 하여, 1978년 워너브러더스사가 SF 판타지액션 영화로 제작하였다. 강철맨은 1938년 처음으로 미국의 만화책 시리즈 액션코믹 1권에 초능력을 가진 영웅으로 등장하였고, 그 이후부터 슈퍼맨은 세대를 초월해서 가장 인기 있는 만화책 영웅이 되었다.
8. 루마니아의 민족주의, 반유대주의, 반국회주의 정당
9. "엘리아데는 나치즘이 유대기독교적 종말론을 북유럽 이교풍습으로 교체했다고 주장하였다." (Muthuraji 2001)
10. 우주의 중심이자 지구의 중심
11. "태초에 말씀이 계셨다. 그 말씀은 하나님과 함께 계셨다. 그 말씀은 하나님이셨다."(요한복음 1:1, 표준새번역)
12. 예컨대 억압자-억압받는 자, 식민주의자-식민주의 희생자, 제1유형의 문화적 성경독자-제4유형의 문화적 성경독자 등
13. "주 너의 하나님을 사랑하여라. 또 네 이웃을 네 몸같이 사랑하여라. **하느님은 사랑이십니다.** 사랑 안에 머무르는 사람은 하느님과 결합(結合)하여 머물러 있으며, 하느님도 그와 결합(結合)하여 머물러 계십니다."(누가복음 10:27; 요한 첫째 4:16, 표준새번역/신세계역. 강조는 인용자)
14. "사회의 구성원들이 별로 그들의 인생에 큰 비중을 차지하지 않기 때문에 **대다수가 잘 알지도 못하고 있는 사실**을 대상으로 그것에 다른 의미를 부여하고 이해하기 어려운 심오한 의미를 찾으려 집착함으로써 대중과 격리된 해석학을 연구하고 있다."(Dreyfus and Rabinow 1982, p. xx. 강조는 인용자)
15. 고대 한국의 무당 설화 또는 노래를 뜻하는 바리공주 설화는 다음과 같다. 옛날에 성이 이씨인 위대한 왕이 있었는데, 대권을 아들에게 물려주어 왕권을 이어가고자 하였다. 그런데 그에게는 일곱번째 자식까지 계속 공주가 태어나 아들이 없었다. 아들을 간절히 바란 왕은 화가

나서 갓난 일곱째 딸을 보석상자에 넣고 '바리공주' 라고 이름을 써붙여 바다에 버렸다. 하지만 바리공주는 붓다의 보호를 받아 어떤 바리 노인부부의 손에 키워짐으로써 생명을 구할 수 있었다. 어느 날 위대한 왕이 병이 들어 왕은 병의 원인을 찾던 중 무당에게서 어린 소년의 해몽을 들었는데, 그것은 바리공주가 구해 오는 불사약을 먹어야 왕의 병이 나을 수 있다는 내용이었다. 이에 서둘러 왕은 바리공주를 왕국으로 불렀고 마음 착한 바리공주는 자신의 아버지인 왕께 드릴 약수를 찾아주기로 하였다. 바리공주는 신선이 살고 있는 저승으로 가서 신선과 결혼하여 일곱 아들을 낳았다. 헌신한 덕분에 바리공주는 신선으로부터 약수를 구할 수 있었고, 바리공주가 약수를 가지고 돌아왔을 때 아버지는 이미 죽었으나 바리공주는 가져온 약수를 아버지께 먹여 아버지를 회생시켰다. 다시 살아난 아버지는 바리공주를 모든 신들의 여왕으로 삼았고, 바리공주의 일곱 아들과 신선은 저승에서 10명의 가장 위대한 왕들이 되었다. EOB 1998.

16. 제1유형의 한국 기독교 성경독자들이 비록 조상의 위패를 없앴다고 하지만, 그들은 찬송가를 부르고 기도를 드리며 여전히 제사를 지낸다. 바로 이날에 자손들은 조상을 기억하며 제사상에 둘러앉아 함께 식사를 나눈다. 강원도 2004.
17. 처녀귀신은 여성, 밤, 물(비), 달과 같이 강한 음 기운을 상징하는 음(陰)의 세계에 속한다.
19. 5~6월이면 여름으로 접어드는 때여서 서리가 내리는 일은 흔치 않다.
20. 한국인들은 초등학교 시절부터 반만년의 역사 동안 다른 나라를 한번도 침입한 일이 없음을 자랑스럽게 배운다. 물론 정치적 측면에서는 이 같은 시각은 나라의 약함을 정당화시키는 또 다른 차원의 정치적 의도라고도 볼 수 있을 것이다.
21. 정(情)은 초기 일본 성경에서 사랑(agape)을 번역하는 단어로 대체된 적이 있다. "이들은 단어 아가페를 번역하는 데 어려움을 겪어서, 마치 영어에서 love라는 단어가 뭔가 적절치 못한 것처럼, 사랑이라는 일본 한자어 愛(ai)를 사용하자니 뭔가 적절치 못하여, 慈善이라는 뜻을 가지고 있는 한자어 情(Jin)을 사용함으로써 번역상의 어려움을 극복하고자 하였다."(Best, 1966, p. 96)
22. 한국의 결혼제도에서, 가문의 기원(派)이 같은 사람들끼리 결혼하는 것은 금지되었다. 그러나 가문의 기원은 다르지만 성이 같은 경우는 일반적으로 결혼할 수도 있었다(강원도 2004, 32쪽). 중요한 것은 서로 다른 두 가족이 결혼식이라는 매개체를 통해 연합(결합)할 수 있었다는 사실이다.
23. 혼인의 어원을 분석해 보면 혼(婚)은 "남자가 밤에 여자를 만난다"는 뜻이고, 인(姻)은 "중매쟁이를 통해 여자가 남자를 만난다"는 뜻이다. "'婚(혼)인 까닭은 저녁때(昏)에 여인(女)을 만나는 것이 장가드는 것이고, 시집간다는 뜻의 글자가 '姻(인)인 까닭은 고례(古禮)에 여자 집에서 신랑감을 구하는 데는 반드시 중신을 하는 매씨(媒氏)가 있어야 했으므로 여자(女)매씨로 인(因)해 남자를 만나는 것이 시집가는 것이었기 때문이다."(농산회 2004)

24. 한국인의 샤머니즘은 선 대 악, 죄와 벌 등과 같은 이분법적인 차별관계를 전제로 한 고전종교의 획일적인 윤리학적 전통과는 사뭇 다르다. 그것은 '신방 엿보기' 사례에서 살펴보았듯이, 무질서와 혼동 역시 통일적인 질서 및 조화로운 우주관을 세우는 데 매우 중요한 역할을 할 수 있다는 것이다. 바로 이 점에서, 동서양의 고전적 개념의 윤리학과 정을 바탕으로 한 한국적 윤리학은 그 성격이 다르다. 따라서 여기는 정(情) 윤리학을, 한국 샤머니즘의 전통적 어감을 최대한 살려 정이라는 역(逆)윤리학으로 그 이름을 바꾸었다.

24. "히브루 단어 hesed나 그리스어 agape가 Ubunto-botho에 훨씬 가까운 말이다."(Mazamisa 1995, p. 18) "우분투는 사람들을 강제하지 않고서도 뭐든지 서로 나눌 수 있는 '좋은 이웃'으로서 자연스럽게 모이게끔 할 수 있기에, 아가페(사랑)로 늘 함께 있어야 하는 기독교인은 아프리카인들에게서 우분투 개념을 매우 반갑게 알아볼 수 있었다."(Shutte 1974, p. 16; Wilson 1963, p. 66)

25. 응구니 사람들은 당시 지배적이었던 족외혼을 주로 따랐다(Kwenda 2000, p. 256; Krige 1981, p. 175).

26. 케냐와 우간다의 경계에서 살면서 나일 유역에서 사용되는 말과 비슷한 말을 쓴다.

27. 오직 여자들만 참여할 수 있는 결혼식 전날에 열리는 첫번째 의례이다. 부엌파티라는 이름에서도 간접적으로 드러나듯이 이 의례에서는 대개 신부의 가족과 친척, 친구 들이 신혼살림에 필요한 물건들을 신부에게 선물한다.

28. 여성을 위해 올리는 의례가 없이는 합궁시 남자의 육체적 활동은 전혀 효과가 없었다(Ngubane 1981, pp. 86~89; Karp 1987, p. 149).

29. "나는 생각한다, 고로 존재한다."

30. 이혼문제와 관련해서도, 로볼라는 부부가 이혼하지 않고 결혼 및 가족을 계속 유지하는 데 지대한 역할을 하고 있다. 왜냐하면 로볼라가 만들어내는 사회적 연결관계와 상호신뢰 구축 때문이다. Jubber 1994.

31. 자기 사랑은 에로스로 분류될 수 있다(Nygren 1982, p. 219).

32. 이성간의 낭만적 사랑인 에로스의 경우, 비록 이런 종류의 사랑이 구약성경에는 언급되고 있지만(잠언 5:15~20), 기독교의 그리스어 성경(신약성경)에서는 나오지 않는다.

33. "아버지께서 아들을 사랑하셔서(agapao)."(요한복음 3:35; 5:20)

34. Douglas(1996)의 이론틀에 따르면, 정상인의 몸으로 분류될 수 없었던 나병환자의 몸은 위험과 금기의 대상이었다. 따라서 구약시대에는 나병환자는 격리 수용되어 진영 바깥에서 거주해야만 했다(레위기 13:43~46). 예수의 시대까지도, 유대율법에 따라 나병환자로부터 4큐빗(약 2미터) 내에 접근해서는 안 되었다. 그런데 만약 바람이라도 불면, 적어도 100큐빗(약 50미터)은 떨어져야 했다(DCJ 2002, p. 295).

35. 현대의 여러 가지 성서번역본에서 '십자가'(cross)를 가리키는 그리스어는 stauros이다. 고대

그리스어에서 이 단어는 단순히 똑바로 서 있는 곧은 기둥이나 말뚝을 의미하였다. 그 뒤에 이 단어는 가로대가 있는 처형기둥으로 사용되었다. "십자가를 나타내는 그리스어 단어 stauros는 똑바로 서 있는 기둥이나 뭔가를 걸 수 있게 만든 말뚝 혹은 땅에 울타리를 칠 때 사용하는 말뚝을 의미하였다. …심지어 로마사람들 사이에서도 십자가 cross의 어원이 되는 로마어 crux의 의미는 원래는 똑바로 서 있는 곧은 기둥을 뜻하는 것으로 알고 있었던 것으로 보인다."(*The Imperial Bible–Dictionary* 1874, p. 376. Reasoning book 1989, p. 217에서 재인용)

36. "사랑은 오래 참고 친절하며 사랑은 시기하지 않으며 자랑하지 않으며 교만하지 않으며 무례하지 않으며 자기 유익을 구하지 않으며 성내지 않으며 원한을 품지 않으며 불의를 기뻐하지 않으며 진리와 함께 기뻐하고 모든 것을 덮어주고 모든 것을 믿으며 모든 것을 바라고 모든 것을 견딥니다."(우리말성경)
37. "네 원수가 주리거든 먹을 것을 주고, 그가 목말라 하거든 마실 것을 주어라."(로마서 12:20, 표준새번역) "너희의 원수를 사랑하고, 너희를 박해하는 사람을 위하여 기도하여라."(마태복음 5:44, 표준새번역)
38. "누구든지 너희를 맞아들이기를 거절하거나 너희 말을 귀기울여 듣지 않으면, 그 집이나 도시를 떠날 때 네 발의 먼지를 털어버려라."(마태복음 10:14, 쉬운성경)
39. "**원수 갚는 것이 내게 있으니** 내가 갚으리라."(신명기 32:35; 시편 94:1; 레위기 19:18; 로마서 12:19;히브리서 10:30, 개역한글판. 강조는 인용자) "하나님이 원수를 갚게 하라 Let God take vengeance."(로마서 12:19 The Contemporary English Version)
40. "하나님은 사랑이심이라."(요한1서 4:8, 개역한글)
41. "우리가 사랑하는 것은 하나님께서 먼저 우리를 사랑하셨기 때문입니다."(요한1서 4:19, 우리말성경)
42. A의 목적을 위해 X의 수단을 이용한다. "만약 너희가 너희 하나님과 이웃을 사랑하지 않으면, 너희는 하나님의 나라(Kingdom)를 상속받을 수 없다." "**만약** 너희가 [문화적으로] 할례를 하지 **않으면,** 하나님의 나라를 이어받을 **수 없다. 만약** 아프리카인들이 문화적으로 서구화되지 않고, 루터교화되지 않고, 감리교화되지 않고, 성공회 교회화되지 않고, 로마가톨릭화되지 않고, 장로교화되지 **않으면,** 그들은 단 1센티미터의 기독교적 믿음도 상속받을 **수 없을** 것이다." Mbiti 1973, p. 82; Musopole 1994, p. 32. 강조는 인용자.

6. 온정으로 읽는 성경해석의 실천적 의례

다름에서 연합으로 가는 출발점

여기서는 온정적 성경읽기의 실현 가능성을 염두에 두면서 그 실제 사례가 될 수 있다고 보이는 경우를 개략적으로 소개하고자 한다. 온정적 성경읽기는 "행함이 없는 믿음은 죽은 것이라"(야고보 2:26)는 권고를 따라 종교적 행동이나 의례로 구체화될 것이다. 서구 중세시대 교부철학과 교부들의 수도생활에는 데카르트의 인식틀에 종속되지 않고 그 이전의 인식틀로 분석한 수많은 성서해석의 예가 있다. 오늘날에도 수많은 교회와 신도들 그리고 그들의 다양한 종교의례가 존재한다. 따라서 세계 기독교역사의 수많은 사례 중에서 한 사람 혹은 한 단체를 온정적 성경읽기의 예로 제시한다는 것은 결코 쉽지 않은 일이다.

하지만 이 장에서는 한국과 남아공의 정치 · 문화적 콘텍스트를 고려하여 오늘날 성경을 경전으로 받아들이는 '여호와의증인' 의 일부 성서해석과 그들의 실천의례를 소개함으로써, 다름의 주제를 연합의 흐름으로 바꿀 수 있는 온정적 성경읽기의 실질적 가능성을 구체적으로 보여주고자 한다. 이 실체는 온정적 성경읽기의 핵심인 '동일성 추구'라는 평면상의 목표지점, 즉 '이웃사랑하기'로 나타난다. 아래에서 소개하는 여호와의증인의 성서해석 사례와 그에 따른 실천의례는 온정적 성경읽기의 본질을 보여주는 좋은 사례가 될 것이다. 그러나 여기서 논의하는 두 가지 성서해석 사례 이외에, 보이지 않는 차별을 내포할 가능성이 있는 여호와의증인의 다른 주제에 관한 성서해석과 의례는 논외로 하고 있음을 밝혀둔다.

1) 한국과 남아공 '여호와의증인'의 종교의례 행위

호별방문 전파

1998년 오하이오주 스트라턴 카운티는 집집마다 돌아다니며 선거운동을 하며 사람을 귀찮게 하는 행동을 규제하는 조례가 통과되었다. 조례에 따르면, 선거운동을 하는 사람은 반드시 카운티로부터 허가증을 발급받아야 했다. 그리고 선거운동원은 가가호호 방문할 때 허가증을 소지하고서 경찰이나 집주인이 요청할 때 즉시 보여줄 의무가 있었다. 만약 이를 어기면 형사처벌을 받을 수 있었다. 그런데 1999년 8월, 지방법원의 에드먼드 에이 사거스 주니어 판사는 이 조례가 자신들의 대의를 설명하기 위해 집집마다 돌아다니는 여호와의증인들에게도 그대로 준용될 수 있다고 해석하였다(Epic 2001).

이 사건의 쟁점은 스트라턴 카운티 사람들의 사생활자유권 보호[1] 대 수정헌법 제1조에 해당하는 여호와의증인의 언론의 자유권 보호[2]로 정리할 수 있는데, 지방법원과 순회법원은 스트라턴 카운티 사람들에게 승소판결을 내렸다.

그런데 대법원은 하급심의 스트라턴 카운티 사람들의 승소판결을 뒤집어 다음과 같이 여호와의증인 손을 들어줌으로써 2002년 6월 17일 사건을 종료시켰다.

> 조례의 규정은 카운티 읍장에게 등록하지 않고 집집마다 돌아다니며 자신의 뜻을 전하는 것을 비행(非行)으로 여기고 있다. 아울러 허가증을 발급받는 것은 수정헌법 제1조를 침해하는 것이고, 여기에는 종교적 포교행위, 익명의 정치연설, 전단지 배포 모두 준용된다. (Supreme Court 2002)

물론 이 사건을 가지고 언론의 자유와 사생활의 자유 중 어느 것이 더 보호되어야 하는가를 따지려는 것은 아니며, 다만 데카르트의 인식틀이 만연한 서구사회에 근대나 탈근대의 개인주의가 사람들의 정신세계에 얼마나 강하게 침투하여 지배적인 영향력을 행사하는지가 잘 드러나는 사건이기 때문이다. 스트라턴 카운티의 조례제정에서 알 수 있듯이, 사생활 보호권이라는 법률장치의 혜택(?)을 받고 있는 대다수의 서구사람들과 전통적인 인식틀보다는 서구의 인식틀을 받아들인 서구화된 사람들은 대체로 정치적 · 종교적 대의명분을 내세워 약속도 하지 않고 사생활의 영역인 집을 방문하는 익명의 사람들과 말을 섞고 싶어하지 않는다. 집은 사생활이 보호되는 마지막 요새이기에 방문하려면 반드시 사전에 허락을 받아야 하는 것이었다.

남아공에서는 많은 아프리카 흑인들이 보수적인 남아공 백인들이 주로 거주하는 지역에서 방을 구하는 데 크나큰 어려움을 겪는다. 그 이유는 아프리카 흑인들은 대개 시끄럽기 때문이다.[3] 개중에는 이웃의 사생활 보호권은 전혀 개의치 않고 음악을 크게 트는 사람도 있었기 때문에, 일반적으로 백인 집주인들은 설령 흑인 세입자가 재정적으로 안정되어 월세를 지불할 능력이 있다고 해도 세를 주길 꺼려한다. 보수적인 남아공 백인 공동체에서는 아프리카 흑인들이 음악을 크게 틀어놓고 노래부르고 춤추는 것을 마치 '소음'이 국경을 넘어 자신들의 사적 영토를 침입하는 것인 양 "부당하게 그들을 짜증스럽게 하는 행위"로 인식한다. 한국에서도 일부 서구화된 엘리트들은 시골의 전통적 사고방식을 버리지 못한 사람들의 행동을 무시하곤 한다. 예컨대 '나이 들어' 쭈글쭈글해지고 '냄새나는' 시골아줌마[4]가 출퇴근시간의 혼잡한 전철 안으로 비집고 들어올 때, 대개 "실례합니다"(Excuse me)는 말도 않고 막무가내 사람들을 밀어붙이기 일쑤다. 사람들이 불쾌해해도 아줌마는 아무 일 없었다는 듯이 천연덕스럽게 앉아 있고, 그럴 때면 서구화된 젊은 탑승객들은 이런 아줌마를 예의의 '예'자도 모르는 무식하고 원시적인 사람의 전형이라고 판단하는 경향이 있다.

서구의 철학적 인식틀에서 나오는 "Excuse me"는 통상 다른 사람의 사적 영역(공간)을 실수로 침해했을 때 반드시 나타내야 하는 표현으로 서구 예절문화 속에 뿌리박혀 있어서, 필요할 때 하지 않으면 그 사람은 "부당하게 다른 사람들을 짜증스럽게 하는 행위"를 하고 있는 대상으로 여겨질 수밖에 없다.

서구의 자아중심 개인주의라는 데카르트 인식틀의 강한 영향이라는 면에서, 사생활 보호권은 매우 중요하며 특히 사생활을 지키는 마지막 보루인 집은 가장 신성하고 모르는 사람들이 마음대로 들어와서는 안 되는 가장 사적인 장소이다. 만약 익명의 사람이 종교를 빙자하여 초인종을 누른다면, 그 자체가 곧 "부당하게 타인을 짜증스럽게 하는 행위"에 해당한다.[5]

그런데 여호와의증인들은 이에 아랑곳하지 않고 성서읽기를 통해 왕국(kingdom) 전파활동의 중요성을 역설하면서, 오늘날 지배적인 위장된 개인주의의 전형인 "하나만 고르고 나머지는 잊자"는 탈근대주의 선교방식에 정면으로 도전하였다. 이들은 디모데 둘째 3장 1~4절을 인용하여,[6] 오늘날 사람들이 마지막 때에 살고 있다고 주장했다.[7] 그리고 여호와 하나님이 언제든지 예수를 통해 사람들이 일상적 삶을 추구하느라 바쁜 이 순간에도 생명을 받을 가치가 없는 사람들을 멸하러 올 것이라 믿고 있다(Knowledge 1995).[8] 여호와의증인 입장에서는 오늘날의 새로운 노아의 방주가 될 수 있는 하나님왕국의 도래를 알리는 것은 매우 중요한 일이다. 바로 지금이 새로운 방주로 옮겨탈 중요한 시기라는 것이다. 이를테면 어떤 사람이 아이가 우물 쪽으로 걸어가는 것을 보면서도 아무런 조처도 취하지 않는다면 그 사람은 살인죄(유혈죄)를 면할 수 없다고 보는 것이다.[9] 따라서 여호와의증인 쪽에서 볼 때 '왕국(나라, kingdom)전파 활동사업'은 곧 '생명구조사업'이다.

예수 그리스도는 지상에서 봉사의 직무(목회활동)를 수행하는 동안, 로마제국이나 그 밖의 지상정부가 아닌 하나님의 왕국("나라가 임하게 하옵시며")에 대해 가르치고 전파활동을 하였다(누가 8:1). 이 사물제도의 신인 사탄이 예수에게 지상의 모든 정부/왕국을 줄 수 있다고 유혹하였을 때, 예수는 "사탄아 물러가라!" 고 외쳤다(마태 4:1, 8~10; 고린도 둘째 4:4). 또 다른 상황에서 빌라도가 예수에게 "당신 자신의 나라 사람들과 수제사장들이 당신을 내게 넘겨준 것이오. 당신은 무슨 일을 하였소?" 라고 물었을 때, 예수는 "내 왕국은 이 세상의 일부가 아닙니다. 만일 내 왕국이 이 세상의 일부라면, 나의 수종들이 싸워서 내가 유대인들에게 넘겨지지 않게 하였을 것입니다. 그러나 사실 내 왕국은 여기에서 나온 것이 아닙니다"(요한 18:35~36)라고 답하였다. 즉 예수는 지상에서 목회활동을 하는 동안, 제자들에게 하나님의 왕국(나라)이 올 것이며 이 왕국이 세상을 지배하고 있는 사탄의 정권을 종료시킬 것이라고 가르쳤다(계시록 20:3; 요한 12:31).

하나님의 왕국을 전파하고 가르치는 것이 매우 중요했기 때문에 예수는 부활하자 곧바로 제자들에게 하나님의 왕국 전파사업을 하라고 명하였다. 예수는 세상의 종말에 관한 전파사업의 중요성을 역설하곤 하였다.[10] 실제로 예수는 '도시마다' '마을마다' 돌아다니며 하나님의 왕국을 전파함으로써 제자들에게는 따라야 할 인생의 모범이 되었다. 예수는 제자들에게 더러운 영들을 제어할 수 있는 권위를 주어, 둘씩 짝지어서 방방곡곡으로 보냈고, 이에 제자들은 자신들이 가르치고 행한 모든 일을 예수께 보고하였다(누가 8:1; 마가 6:7, 30; 누가 10:1). 사도 바울 역시 '예수' 라는 전파활동의 모델을 그대로 따라하며, 시장에서 매일 전파활동과 복음사업을 계속하였다.[11]

이 같은 입장에 서서 한국과 남아공의 여호와의증인들도 예수와 초기 그리스도인들의 전파활동 모습을 본보기 삼아 매일매일 방방곡곡에서 하나님의 왕국 소식을 전파한다.[12] 설령 개인주의로 대표되는 데카르트의 자기중심적 인식틀을 지닌 주민들을 '부당하게 짜증나게' 한다 해도, 여호와의증인들은 왕국의 복음을 전하고자 예수와 초기 그리스도인들이 그랬던 것처럼 집집마다 방문하여 초인종을 누르고 있다.

아프리카 흑인들의 커다란 음악소리에 방해받기 싫어하는 남아공의 보수적인 백인들과 한국의 아줌마가 '용맹스럽게' 전철 안으로 돌진하는 데 짜증내는 한국 젊은이들은 큰 음악소리와 온몸으로 '부딪히는 행위'가 철학적으로는 캡슐에 싸여 비인격화된 서구 개인주의 세계관을 깨부술 첫번째 돌파구가 될 수 있음을 깨달을 필요가 있다. 앞에서 설명한 전통혼례식 절차 중 '신방 엿보기' 의례는 정이라는 이름으로 자기중심적 사생활을 대중에게 드러내는 대표적 사례다. 마찬가지로 아프리카인의 결혼식에서 중요한 문화적 요소인 아프리카적 '음악'과 '웃음'은 우분투라는 이름으로 서로 다른 부족들을 연합(결합)시킬 수 있었다. 이렇게 조화를 지향하는 한국적인 그리고 아프리카적인 사랑의 요소는 다름 속에 연합(결합)을 이끌어내는 데 결정적인 역할을 할 수 있었다. 요컨대 '하나님의 왕국'이라는 이름으로 집집마다 방문하는 여호와의증인들의 실천적 의례는 한국 아줌마의 저돌적인 '부딪힘'이요, 아프리카인의 큰 '음악' 소리일 수 있으며 바로 이것이 개인주의라는 장벽을 무너뜨리는 신호탄이 될 수 있다.

> 그분[예수 그리스도]은 우리의 평화이십니다. 곧 양편을 하나로 만드시고 그들을 갈라놓은 중간에 있는 담을 허신 분입니다. (에베소 2:14)

앞의 4장에서 "하나만 고르고 나머지는 잊자"의 탈근대주의 호교론과 달리, 여호와의증인은 하나를 골라 하나님의 왕국이라는 새로운 노아의 방주 이름을 걸고 '선택받은 유대인 되기' 라는 목표지점을 향해 '동일성을 추구' 한다. 그러나 이 글이 추구하는 '선택받은 유대인 되기' 의 본질은 다름 아니라 '이웃 사랑하기' 이다. 이처럼 여호와의증인의 '선택받은 유대인 되기' 주제는 콘텍스트를 지배하는 이분법적인 차별적 정치이데올로기의 영향력에 종속되지 않고 오히려 정치적 중립이라는 실천을 통해서 콘텍스트 내부의 차별적인 정치이데올로기 흐름을 탈콘텍스트 이웃사랑으로 전환시킨다는 점에서 앞에서 논한 여러 성서해석의 사례와 차이가 난다(Kim 2003). 즉 새로운 노아의 방주는 정치적 콘텍스트 안에 있는 보이는 산에서 건축된 것이 아니고, 정치적 콘텍스트를 넘어선 영역에 있는 하나님의 왕국에서 건축된 것이다.

따라서 여호와의증인의 '동일성 추구' 는 인종주의, 계층주의, 성차별, 부족주의, 민족주의, 제국주의 같은 정치적 이해관계 속에서 다름의 주제를 차별화 흐름으로 나아가게 한 동일성 추구와는 성격을 달리한다. 오히려 여호와의증인의 '동일성 추구' 는 정치적 · 문화적 이해관계를 바탕으로 한 것이라기보다는 실존적 측면에서 본 종교적 차원의 이해관계에서 나온 것이다. 종교적 차원에서 우러나오는 사랑으로 여호와의증인들은 이웃[13]을 방문하여 전세계 이웃에게 왕국소식을 전파하여 보편화시키고자, 지금 이 순간에도 왕국 전파활동을 하고 있다. 이들은 이웃이 성경을 잘 이해할 수 있도록 자발적으로 나서서 도우기에 하나님 말씀인 성경을 가르치고 전파하는 데 일절 봉사료도 받지 않으며, 또한 이들 사이에는 월급을 받는 사제계급 또한 존재하지 않는다. 왕국회관[14] 안팎에서 일어나는 여러 가지 왕국 전파활동과 성경을 가르치는 활동은 전적으로 자발적인 참여로 이루어지고 있다.

하나님에 대한 사랑은 그의 계명을 지키는 것이며 또한 행함이 없는 믿음은 죽은 것이기에(야고보 2:17; 18:26), 여호와의증인들은 콘텍스트 밖에 있는 하나님의 왕국을 사상적 중심으로 해서 '이웃 사랑하기' 라는 목표지점을 향해 '동일성을 추구' 하고자 믿음뿐 아니라 이웃에게 왕국소식을 전파하는 행동으로써 하나님의 계명을 지키려 했다.

데카르트 인식틀에 기초한 논리에서 여호와의증인 누구나 이웃을 상대로 전파하고 가르쳐서 모두 침례 준다는 보편화의 야망이 완전하게 이루어질 수 없는 불가능한 꿈임을 잘 알고 있을 것이다(Awake 2002, p. 12).[15] 또 일부 학자 출신의 엘리트 여호와의증인들은 '이웃 사랑하기' 라는 거대담론 자체가 무의식적으로 또 다른 차원의 차별 혹은 폭력성을 내포할 수도 있음을 이론적으로 잘 알고 있을 것이다(Proclaimers 1993, p. 69).[16]

그러나 호모 렐리기오수스(종교적 인간)에게 가장 중요한 것은, 하나님 왕국의 보편화 완성이라는 실현 가능성에 대한 정확한 과학적 · 통계적 수치라기보다 자신에게 삶의 의미를 찾아주고 꿈꾸게 해주고 믿을 수 있게 해주고 마침내 사랑하게 해주는 자기고백적인 종교 경험 및 행동 그 자체에 있다. 정, 우분투, 아가페라는 인식틀을 바탕으로 한 사랑의 논리 속에서 살고 있는 호모 렐리기오수스(종교적 인간)에게 데카르트적 수단–목적 방식의 추론과정은 애당초 적응하기 어려운 서구인들의 엘리트적 인식논리일 뿐, 자신들의 사고방식 및 정신세계와는 아무 관련이 없었다. 종교적 인간은 몸과 마음과 정신이 분리되지 않고 데카르트적 논리가 도저히 적용될 수도 없는 종교의례에 몸소 참여하여 의례를 행함으로써 성현(聖顯)을 경험하며 그 속에서 삶의 의미를 발견하면서 살아가는 존재이다.

마찬가지로 여호와의증인 역시 호모 렐리기오수스로서 모든 이웃에게 왕국소식을 전파하는 종교의례에 동참함으로써 성현을 경험하며 사랑 그 자체인 예수를 따르고자 하는 꿈이 있는 존재들이다.

탈근대 기독교인들은 모든 이웃들에게 좋은 소식을 전파한다는 것은 처음부터 말도 안 되고 불가능한 일이며, 또한 모든 이웃을 대상으로 전파활동을 하려는 이 같은 보편화의 추구는 거대담론이 내포하고 있는 또 다른 형태의 보이지 않는 폭력을 유발할 수밖에 없다고 여길 것이다. 따라서 이들이 데카르트적 인식론에 근거하여 합리적으로 내린 결론은 "하나만 고르고 나머지는 잊자"가 될 수밖에 없다. 그러나 여호와의증인들은 무엇보다 데카르트적 이성(정신)이 아닌 몸과 마음에서 우러나오는 내면의 온정적 사랑의 목소리가 울리는 방향을 따라 그저 먼저 행동할 뿐이다.[17] 이들은 '이웃 사랑하기' 계명을 목표로 삼고 성현을 경험할 수 있는 대상은 모두 호모 렐리기오수스(종교적 인간)로까지 확대시켜 세계 어디, 누구에게나 왕국의 좋은 소식을 전파하고 다닌다. 이들이 몸과 마음을 다해 하나님의 계명을 지키면서 자기희생적 사랑의 차원에서 종교의례를 수행하고 실천한다는 점은 다음에서 여호와의증인의 정치적 중립 종교의례를 논하면서 구체적으로 살펴볼 것이다.

앞장들에서 설명한 다양한 성경독자들과 마찬가지로, 여호와의증인 역시 '선택받은 유대인 되기'(정치적 콘텍스트에서 벗어나 있는 하나님의 왕국이라는 새로운 노아의 방주 타기)라는 목표를 향해 명확하게 '동일성을 추구'한다. 그러나 지배적이고 차별적인 정치이데올로기의 영향을 받은 여러 집단 및 유형의 정치적 · 문화적 성경독자들과 달리, 여호와의증인은 차별적인 지배이데올로기에 수동적으로 종속되지도 않았고 개인주의라는 탈근대적인 지배적 영(靈)에도 종속되지 않았다. 요컨대 여호와의증인들의 '선택받은 유대인 되기' 라는 목표를 향한 '동일성 추구' 는 다름 아니라 '이웃 사랑하기' 라는 실천적이고 실존적인 목표를 온정의 이름으로 이행하는 것이다. 이로써 다름의 주제는 차별적 경향으로도, 캡슐에 싸인 자기중심적 개인주의로도 흐르지 않고 오히려 연합으로 나아가는 물꼬를 틀 수 있었다.

2) 정치적 중립

여호와의증인들이 지키고 있는 정치적 중립의 정의는 다음과 같다.

> 양쪽 혹은 여러 경합하는 당 중에 어느 한쪽을 지지하거나 편들지 않는 사람들의 입장을 뜻한다. 고금의 역사에서 진정한 기독교인은 어떤 국가나 어떤 환경에서도 세상의 정파들간 다툼이 있을 때 완전한 중립을 지키려고 노력했다. 다른 사람들이 애국의식에 참여하거나 군복무를 하거나 정당에 가입하거나 정치적 지위를 위해 출마하거나 투표하는 것에 대해 일절 간섭하지 않는다. 이들은 오직 성서의 하나님이신 여호와만을 숭배하며, 그분께 전적으로 헌신하며 그분의 왕국을 온전히 지지한다. (Reasoning book 1989, pp. 269~70)

한국의 정치상황에서 일본 제국주의 시대에는 일본인을 포함하여 한국인 모두가 1930년대 후반부터 신사참배를 강요받았다. 1910년대 이후 한국과 일본에 생겨난 소수의 여호와의증인들은 당시 여호와의증인 협회를 위해 인쇄 및 번역 일을 하였는데, 한국의 여호와의증인들은 1930년대 후반 천황을 숭배하라는 압력에 직면하여 신사참배를 거부한 죄로 감옥에 갇히고 그중 몇몇은 옥사했다.[18] 일본에서도 여호와의증인들—등대사(燈臺社), 당시에는 여호와의증인 모임을 '등대모임'이라 불렀다—은 제국주의에 대한 비타협적인 태도 때문에 체포되고 감옥에 구금되었다. 비록 이들 중 일부는 결국 압력에 굴복하였지만, 대부분이 천황숭배와 군국주의에 반대했다.[19] 도히는 『일본 기독교역사의 이해』(1993)에서, 기독교인이 따라야 할 이상적인 본보기로서, 여호와의증인들이 갖은 압력에도 불구하고 하나님을 향한 믿음을 굽히지 않는 신념을 보여준 법정진술들을 들면서 높이 평가한다.

마찬가지로 한국전쟁의 소용돌이 속에서 여호와의증인으로서 명령위반에 따른 사형선고를 무릅쓰고 왜 인민군 입대명령을 따를 수 없는지 자신의 종교적 신념을 증언한 사람도 있다.

> 그는 포위된 젊은이들 사이에 끼어 있었다. 이들은 한명씩 한명씩 질문을 받았다. 질문자[인민군]의 마음에 들지 않게 답하면 이들은 즉결처형을 당했다. 노평일은 "나는 오직 하나님의 왕국만을 섬길 수 있습니다. 아마겟돈 때가 오면 이 정치판에 있는 남북한 양쪽 모두가 하나님에 의해 멸망될 것입니다. 따라서 나는 양쪽 어느 편에 서서 편들고 싶은 마음이 없습니다. 나는 하나님의 뜻을 어기면서 인간이 만든 법 때문에 하

나님의 법을 거스를 수는 없습니다. 나는 부활을 믿고 있기 때문에 죽음이 두렵지 않습니다"고 답했다. (Yearbook 1988)

한국전쟁 후 남북한 정부는 모든 성인남성에게 병역의 의무를 헌법에 명시하였고, 지금까지도 병역의 의무는 공직자의 자격심사에서 가장 중요한 도덕적 판단기준이 될 정도로 한국에서는 가장 중요한 법적 의무이다. 그런데 과거의 여호와의증인이 군복무 명령을 거부한 것처럼, 오늘날에도 많은 증인들이 군대에 가는 대신 병역의무 불이행의 벌로 감옥행을 선택하고 있다.[20)]

마찬가지로 남아공에서도 아파르트헤이트 시기에(1950~89) 백인 성인 남성들에게 강제적으로 병역의무가 부과되었는데(Hodges 1982, p. 12), 특히 1972년 군사훈련을 거부한 여호와의증인 모두가 예외 없이 실형에 처해졌다.[21)] "1982년 1월에, 66명의 여호와의증인이 징집거부로 각각 3년 징역형을 받았다."(Hodges 1982, p. 12)

이처럼 한국과 남아공의 정치상황에서 여호와의증인은 당시 차별적인 이분법으로 가시화된 정치이데올로기의 거대한 압력에 수동적으로 굴복하지 않고, 군사주의와 병역의무를 거부함으로써 정치적 중립을 지켰다. 이들은 한국과 남아공의 정치적 성경독자들이 동일성 추구의 평면에서 차별 및 극단적 분리의 원리로 구체화시킨 정치적 성서해석학의 주류관점과는 차이를 보였다.

정치학의 고전인 『군주론』에는 사적 영역에 속하는 개인적 도덕윤리를 정치학이라는 공적 영역에까지 확대시켜 모두 적용할 수 없다고 씌어 있다

(Machiavelli 1988). 예컨대 이웃/원수를 살인하는 것은 개인적 도덕윤리로는 나쁜 일이지만, 성전(聖戰) 혹은 민족주의/국가주의 이름으로 국가적 차원에서 이웃/원수에 대한 살인행위는 선으로 볼 수 있다는 것이다. 이로써 마키아벨리는 이탈리아에 난립해 있는 수천의 공국이 서로 통일을 이룰 수만 있다면 정치가들이 통일의 목적을 위해 수단과 방법을 가리지 않아도 된다고 역설했다. 국가 차원의 선이 개인 차원의 선과 반드시 일치할 필요는 없다는 것이다.

이렇게 서양 정치학의 기본이 된 현실주의 정치철학 논리는 한국과 남아공의 정치적 성경읽기에도 그대로 적용되었다. 대다수의 한국과 남아공 성경독자들이 예수의 계명—"너희 이웃을 사랑하고 너희 원수도 사랑하라"—을 잘 알고 있음에도, 사랑의 범위는 개인(개인주의), 가족(가족주의), 부족(부족주의), 마을(지역주의), 민족/국가(민족/국가주의) 차원에 그쳤다. 이 사랑은 국제적인 수준 및 지구촌 전체까지 보편적으로 확대될 수는 없었다. 차별적인 이분법으로 구체화된 정치이데올로기의 강력한 영향력으로, 예수의 '이웃 사랑하기' 계명은 실제로는 보편화되지 못하고 폐기되어 버린 율법 신세가 될 수밖에 없었다.

앞의 2장에서 논의하였듯이, 한국과 남아공의 정치적 콘텍스트에서 성경을 읽은 독자들은 여러 가지 성구를 이용하여 제국주의나 식민주의의 명분 아래 차별을 정당화하였다. 그중 여호와의증인의 정치적 중립과 관련하여, 정부권위에 순종하라는 내용의 성구(로마서 13:1; 디도서 3:1)는 논쟁의 여지가 있었다. 왜냐하면 일본 제국주의자들이 성경해석을 이용하여 자신들의 군국주의 정책을 지지하였던 것처럼, 지금도 이 성구는 한국과 남아공

교회에서 병역의무제도나 참전 같은 정부정책을 지지하는 근거로 자주 인용되기 때문이다.

여호와의증인들 역시 하나님의 계명과 직접적으로 충돌되지 않은 한 이 성구를 근거로 해서 정부의 권위를 존중하였지만,[22] 사도행전 5장 29절[23]을 인용하여 인간의 법과 하나님의 법이 충돌할 때는 하나님의 법에 더욱 순종해야 한다고 믿었다. 2004년 남아공 케이프타운 론데보슈 회중에서 열린 한 일요공개강연에서 여호와의증인 장로는 하나님의 법과 인간의 법의 충돌에 대해 이렇게 말했다.

> 히브리 산파인 십브라는 갓 태어난 남자아이를 모두 죽이라는 이집트 왕 파라오의 법을 따르지 않았다(탈출기 1:15~20). 바로 이러한 용기 있는 행동으로, 아기 모세의 생명은 유지될 수 있었다. 게다가 예수 그리스도의 복음을 전하는 것에 대해 유대 법정에서 수많은 위협과 법원명령이 있었음에도 불구하고, 베드로와 그 밖의 제자들은 복음을 가르치고 전파하는 일을 멈추지 않고 예수의 부활을 사람들에게 계속 증언하였다(사도 5:28, 29, 4:18~20).

여호와의증인들은 예수 역시 정치적 중립을 지킨 대표적 본보기라고 강조한다. "내[예수]가 세상에 속하지 않은 것처럼, 그들도 이 세상에 속하지 않는다"(요한 17:16)를 인용하면서, 예수의 정부(왕국)는 이 세상에 속하지 않고 따라서 예수는 지상의 어떠한 세속정부 권위에도 종속되지 않는다고 말한다. 이들에 따르면, 세상의 모든 정부는 현재 사탄의 통치 아래 놓여 있기 때문에 예수는 그 어떤 인간의 정부에도 종속될 수 없으며 따라서 인간정부의 통치권 행사 및 기타 군사활동에의 참여 같은 정치적 활동을 일절 하지 않았다는 것이다(야고보 4:4; 요한 첫째 5:19; 요한 14:30; 마태 4:1, 8~10; 고린도 둘째 4:4).

또한 여호와의 증인들은 예수가 빌라도 총독에게 한 말—"만일 내 왕국이 이 세상의 일부라면, 나의 수종들이 싸워서 내가 유대인들에게 넘겨지지 않게 하였을 것입니다."(요한 18:36)—을 근거로, 정치적 중립의 중요성을 강조한다. 예수의 제자들은 이 성구에 담긴 예수의 뜻을 따라, 유대인의 최고 제사장들과 함께 온 로마군인들이 예수를 체포하였을 때 크게 저항하지 않고 순순히 넘겨주었다. 이에 대해, 여호와의증인들은 예수의 제자들이 "네 이웃을 사랑하고 원수를 사랑하라"는 예수의 계명에 따라 칼을 빼어들어 전쟁을 하기보다 평화를 추구한 것이라 해석한다.[24] 설령 전쟁이 불가피한 상황이라 하더라도 여호와의증인들은 전쟁을 일으킬 수 있는 권한은 오직 하나님께 있을 뿐, 인간에게는 없다고 주장한다.[25]

한마디로 여호와의증인들에게 '정치적 중립' 의무는 "네 이웃을 사랑하고 원수를 사랑하라"는 계명이 구체적으로 적용될 수 있는 하나님이 내린 중요한 계명이다. 따라서 이들에겐 설사 인간이 만든 정부의 법을 어긴다고 하더라도 하나님의 계명을 따르는 일이 무엇보다 중요한 종교적 의례가 되었다. 설령 차별적인 이분법으로 드러나는 정치이데올로기의 강력한 영향으로 의식적이건 무의식적이건 마키아벨리즘, 국가주의, 성전이라는 정의의 이름으로 이웃/원수를 살해하라는 명령이 있어도, 이들은 "이웃을 사랑하고 원수를 사랑하라"는 계명에 따라 차라리 정부의 법을 어겼다. 바로 이러한 이유로 이들은 병역을 거부하고 그 어떤 민족주의/국가주의 운동이나 해방운동 같은 정치운동에 참여하지 않았다. 그러면서도 이들은 하나님의 계명을 지키기 위해서 정부가 내린 수감생활[26]을 비롯한 어떠한 형태의 형벌에도 저항하지 않고 달게 받았다. 저 유명한 평화정신을 지키고자 한 것이다.

> 말일에 여호와의 집의 산이 산들의 꼭대기보다 높이 굳게 세워지고, 틀림없이 언덕들보다 높이 들어 올려질 것이며, 그리로 모든 나라 사람들이 몰려들 것이다. …그들은 그 칼을 쳐서 보습을 만들고 그 창을 쳐서 가지 치는 낫을 만들 것이다. 나라가 나라를 대적하여 칼을 들지도 않고, 다시는 전쟁을 배우지도 않을 것이다. (이사야 2:2~4)

여호와의증인들은 '정치적 중립' 이라는 의례를 철저히 지킴으로써, 다름을 차별로 이끈 한국과 남아공 제국주의자, 식민주의자, 민족주의/국가주의자 들과 차별화되었다. 게다가 이들은 원수나 이웃을 무시하면서 '선택받은 유대인 되기' 목표를 향해 동일성을 추구한 정치적 · 문화적 성경독자들의 귀결점이었던 차별적 흐름을, 하나님의 왕국을 정신적 축으로 하여 정치적 중립을 지켜내어 원수나 이웃을 품에 안는 연합의 흐름으로 전환시킴으로써 성서해석학상 매우 의미심장한 화두를 제시하였다.

3) 맺음말

지금까지 한국과 남아공 여호와의증인들의 성서해석을 바탕으로 한 종교의례인 '호별방문 전파활동' 과 '정치적 중립' 문제를 논함으로써 오늘날 실제로 적용될 수 있는 온정적 성경읽기의 사례를 살펴보았다. 비록 하나님과 이웃을 향한 인간의 마음 따뜻한 사랑을 바탕으로 한 온정적 성경읽기의 이상적 모습과는 다소 다르겠지만, 이 두 가지 종교의례는 온정적 성경읽기의 좋은 사례이다. 온정이라는 개념의 사상적 · 정서적 깊이를 생각해 볼 때, 온정적 성경독자들은 비신비적이며 비마법화된 '기능적 시민' 이 아니라 신비적이며 종교적인 '실존적 신앙인' (호모 렐리기오수스)라 할 수 있다.

한국과 남아공의 정치적 · 문화적 · 탈근대 성경읽기의 역사에서 일반적으로 성경독자들은 당시 세상의 영(靈, 지배이데올로기)인 '차별적인 이분법적 정치이데올로기' 나 '위장된 탈근대 형태의 개인주의' 에 수동적으로 종속되었다. 이렇게 스스로 세상의 영에 종속됨에 따라 이들은 신화시대의 종교적이고 마법적이고 경건한 신비의 목소리를 점차 잃어, 결국 세속화된 기능적 시민이 되었다. 이런 관점에서 종교적 인간은 곧 기능적 시민으로 바뀌었기에, 공적인 영역인 정치영역에서 이상적인 시민사회를 구현하려는 여러 가지 학자적 시도는 매우 실용적으로 보였다.

그러나 여호와의증인의 정치적 중립이라는 종교의례에서 추론할 수 있듯이, 세상의 영이 인종주의, 계층주의, 성차별주의, 민족주의, 제국주의, 식민주의, 해방운동, 지역주의, 부족주의라는 이름으로 차별적 흐름으로 나타나더라도, 온정적 성경독자들은 이러한 차별적 흐름에 동참하지 않았다.

게다가 여호와의증인의 종교의례인 '호별방문 전파' 사례에서 볼 수 있듯이, 세상의 영이 "하나만 고르고 나머지는 잊자"라는 구호로 대표되는 다름의 유희적 평면상의 다원성, 다양성, 개인주의 가치가 담긴 '위장된 탈근대 형태의 개인주의'로 나타나더라도, 온정적 성경독자들은 이 경향에 동참하지 않았다.

정치적 · 문화적 성경독자들이 차별적인 이분법적 이데올로기가 강력히 지배하는 정치영역에서 '선택받은 유대인 되기'의 목표지점을 향해 동일성을 추구함으로써 다름을 '차별'이나 '극단적 분리'로 이끌었던 반면, 온정적 성경독자들은 이런 차별적인 정치이데올로기의 강한 영향에도 불구하고 동일성 추구의 목표지점을 '이웃 사랑하기' 계명으로 바꾸어 탈근대 입장에서 자신의 개인적 신념(중심)에 따라 정치적 중립을 지켜냈다. 한편 종교적이고 문화적인 영역에서 탈근대 성서독자들은 다름의 주제를 축하함으로써 다원적 가치에 만족하였지만, 온정적 성경독자들은 위장된 개인주의라는 영(靈)의 압력에도 불구하고 하나님의 왕국을 중심으로 '이웃 사랑하기'라는 이름으로 집집마다 돌아다니며 다른 사람들과 과감히 부딪히면서 근대적 입장에서 동일성을 추구하였다.

온정적 성경독자들은 주류가 가지 않는 좁은 길을 걸었다.[27] 정치 · 문화 · 탈근대 성경독자들과 달리, 이들은 다름이 '차별'로도 또 '개인주의'로도 흐르게 하지 않았다. 이들은 정치적 영역에서는 '이웃 사랑하기'라는 계명에 따라 정치적 중립을 지켰으며, 문화 · 종교적 영역에서는 똑같은 계명 아래 전파활동을 계속하였다. 나아가 이들은 이 두 가지 종교의례를 수행하면서도 스스로 정치적 · 문화적 · 탈근대 이데올로기가 지배하는 세상의 영에 종속되지 않고자 애씀으로써 내면의 종교적이고 마법적이며 경건한 신비의 목소리도 잃지 않았다. 바로 이러한 전제를 바탕으로 온정적 성경독자들은 동일성 추구의 평면상에 놓인 목표지점인 '이웃 사랑하기'의 계명을 따라 공적 영역(정치영역)뿐 아니라 사적 영역(실존적 · 종교적 영역)에서도 다름 속에서 연합(결합)을 추구할 수 있었다.

이렇게 온정적 성경독자들은 다름을 연합(결합)의 흐름으로 전환시킴으로써 성현을 체험하였다. 예수가 부활한 후 "네 하나님을 사랑하고 네 이웃을 사랑하라"는 계명의 연장선에서 내린 마지막 명령은 다음과 같다.

> 그러므로 가서 모든 나라 사람들을 제자로 삼아 아버지와 아들과 성령의 이름으로 그들에게 침례를 베풀고 내가 여러분에게 명령한 모든 것을 지키도록 가르치십시오. 보십시오! 나는 사물의 제도의 종결까지 여러분과 항상 함께 있습니다." (마태 28:19~20)

이 성구에서 예수는 제자들에게 사랑의 계명을 지키고 있는 그들(俗)과 그(聖)가 늘 함께 있을 것이라 약속한다. 온정적 성경독자들은 복음 전파활동을 하면서, 다시 말해 하나님을 사랑하고 이웃을 사랑하라는 예수의 계명을 지키면서 늘 그들과 함께 있는 성(聖, 예수)을 만날 수 있고, 성과의 만남 즉 성현(聖顯)을 경험함으로써 생활 속에서 자연스럽게 삶의 의미를 찾을 수 있었다. 이런 성현의 과정중에 온정적 성경독자들은 마음에서 우러나는 미소[28]를 지을 수 있었고, 바로 이 미소가 한 · 정 · 웃음의 상생관계에서 나올 수 있는 온정 윤리학의 정수이다.

[주]

1. "여호와의증인들처럼 귀찮게 하는 사람들이 문을 두드리기 전에 정부로부터 허가증을 발급받게 해야 하는가?"
2. "우리 헌법에 따라 그들은 자유롭게 익명으로 우리 집의 현관을 드나들 수 있는가?"
3. "처음에는 가나, 자이레(콩고민주공화국), 나이지리아 같은 나라에서 온 학생들이 모여들어 시끄럽게 하고 파티를 열고 난리를 치는 바람에 빌라를 온통 엉망으로 만든다. 이제 집주인들은 새로운 세입자가 있으면 면접을 꼭 보고 나서 그 세입자를 들일지 결정한다."(Mutume 1998, p. 1) 우분투 정신이 일종의 웃음, 즉 춤과 음악으로 형상화된다는 점에서, 시끄러움은 아프리카 사람들의 일상생활의 일부이다.
4. 한국에서 '아줌마'의 어감은 일반적으로 '여성'과는 큰 차이가 있다. 아줌마는 대개 가족을 위해서라면 매너라든지 에티켓 혹은 염치는 무시해도 된다고 생각하는 기혼여성을 가리킨다. 이들은 대개 미분화된 원시심성 · 전통종교의 인식틀을 가지고 있다.
5. "주민들이 사기당하지 않고 **그들의 집에서 '부당하게 짜증스러운 행위'를 경험하지 않으려고** 제소한 스트라턴 카운티 사람들이 주장하는 정부 차원의 관심과 대책마련 촉구는 충분히 '이유가 있다.'"(Six Circuit 2001. 강조는 인용자)
6. "마지막 날에… 사람들은 자기를 사랑하고[개인주의], 돈을 사랑하고[자본주의/물질주의], 자만하고… 쉽게 합의하지 않고[탈근대주의]… 하느님을 사랑하기보다는 쾌락을 사랑하고…." (신세계역, 여호와의증인의 모든 성구인용은 신세계역을 기준으로 했음)
7. 여호와의증인의 신학에 따라 다음에 설명하는 하나님의 왕국과 관련된 중요 사건들을 볼 때, 마지막날은 여호와의증인들 사이에서 공식적으로 받아들여지는 분명한 사실이다(Knowledge 1995, p. 94).
   1) 여호와는 사단 마귀인 뱀의 머리를 부서뜨릴 '씨'를 마련하는 목적을 공표하셨다(창세기 3:15).
   2) 기원전 1943년에 여호와는 이 '씨'가 아브라함의 후손에서 나올 것이라 말씀하셨다(창세기 12:1~3, 7, 22:18).
   3) 기원전 1513년에 이스라엘 백성에게 준 율법언약은 "오게 될 좋은 것들의 그림자"를 보여주었다(탈출기 24:6~8; 히브리 10:1).
   4) 지상의 이스라엘 왕국이 기원전 1117년에 시작되었고 이는 다윗왕 계보를 통해 이후로도 계속 지속될 것이었다(사무엘 첫째 11:1; 사무엘 둘째 7:8, 16).
   5) 기원전 607년에 예루살렘이 망하고부터 "나라들의 지정된 때"가 시작되었다(열왕기 둘째 25:8~10, 25, 26; 누가 21:24).
   6) 기원 29년에 예수는 임명된 왕으로 기름부음을 받으시고 지상에서 봉사의 직무를 시작하였다(마태 3:16, 17, 4:17, 21:9~11).

7) 기원 33년에 예수는 하늘에 올라가 하나님 우편에 앉아서 그가 통치할 때까지 기다렸다(사도 5:30, 31; 히브리 10:12, 13).

8) "나라들의 지정된 때"가 끝나자 예수는 기원 1914년에 하늘왕국에 즉위하게 되었다(계시록 11:15).

9) 사탄과 그를 따르는 악귀들이 지구 근처로 내던져졌고 이로써 땅에 있는 인류에게 큰 화가 닥쳐왔다(계시록 12:9~12).

10) 예수는 현재 세계 도처에서 일어나고 있는 '하나님의 왕국'의 좋은 소식 전파사업을 총감독하고 있다(마태 24:14; 28:19, 20).

8. 비록 그날과 그 시각은 아버지 외에는 하늘의 천사들도 모르고, 아들도 모르지만 마지막 때를 나타내는 표징은 존재한다(마태 24:36, 34). 노아 시대에 사람들은 노아가 방주에 들어가는 순간까지도 먹고 마시고 결혼하는 등 자신들의 일상적인 일을 하고 있었다. 그 사람들은 노아의 홍수경고에 대해 주의를 기울이지 않았다. 마침내 홍수는 그들 모두를 휩쓸어갔다. 마찬가지로 마지막 때에는 예수 그리스도가 와서 생명을 받을 만한 가치가 없는 사람들을 휩쓸어버릴 것이다(마태 24:37~39).

9. "당신이 새 집을 지을 경우, 지붕에 난간을 만들어야 합니다. 그래야 누군가가 떨어져, 거기서 떨어져 당신의 집에 유혈죄를 지우는 일이 없을 것입니다."(신명기 22:8)

10. "그러므로 가서 모든 나라 사람들을 제자로 삼아… 그들에게 침례를 베풀고…."(마태 28:19~20) "이 왕국의 좋은 소식이 모든 나라 사람들에게 증거되기 위하여 사람이 거주하는 온 땅에 전파될 것입니다. 그리고 나서 끝이 올 것입니다."(마태 24:14)

11. 나는 "이익이 되는 것은 무엇이든지 여러분에게 알려주기를 주저하지 않고 공중 앞에서 그리고 집집으로 여러분을 가르치는 일을 주저하지 않았습니다. 도리어 유대인들과 그리스인들 모두에게 하느님에 대한 회개와 우리 주 예수에 대한 믿음에 관하여 철저히 증거하였습니다"(사도 17:17, 20:18, 20, 21).

12. 2007년, 한국과 남아공의 여호와의증인들은 자발적으로 총 5700여만 시간의 왕국봉사 활동을 하였다(한국 4163만 6251시간, 남아공 1565만 2574시간. *Yearbook* 2008, pp. 31~42). 이는 한국의 여호와의증인 한 사람이 평균 1주일에 약 8.4시간 정도 봉사하고 남아공의 경우는 3.7시간 봉사한 것을 의미하며, 이 봉사시간에는 1주일에 5차례의 정규집회인 공개강연, 파수대 연구, 서적연구, 신권전도학교 모임, 봉사모임에 걸리는 약 5시간은 포함되지 않았다.

13. 여호와의증인은 모두를 이웃으로 본다. 여기에는 서로 다른 정치적 단체 및 문화적으로 다양한 유형의 사람들이 포함된다. 즉 억압하는 자에서부터 억압받는 자, 제1유형의 문화적 성경독자에서부터 제4유형의 문화적 성경독자, 엘리트부터 일반사람, 데카르트적 인식틀의 사람부터 원시심성의 사고방식을 가진 사람 등에 이르기까지 모두를 포함하는 개념이 바로 이웃이다.

14. 여호와의증인들은 예배장소를 왕국회관이라 부른다.
15. "모든 사람이 친절하게 여러분을 맞이하지는 않을 것입니다. 예수께서는 다음과 같은 실제적인 충고를 한 바 있습니다. '어디서나 여러분을 받아들이지도 않고 여러분의 말을 듣지도 않는 곳에서는, 그 집이나 그 도시에서 나가면서 발의 먼지를 떨어버리십시오.' (마태 10:14) 다시 말해 여러분은 개인적으로 적대감을 표현할 필요가 없습니다. 그저 평화스럽게 그 자리를 떠나 말씀을 듣고 싶은 사람을 찾으면 됩니다."(Awake 2002, p. 12)
16. 1918년 3월 15일 파수대 협회는 주교들로부터 받은 압박감을 공개하는 『왕국소식』 1호를 발행하였다. 소식지에서는 사제계급을 겨냥하여 "일반사람들이 성경을 이해하지 못하도록 조직적으로 노력하며, 자신들을 통하지 않는 다른 모든 성경적 가르침을 목 조르려 하는 편협한 계층의 사람들이라"고 통렬히 비판한다. 이 얼마나 "정확한 비판의 목소리를 담은 메세지인가!" 여기에서 여호와의증인들이 주교들만이 옳다고 하는 생각을 편협하다고 비판한 만큼, 증인들 역시 그들만이 옳다는 주장을 하기에는 그 주장이 또 다른 차원의 무의식적 폭력성을 담을 수 있다는 점에서 마음의 부담이 있었을 것으로 보인다.
17. 오늘날의 호모 사피엔스는 먼저 머리로 하는 추론에 익숙해져 있다. 그러나 호모 렐리기오수스(종교적 인간)는 믿고 꿈꾸며 경험하는 것을 먼저 한다. 또 이를 통해 삶의 존재의미를 찾는다. 종교적 인간의 종교의례는 주로 머리가 아닌 몸과 마음에서 우러나는 성현(聖顯)의 신비로운 경험을 바탕으로 한다. 종교적 인간에게는 머리가 아닌 몸과 마음속에서 온정의 본질이 구체화되는 것이다.
18. 1939년 여호와의증인 38명이 신사참배를 거부하여 수감되었고 그중 5명은 신념을 굽히지 않고 옥사했다(Yearbook 1988, pp. 137~97).
19. 1939년 6월 21일, 등대사 신도 130명이 체포, 감옥에 갇혔다. 이들 중 30명은 압력을 견디지 못해 배교하였고, 나머지는 충성을 지켰다. 이들 중 마츠에라는 여호와의증인은 "전쟁 전에 능력과 머리가 좋은 사람들은 대부분 엄청난 정치적 압력에 굴복하여 하나님의 조직을 떠났고…, 끝까지 남아 있었던 충성된 사람들은 대개 특별한 재능도 없고 뭔가 특별하게 드러나 보이지 않는 사람들이었다"고 말한다. Yearbook 1998, pp. 68~73.
20. 2002년 〈MBC〉는 여호와의증인들의 양심적 병역의무 거부 사례를 여러 차례 방영했다.
21. 1972년에 여호와의증인들 중 병역의무를 거부한 젊은 백인남자들은 예외 없이 군대영창에 90일간 구금되었다. 이들은 군복을 입기 거부하였기 때문에 속옷만 입고서 영창에 갇혀 있었다. 그러나 90일의 형기가 다할 때쯤 다시 군복을 입을 것을 강요받았고, 당연히 이들은 거부하여 또다시 90일간의 구금연장이 계속 반복되었다. 이런 식의 악순환 때문에 여호와의증인들은 보통 1년 정도 갇혀 있었다. Yearbook 1976, p. 236.
22. "카이사르의 것은 카이사르에게, 하느님의 것은 하느님께 반드시 돌려드리십시오."(로마 13:7; 누가 20:21~25; 마가 12:17)

23. "우리는 사람들보다 통치자로서 하느님께 순종해야 합니다."

24. "칼을 잡는 사람은 모두 칼로 망할 것입니다."(누가 6:27~28; 베드로 첫째 3:11; 마태 26:52)

25. **"원수 갚는 것이 내게 있으니** 내가 갚으리라."(신명기 32:35; 시편 94:1; 레위기 19:18; 로마서 12:19; 히브리서 10:30, 개역한글판. 강조는 인용자) "하나님이 원수를 갚게 하라 Let God take vengeance."(로마서 12:19, The Contemporary English Version)

26. 최근 한국에서는 양심적 병역거부자에 대한 법이 바뀌어 기존의 3년 수감생활이 18개월로 줄어들었다.

27. "좁은 문으로 들어가십시오. …생명으로 인도하는 문은 좁고 길이 비좁아서 그것을 찾아내는 사람들이 적습니다."(마태 7:13~14)

28. 흥미롭게도 거리에 있는 많은 사람들은 여호와의증인들이 하나님의 왕국에 대한 소식을 전할 때 그들의 얼굴에 핀 가득한 미소를 종종 확인하곤 하였다.

[에필로그]

벽 허물기

이 책에서는 데카르트적 사고방식에 근거한 서구의 이분법적 논리를 통해 다름의 주제가 정치적 측면에서는 '차별'로, 문화적 측면에서는 '지적 동일성 추구의 모습'으로, 탈근대적 측면에서는 유희적 평면상의 다원주의 혹은 개인주의의 모습으로 변화되어 온 성경해석의 역사적 자취를 논하였다. 특히 이러한 논의 속에서 탈근대적 평면상에 존재하는 비인간주의적인 개인주의의 모습을 비판하였다.

다원화된 성경읽기가 종교학계의 대세(大勢)인 상황에서 타자의 공간에 대화를 시도하는 것 자체는 이론적으로 말하자면 무용(無用)한 일임에 분명하다. 그럼에도 불구하고 예수가 설파한 사랑의 논리가 진리라면 예수의 명령대로 예수가 왜 그렇게 시켰는지 그 의도를 데카르트적으로 이성적으로 따지기에 앞서 예수의 명령 그 자체에 실존적으로 동참함으로써 사랑이라는 이름으로, 닫혀 있는 개개인의 문을 과감히 두드릴 수도 있을 것이다. 그 두드림의 출발점은, 전세계를 대상으로 한 기독교의 호교론은 불가하기 때문에 해체되어야 한다는 포스트모던적 지적 논리에 있는 것이 아니고 또한 천국을 목적으로 그곳을 가기 위해서 예수 혹은 바울의 명령을 따르는 데 있는 것도 아니며, 그저 예수의 희생적 사랑을 알고 그 사랑에 동참하고 싶어 행동으로 옮기는, 성경을 머리가 아닌 몸과 마음으로 읽는 실천적이면서도 실존적인 고백 그 자체에 있다.

이러한 성경해석의 실존적인 고백의 목소리는 한국의 어느 시골교회에 다니며 이웃을 돕는 시골아줌마의 실천에서 나오는 웃음 속에서, 글자는 못 읽지만 성경을 들고 다니며 이웃에게 포교활동을 하고 있는 아프리카의 수많은 성경독자들의 훈훈한 웃음 속에서 들을 수 있다. 온정으로 읽는 성경해석의 핵심은 이웃에 대한 사랑(agape) 그 자체를 목적으로 한 고백적 성경읽기에 있다.

사랑이라는 우주적 원리 속에서, 온정적 성경읽기는 성경을 인간의 이성에 의존하여 독해할 뿐만 아니라 인간의 감정과 느낌으로 읽어야 한다는 새로운 이론적 틀(패러다임)을 제시하고 있다. 나아가 이런 사랑의 원리는 이성 속에 정적으로 갇히지 않고 반드시 '행위', 즉 '종교적 의례'로 구체화되어야만 했다. 데카르트적 인식론에서는 여호와의증인들의 성경해석 역시 이웃과 적을 개종시키려 한다는 점에서 전세계 기독교 보편화를 향한 일방적인 근대적 폭력, 즉 기독교 호교론의 연장선상에서 나온 또 다른 환원주의의 오류라고 비판할 수 있지만, 온정적 인식론에서는 목적 A를 위해 지금 수단 B를 사용하고 있다는 식의 '수단-목적 방식'의 데카르트적 논리는 실존적으로 성경을 독해하여 실천하며, 이웃과 적을 함께 사랑하는 '종교적 인간'의 해석학에는 적용될 수 없다. 온정을 바탕으로 해서 읽는 성경독자들은 자신들의 신을 사랑하고, 성현(聖顯)을 경험하며, '종교성' '신비주의' '경건주의' 같은 해석학적 신비의 목소리도 잃지 않으면서 종교적 의례와 행위를 강조한 예수의 명령을 실천으로 보여준다.

> 벽을 허물며: 그러므로 너희는 가서 모든 족속으로 제자를 삼아 침례를 베풀고… 내가 세상 끝날까지 너희와 항상 함께 있으리라. (Eph 2:14; Matt 28:19~20)

기존 학계의 연구범위를 넘어, 인간에 내재된 따뜻한 마음에서 우러나오는 사랑을 기본으로 한 온정적 성경읽기는 한국과 남아공의 성경해석 역사에서 매우 주목할 만하다. 첫째, 현재 남한과 북한의 현안인 통일문제에서 온정적 성경읽기는 남북한의 성경독자를 연합시킬 수 있는 촉매제 역할을 할 수 있다. 둘째, 남아공 성경독자들 사이에 여전히 남아 있는 인종적 · 문화적 차이에서 나온 긴장 해소에 온정적 성경읽기가 대안으로 떠오를 수 있다. 마지막으로, 엘리트 성서학자와 일반신도들의 지적 · 사회적 · 문화적 차이의 간격을 온정적 성경읽기를 통해 서로 대화할 수 있는 거리로 좁힐 수 있다.

하나님은 사랑의 이름으로 "악한 사람들에게나 선한 사람들에게나 해가 떠오르게 하시며, 의로운 사람들에게나 불의한 사람들에게나 비를 내리신다"(Matt. 5:43~45; Acts 14:16, 17). 예수는 "네 이웃을 사랑하고 적들도 사랑하라"고 명령하였다(Luke 10:27). 사도 바울은 "의로운 사람들과 불의한 사람들의 부활이 있을 것이라"고 희망적 소식을 전했다(Acts 24:15). '정의'의 문제는 하나님의 고유 영역이라고 볼 때 '이웃 사랑하기'가 모든 신도(성경독자)들에게 실존적 차원에서 다름의 문제를 해결할 수 있는 유일한 황금률이며 온정의 실체를 구체화시킬 수 있는 필수적인 종교적 실천의례이다. 한국과 남아공을 배경으로 한 정치적 · 문화적 · 탈근대적 성경해석학에서 나타난 각기 다른 여러 집단 및 유형의 존재와 상관없이, 온정(溫情)은 성경해석학에서 다름 속에 연합을 구현할 수 있는 보편적 원칙이다. 온정적 성경해석학은 시대정신이 '차별'로 대표되든지 혹은 '위장되고 비신비적인 개인주의의 형태'로 나타나든지 상관없이 시대정신의 권력에 의해 결코 해체될 수 없는 대상이다.

그[예수 그리스도]는 우리의 화평이신지라
둘로 하나를 만드사
중간에 막힌 벽을 허시고 (에베소서 2:14)

[참고문헌]

「강원도의 4대 통과제의」(2004). 온라인 정부발행문서. http://www.provin.gangwon.kr/home/html/data.hwp.

권정생(1996). 『우리들의 하나님』, 녹색평론사.

길선주(1923). 『만사성취』. 조선예수교서회.

_____(1926). 『강대보감』. 동명서관.

길진경(1980). 『영계 길선주』. 종로서각.

김성수(1999). 『단군상 건립 무엇이 문제인가?』. 고신대학교출판부.

김영동(2000). 「판소리 문학의 비속성고」. 『동악어문논집』 36호/12월호.

김영찬(1906). 「부산래신」. 『그리스도신문』 1. 11.

김용옥(1997). 『여자란 무엇인가?』. 통나무.

김은기(1997). 「민간 구술문화로 본 한국인의 정서와 기독교 사상」. 『기독교와 한국역사』. 연세대출판부.

김주련(1904). 「상리목사서」. 『신학월보』 1월호.

나경수(1993). 『한국의 신화 연구』. 교문사.

농산회(2004). 「혼인의 의미」. http://www.geonjae.com/etiquette/etiquette9-1.html.

민재식 외(2001). "Does the Sun Shine in Your Country." *English For Everyone*. 시사출판사.

박정신(1997). 「기독교와 한국역사: 그 만남, 물림 그리고 엇물림의 사회사」. 『기독교와 한국역사』. 연세대출판부.

박형룡(1976). 「한국 장로교회의 신학적 전통」. 『신학지남』 43권/3호.

송원영(2002). 「내 땅을 그들에게 주리라」. 온라인설교노트. http://bbs.kcm.co.kr/NetBBS/Bbs.dll/sermon/qry/zka/B2-CYNr/qqo/003A/qqatt/% 5E.

「신경의 됴목」(1907). 대한예수교장로회 독로회 회의록. 한국장로교회.

안병무(1991). 『민중신학 이야기』. 한국신학연구소.

_____(1993a). 『민중신학을 말한다』. 한길사.

_____(1993b). 『역사와 민중』. 한길사.

오강남(2001). 『예수는 없다』. 현암사.

오기순(1911). 『十戒要解』. 평양: 태극서관.

우병길(1904). 「우상을 셤기지 말 것」. 『신학월보』 9월호.

유동식(1978). 「전통문화와 기독교 토착화」. 『민속종교와 한국문화』. 현대사상사.

유동식(1984). 「한국의 문화와 신학사상: 풍류신학의 의미」. 『신학사상』 47집/겨울호. 한국신학연구소.
_____(1997). 「한국인의 종교문화와 기독교」. 『기독교와 한국역사』. 연세대출판부.
윤성범(1964). 『기독교와 한국사상』. 대한기독교서회.
이덕주(2001). 『한국 토착교회 형성사 연구』. 한국기독교역사연구소.
작자미상(1891). 『권중회개』. 그리스도성서.
정진홍(1997). 『종교문화의 인식과 해석』. 서울대학교출판부.
최병헌(1911). 『셩산명경』. 동양서원.
최성수(2001). 「기독신학에서 본 단군신화 비판」. 『기독교사상』 10월호.
「통일교회 선언」(1975). 『한국신문』 5. 3.
한국교회사연구소(1997). 『한국교회사』 1, 2. 기독교신문사.
한국학연구소(2003). 「기독교와 한국문화와의 만남」. 『디지털 한국학』. http://www.koreandb.net/.
허호익(2001). 「그래도 예수는 있다: 오강남 교수의 『예수는 없다』를 읽고」. 한국신학마당/교회원론 2장. http://www.theologia.pe.kr/.
황필호(1997). 「한국무교의 4가지 문제점」. 『종교와 문화』 3호. 서울대 종교문제연구소.

The Bible. New International Version(NIV); Contemporary English Version(CEV); New American Bible(NAB); New World Translation(NWT); King James Version(KJV).
The Encyclopaedia of Britannica(EOB)(1998). Chicago: Encyclopedia Britannica Inc.
The Imperial Bible-Dictionary(1874). P. Fairbairn ed./vol. 1. London.
Ackermann, Denise M.(1998). "Being Fully Human: An Ethic of Relationship in Difference and Otherness." *Journal of Theology for Southern Africa* 102/November.
Adam, A. K. M.(1995). *What is Post-modern Biblical Criticism?*. Minneapolis: Augsburg Fortress.
Adams, Daniel J.(1997). "Toward a Theological Understanding of Postmodernism." *Metanoia. Spring Electronic Journal*. http://www.crosscurrents.org/adams,htm FN35.
Adogbo, Michael P.(1994). "A Comparative Analysis of Prophecy in Biblical and African Tradition." *Journal of Theology for Southern Africa* 88/September.
Aichele, George et al.(1995). *The Post-modern Bible*. New Haven & London: Yale University Press.
Anderson, Allan(1993). "African Pentecostalism and the Ancestor Cult." *Missionalia* vol. 21/no. 1. April.

Appiah-Kubi, Kofi(1983). "Indigenous African Christian Churches." Kofi Appiah-Kubi and Sergio Torres eds. *African Theology en Route*. Maryknoll: Orbis Books.

Awake(2002). "How can I preach to my schoolmate?" *Awake* March. 22.

Barker, Eileen(1985). *The Making of a Moonie: Choice or Brainwashing?* Oxford: Basil Blackwell Publisher.

Barrett, D. B.(1968). *Schism and renewal in Africa*. London: Oxford.

Baudrillard, Jean(1983). "The Procession of Simulacra." P. Foss, P. Patton trans. *Simulations*. New York: Semiotext.

_____(1995). *The Gulf War Did Not Take Place*. Sydney: Power Publishing.

_____(1998). "Simulacra and Simulations." Mark Poster ed. *Selected Writings*. Oxford: Polity Press.

Bauman, Zygmunt(1992). *Intimations of Post-modernity*. London and New York: Routledge.

Bax, Douglas S.(1981). *A Different Gospel: A critique of the theology behind Apartheid*. Johannesburg: The Presbyterian Church.

_____(1983). "The Bible and Apartheid." John W. de Gruchy & Charles Villa-Vincencio eds. *Apartheid is a Heresy*. Johannesburg: David Philip.

Beetham, T. A.(1967). *Christianity and the New Africa*. London: Garden City Press.

Bellow, Saul(2001). *Ravelstein*. U. S. A.: Penguin.

Berlinerblau, Jacques(1999). *Heresy in the University: The Black Athena Controversy and the Responsibilities of American Intellectuals*. New Brunswick/NJ: Rutgers University Press.

Best, Ernest E.(1966). *Christian Faith and Cultural Crisis the Japanese Case*. Leiden: E. J. Brill.

Boesak, Allan(1984). *Black and Reformed*. Johannesburg: Skotaville Publishers.

Bosch, David J.(1984). "Missionary Theology in Africa." *Journal of Theology for Southern Africa* 49/December.

Brown, Arthur J.(1919). *The Mastery of the Far East*. New York: Charles Scribner's Sons.

Bujo, Benezet(1981). "Pour une ethique Africaine-christocentrique." *Bulletine de Theologie Africaine* 3.

Bunge, Mario ed.(1999). *Dictionary of Philosophy(DOP)*. New York: Prometheus Books.

Buthelezi, Manas(1973). "Six Theses: Theological Problems of Evangelism in the South African Context." *JTSA* 3.

Casanova, Jose(1994). *Public Religions in the Modern World*. Chicago: Chicago University Press.

Cave, David(1993). *Mircea Eliade's Vision for a New Humanism*. New York &Oxford: Oxford

University Press.

Chidester, David(1989). "World-view Analysis of African Indigenous Churches." *Journal for the Study of Religion* vol. 2/no. 1.

_____(1992). *Religions of South Africa.* London & New York: Routledge.

_____(1996). *Savage Systems: Colonialism and Comparative Religion in Southern Africa.* Virginia: University Press of Virginia.

_____(1997). *Christianity in South Africa: An Annotated Bibliography.* London: Greenwood Press.

Chigwedere, A. S.(1982). *Lobola: The Pros and Cons.* Bulawayo: Belmont Printers.

Choe, Lee Maesaeng(2002). "Scriptural Holiness and Eschatology as a Vision of the New Creation from the Story of Sang-Jun Kim and Juji Nakada." *Asbury Theological Seminary* August. Oxford University.

Chun, Youngbok(1990). "The Korean Background of the Unification Church." Michael L. Mickler ed. *The Unification Church I: Views from the Outside.* London & New York: Garland Publishing.

Claasen, Johan W.(1995). "Independents Made Dependents: African Independent Churches and Government Recognition." *Journal of Theology for Southern Africa* vol. 91.

CNN(2003). "Episcopalian approve gay bishop." http://www.cnn.com/2003/US/08/05/bishop/.

Cochrane, James R.(2000). "Religion and Civil Society: Surveying the South African Case." J. R. Cochrane and B. Klein eds. *Sameness and Difference: Problems and Potentials in South African Civil Society.* Washington: The Council for Research in Values and Philosophy.

Cochrane, James R. and Klein, Bastienne eds.(2000). *Sameness and Difference: Problems and Potentials in South African Civil Society.* Washington: The Council for Research in Values and Philosophy.

Cohen, Jean L. & Andrew Arato(1992). "Introduction." *Civil Society and Political Theory.* Cambridge/M. A.: MIT Press.

Collyer, C. T.(1905). "Report of Songdo South Circuit." *Journal and Report of the Korean Mission Conference of the Methodist Episcopal Church.* South: 35.

Cone, James H.(1973). "Black Theology and Black Liberation." Basil Moore ed. *The Challenge of Black Theology in South Africa* Atlanta: John Knox Press.

_____(1993). "Biblical Revelation and Social Existence." J. H. Cone & G. S. Wilmore rev. *Black Theology a documentary history* vol. 1(1966~1979). New York: Maryknoll.

Cooke, W. T.(1915). "Itineration." *Assembly Herald* XXI-2/Feb. New York: Assembly Herald(Organ of Presbyterian Church in the USA).

Cope, R. L.(1979). "Christian Missions and Independent African Chiefdom in South Africa in the Nineteenth Century." *Theoria* vol. 52.

Cowman, Charles E. and Ernest A. Kilbourne(1904). "The Intolerance of Russia." *Electric Messages 2* no. 11/September.

Cunningham, Agnes(1979). "Critique of the Theology of the Unification Church as Set Forth in Divine Principle." Irving Louis Horowitz ed. *Science, Sin and Scholarship*. London: MIT press.

Cuthbertson, Greg(1991). "Cave of Adullam: Missionary Reaction to Ethiopianism at Lovedale, 1898~1902." *Missionalia* vol. 19/no. 1. April.

DCJ(2002). *Draw Close to Jehovah*. New York: Watch Tower Bible and Tract Society.

Dickson, Kwesi A.(1984). *Theology in Africa*. London: Orbis Books.

Dohi, Akio(1993). *Understanding of Japanese Christian History*. Se Jengmin trans. Seoul: KCHRC(Korean Church History Research Centre).

_____(1997). "The First Generation: Christian Leaders in the First Period." Yasuo Furuya ed./trans. *A History of Japanese Theology*. Michigan/Cambridge: William B. Eerdmans Publishing Company.

Douglas, Allen(1998). *Myth and Religion in Mircea Eliade*. New York and London: Garland Publishing Inc.

Douglas, Kelly Brown(1994). *The Black Christ*. New York: Obris books.

Douglas, Mary(1996). *Purity and Danger: An Analysis of Concepts of Pollution and Taboo*. London: Routledge.

Dreyfus, Hubert L. and Paul Rabinow(1982). *Michel Foucault: Beyond Structuralism and Hermeneutics*. Chicago: University of Chicago.

Dube, S. W. D.(1994). "Hierophanies: A Hermeneutic Paradigm for Understanding Zionist Ritual." G. C. Oosthuizen, M. C. Kitshoff and S. W. D. Dube. Leiden eds. *Afro-Christianity at the Grassroots: Its Dynamics and Strategies*. New York & Koln: E. J. Brill.

Eliade, Mircea(1959). *The sacred and the profane: The nature of religion*. Willard R. Trask trans. New York: Harcourt, Brace.

_____(1961). *Images and Symbols: Studies in Religious Symbolism*. Philip Mariet trans. New York: Sheed and Ward.

_____(1974). *Cosmos and History*. Willard R. Trask trans. USA: Princeton University Press.

______(1976). *Patterns in Comparative Religion*. London: Sheed and Ward.

Epic(2002). "Watchtower Bible v. Stratton." http://www.epic.org/free_speech/watchtower.html. Electronic Privacy Information Centre.

Etherington, Norman(1977). "Social Theory and the Study of Christian Missions in Africa: A South African Case Study." *Africa* vol. 47/no. 1.

______(1978). *Preachers Peasants and Politics in Southeast Africa 1835~1880: African Christian Communities in Natal*. Pondoland and Zululand. London: Royal Historical Society.

Foucault, Michel(1979). *Discipline and punish: The birth of the prison*. Alan Sheridan trans. New York: Vintage Books.

______(1988) *Madness and civilization: A history of insanity in the age of reason*. Richard Howard trans. New York: Vintage Books.

______(1989). *The archaeology of knowledge*. A. M. Sheridan Smith trans. London: Routledge.

Freud, Sigmund(1953~66). *The Standard Edition of the Complete Psychological Works* 24vols/19. James Strachey ed./trans. London: Hogarth Press.

Gill, Sam(1998). "No Place to Stand: Jonathan Z. Smith as Homo Ludens, The Academic Study of Religion Sub Specie Ludi." *Journal of the American Academy of Religion* 66/2. Summer.

Girard, Rene(1978). *Violence and the Sacred*. Patrick Gregory trans. Baltimore: Johns Hopkins UP.

______(1986). *The Scapegoat*. Yvonne Freccero trans. Baltimore: Johns Hopkins University Press.

______(1987). *Things Hidden since the Foundation of the World*. Stephen Bann and Michael Metteer trans. Standford: Stanford UP.

Giroux, Henry A.(1991). "Modernism, Postmodernism, and Feminism: Rethinking the Boundaries of Educational Discourse." *Postmodernism, Feminism and Cultural Politics*. Albany: State University of New York Press.

Goldenberg, David M.(2003). *The Curse of Ham: Race and Slavery in Early Judaism, Christianity, and Islam*. Princeton and Oxford: Princeton University Press.

Golsan, Richard J.(1993). *Rene Girard and Myth: An Introduction*. New York: Garland Publishing Inc.

Gossett, Thomas(1965). *Race: The history of an Idea in America*. New York: Schocken.

Gunner, Elizabeth(1986). "The Word, the Book and the Zulu Church of Nazareth." *Oral Tradition and Literacy: Changing Visions of the World*. Richard Whitaker and Edgard

Sienaert eds. Durban: Natal Oral Documentation and Research Centre.
Haasbroek, D. J. P.(1981). *Apartheid: Myth or Reality*. South Africa: University of Zululand.
Habermas, Jurgen(1976). *Legitimation Crisis*. Thomas McCarthy trans. London: Heinemann.
Harrison, Beverly(1985). *Making the Connections: Essays in Feminist Social Ethics*. Carol S. Robb ed. Boston: Beacon Press.
Hartin, Patrick J.(1997). "Christian ethics in a pluralistic society: Toward a theology of compromise." *Unisa online journal*. http://www.unisa.ac.za/default.asp?Cmd=View Content&ContentID=7369.
Hayward, Victor E. W.(1963). "Introduction." Victor E. W. Hayward ed. *African Independent Church Movements*. London: Edinburgh House Press.
Hegel, G. W. F(1982). *Ph?nomenologie des Geistes*(1807). Yim Seckjin trans. Seoul: Bundo.
Hick, John H.(1973). *Philosophy of Religion*. England: University of Birmingham.
Hinchliff, Peter(1964). *John William Colenso, Bishop of Natal*. London & Johannesburg: Thomas Nelson & Sons.
Hodges, Tony(1982). *Jehovah's Witnesses in Africa: The Minority Rights Group Report No. 29*. London: The Minority Rights Group.
Hodgson, Janet(1980). *Ntsikana's 'Great Hymn' : A Xhosa expression of Christianity in the early 19th century Eastern Cape*. Cape Town: Centre for African Studies.
_____(1984). "Ntsikana: A Precursor of Independency?" *Missionalia* vol. 12/no. 1.
Holsti, Ole(1969). *Content Analysis for the Social Science and Humanities*. USA: Stanford University Press.
Hopkins, Dwight N.(1990). *Black Theology USA and South Africa: Politics, Culture, and Liberation*. New York: Maryknoll.
HR(1974). *Human Relations and The South African Scene in the Light of Scripture*. Cape Town: Dutch Reformed Church Publishers.
Idowu, E. Bolaji(1962). *Oludumare: God in Yoruba Belief*. London: Longmans.
Insight(1988). "Affection." *Insight*. New York: Watch Tower Bible and Tract Society.
Janis, Irving L.(1949). "The Problem of Validating Content Analysis." Harold D. Lasswell ed. *Language of Politics: Studies in Quantitative Semantics*. New York: George W. Stewart Publisher.
Jeffreys, M. D. W.(1951). "Lobolo is Child-Price." *African Studies* vol. 10/no. 4.
Jennings, Nelson(1997). "The Socio-Political Context of the Christian Church in Meiji Japan(1968~1912)." *Premise* vol. IV/no. 1. http://capo.org/premise/97/feb/p970207.

html.

Jensen, A. E.(1963). *Myth and Cult among Primitive Peoples*. Chicago, Chicago UP.

Jones, George Herber(1908). "The Native Religion." *The Korean Mission Field*. January.

______(1910). *The Korea Mission of the Methodist Episcopal Church*. New York: The Board of Foreign Missions of the Methodist Episcopal Church.

Jordan, Glenn and Chris Weedon(1995). *Cultural Politics*. Oxford: Blackwell Publishers.

Jubber, Ken(1994). *A Sociological Study of African Marriage and Other Intimate Relations in Cape Town*. Cape Town: University of Cape Town.

Jupp, Victor and Clive Norris(1993). "Traditions in Documentary Analysis." M. Hammenley ed. *Social Research: Philosophic Politics and Practice*. London: SAGE.

Kalu, Ogbu. U.(1975). "The Peter Pan Syndrome: Aid and Selfhood of the Church in Africa." *Missiology* 3/1. January.

Kang, Wijo(1990). "The Unification Church: Christian Church or Political Movement?" Michael L. Mickler ed. *The Unification Church I: Views from the Outside*. New York & London: Garland Publishing.

Kaplan, C.(1987). "Deterritorializations: the Rewriting of Home and Exile in Western Feminist Discourse." *Cultural Critique* no. 6.

Karp, Ivan(1987). "Laughter at Marriage: Subversion in Performance." David Parkin & David Nyamwaya eds. *Transformations of African Marriage*. Manchester: Manchester University Press.

Kim, Byungsuh(1990). "Ideology, Conversion and Faith Maintenance in a Korean Sect: The case of the United Family of Rev. Sun Myung Moon." *The Unification Church I: Views from the Outside*.

Kim, Chongsun(1990). "Rev. Sun Myungmoon." *The Unification Church I: Views from the Outside*.

Kim, Hyangmo(2002). "Significance of an Afro-centric biblical hermeneutics in the dispute of skin colour of Jesus." unpublished article presented in the weekly seminar of religious studies at UCT.

______(2003). *Contextualised Biblical Hermeneutics in Korea and South Africa and Decontextualised Biblical Hermeneutics in Jehovah' s Witnesses: In Search of Voices from the Margin*. Cape Town: University of Cape Town.

Kim, Insu(1993). *Protestants and the formation of modern Korean nationalism, 1885~1920: A study of the contributions of Horace Grant Underwood and Sun Chu Kil*. Virginia: Union

Theological Seminary.

Kiyoko, Takeda(1978). "Japanese Christianity: Between Orthodoxy and Heterodoxy." J. Victor Koschmann ed. *Authority and the Individual in Japan: Citizen Protest in Historical Perspective*. Tokyo: University of Tokyo Press.

Knowledge(1995). *Knowledge: That leads to Everlasting Life*. New York: Watchtower Bible and Tract Society of New York.

Kock, De Leon(1992). "Drinking at the English fountains." *Missionalia* vol. 20/no. 2.

Krige, Eileen Jensen(1981). "Summary and Conclusion." E. J. Krige & J. L. Comaroff eds. *African Marriage in Southern Africa*. Johannesburg & Cape Town: Juta and Company Ltd.

Kunene, Mazisi(1981). *Anthem of the Decades: A Zulu epic dedicated to the women of Africa*. London: Heinemann.

Kwenda, Chirevo V.(1997). *African Religion and Culture Alive*. Pretoria: Collegium.

_____(1999). "Affliction and healing: Salvation in African religion." *Journal of Theology for Southern Africa* 103/March.

_____(2000). "Beyond Patronage Giving and Receiving in the Construction of Civil Society." J. R. Cochrane & B. Klein eds. *Sameness and Difference: Problems and Potentials in South African Civil Society*. Washington: The Council for Research in Values and Philosophy.

_____(2002). "Does Africa Need Theology in the Twenty-First Century?" Lyn Holness & R. K. Wustenberg eds. *Theology in Dialogue: The Impact of the Arts, Humanities, and Science on Contemporary Religious Thought*. Grand Rapids/Michigan & Cambridge/UK: William B. Eerdmans Publishing Company.

_____(2003). "Mthunzini(A Place in the Shade): Religion and the Heat of Globalisation." J. Reid ed. *Religion and Global Culture: New Terrain in the Study of Religion and the Work of Charles Long*. Lanham/MD: Lexington Books.

Lacan, Jacques(1989). *Ecrits: A Selection*. Alan Sheridan trans. London: Routledge.

Lakeland, Paul(1997). *Postmodernity: Christian Identity in a Fragmented Age*. Minneapolis: Fortress Press.

Lategan, Bernard C.(1984). "Current Issues in the Hermeneutic Debate." *Neotestamentica* 18.

Lee, Seunghun(1973). *Communism: A Critique and Counter Proposa* l. Washington: The Freedom Foundation Inc.

Leffel, Jim(2004). "Understanding Today' s Postmodern University." *Xenos Christian Fellowship online journal*. http://www.xenos.org/essays/pomouniv.htm.

Levi-Strauss, C.(1969). *The Elementary Structures of Kinship*. London: Eyre and Spottiswoode.

Loubser, J. A.(1987). *The Apartheid Bible: A Critical Review of Racial Theology in South Africa.* Cape Town: Maskew Miller Longman.

_____(1993). "The Oral Christ of Shembe: Believing in Jesus in Oral and Literate Societies." *Scriptura.* special issue 12.

Lyotard, Jean-Francois(1984). *The Postmodern Condition.* Geoff Bennington and Brian Massumi trans. Theory and History of Literature 10. Minneapolis: University of Minnesota Press.

Maboea, S. I.(1994). "Causes for the Proliferation of the African Independent Churches." G. C. Oosthuizen, M. C. Kitshoff & S. W. D. Dube eds. *Afro-Christianity at the Grassroots.* Leiden/New York: E. J. Brill.

MacCann, D.(2001) *Apartheid and Racism in South African Children's literature* (Rev.) New York & London: Routlege.

Machiavelli, Niccolo(1988). *The Prince.* Quentin Skinner and Russell Price eds. Cambridge: Cambridge University Press. (original edn 1513)

Makhubu, P.(1988). *Who are the Independent Churches.* Johannesburg: Skotaville.

Maluleke, Tinyiko S.(2001). "Theology in (South) Africa: How the future has changed." Mc. T. Speckman & L. T. Kanfmann eds. *Toward an Agenda for Contextual Theology: Essays in Honour of Albert Nolan.* Pietermaritzburg: Cluster Publications.

Marx, Karl and Frederick Engels(1888). *The Communist Manifesto.* London: Penguin Books.

Mazamisa, Welile(1995). "Re-reading the Bible in the Black Church: Toward a Hermeneutic of Orality and Literacy." *Journal of Black Theology in South Africa* vol. 9/no. 2. November.

Mbiti, John S.(1970). *Concepts of God in Africa.* London: S. P. C. K.

_____(1972). "Some African Concepts of Christology." G. F. Vicedom ed. *Christ and the Younger Churches.*

_____(1973). "African Indigenous Culture in Relation to Evangelism and Church Development." R. Pierce Beaver ed. *The Gospel and Frontier Peoples.* Pasadena/California: William Carey Library.

_____(1978). *New Testament Exchatology in an African Background: A study of the encounter between New Testament Theology and African Traditional Concepts.* Rev. ed. Oxford: Oxford University Press.

_____(1994). "The Bible in African Culture." R. Gibellini ed. *Paths of African Theology.* New

York: Orbis Books.

_____(1990). *African Religions and Philosophy*. Ibadan: Heinemann.

McCully, E. A.(1903). *A Corn of Wheat or the Life of the Rev.* W. J. McKenzie of Korea. Toronto: The Westminster Company.

McKenna, Andrew J.(1992). *Violence and Difference: Girard, Derrida, and Deconstruction*. Chicago: University of Illinois Press.

McKnight, Edgar V.(1988). *Postmodern Use of the Bible: The Emergence of Reader-Oriented Criticism*. Nashville: Abingdon Press.

McLean, George F.(1997). "Philosophy and civil society: Its nature, its past and its future." G. F. Mclean ed. *Civil Society and Social Reconstruction*. Washington DC: Council for Research in Values and Philosophy. 7~75.

Menkiti, I. A.(1979). "Person and Community in African Traditional Thought." R. A. Wright ed. *African Philosophy*. New York: University Press of America.

Middleton, John ed.(1999). *The Encyclopaedia of Africa: South of the Sahara(EOA)*. New York: Macmillan.

Mills, Wallace G.(1975). *The Role of African Clergy in the Reorientation of Xhosa Society to the Plural Society*. Michigan: University Microfilms International.

_____(2001). "Missionaries, Xhosa Clergy and the Suppression of Tradition Customs." Henry Bredekamp & Robert Ross eds. *Missions and Christianity in South African History*. Johannesburg: Witwatersrand University Press.

Monnig, H. O.(1967). *The Pedi*. Pretoria: Van Schaik.

Moon, Seonmyeong(1990). "Answer to Watergate: Statement by the Reverend Seonmyeong Moon." J. Gordon Melton ed. *The Unification Church III: Outreach*. New York & London: Garland Publishing.

Moore, J. Z.(1905). "A Case of Persecution." *The Korea Mission Field* August.

Mosala, Itumeleng J.(1989). *Biblical Hermeneutics and Black Theology in South Africa*. USA: Eerdmans Publishing Co.

_____(1991). "The Use of the Bible in Black Theology." R. S. Sugirtharajah ed. *Voices From the Margin*. USA: Orbis Books.

Mthombothi, Barney(2003). "Sex and Sexuality Held Ransom to Cultural Prejudice." *Cape Times*. October 23.

Mulago, Vincent(1991). "Traditional African Religion and Christianity." Jacob K. Olupona ed. *African Traditional Religions in Contemporary Society*. New York: Paragon House.

Musopole, Augustine C.(1994). *Being Human in Africa: Toward an African Christian Anthropology*. New York: Peter Lang

Muthuraji, Joshep G.(2001). "The Significance of Mircea Eliade for Christian Theology." *Bangalore Theological Forum* vol. XXXIII/no. 2. December; http://www.religion-online.org/cgi-bin/relsearchd.dll/showarticle?item_id=1901.

Mutume, Gumisai(1998). "Right-South Africa: No Rooms to Let, You' re Foreign and Dark." *IPS(Inter Press Service) News* April 8. http://www.oneworld.org/ips2/apr98/10_08_016.html.

Muzorewa, Gwinyai H.(1985). *The origins and development of African theology*. New York: Orbis Books.

Nakada, Juji(1933). *Japan in the Bible*. David T. Tsutada trans. Tokyo: Oriental Missionary Society, Japan Holiness Church Publishing Department.

Ngcokovane, Cecil(1989). *Demons of Aparthied: A Moral and Ethical Analysis of the N. G. K., N. P. and Broederbond's Justification of Apartheid*. Braamfontein/SA: Skotaville Publishers.

Ngubane, Harriet(1981). "Marriage, Affinity and the Ancestral Realm: Zulu Marriage in Female Perspective." E. J. Krige & J. L. Comaroff eds. *African Marriage in Southern Africa*. Johannesburg and Cape Town: Juta and Company Ltd.

Nissinen, Martti(1998). *Homoeroticism in the Biblical World: A Historical Perspective*. Philadelphia: Fortress.

Njeza, Malinge(1998). "Christianity and Africanisation Project: Possibilities of African Christianity within Mainline Churches in South Africa." an unpublished paper at RICSA. Cape Town: University of Cape Town.

Nolte, Sharon H.(1979). "Democracy and Debate in Taisho Japan: Tanaka Odo, 1867~1932." unpublished Ph. D. dissertation. Yale University.

Nordin, John P.(2003). "A Biblical Argument for the Acceptance of Homosexuality by the Christian Church." http://www.jpnordin.com/christianity/bible/hs/hs.htm.

Nyamiti, Charles(1984). *Christ as Our Ancestor: Christology from an African Perspective*. Gweru: Mambo.

______(1994). "Contemporary African Christologies: Assessment and Practical Suggestions." Rosino Gibellini ed. *Paths of African Theology*. Maryknoll: Orbis Books.

Nygren, Anders(1982). *Agape and Eros*. Philip S. Watson trans. London: Spck.

Offord, Baden(2000). "Tutu, the Apartheid of Homosexuality and Being Human."

http://www.geocities.com/yawning_bread/guw-072.htm.

Okolo, Chukwudum B.(1992). "Self as a Problem in African Philosophy." *International Philosophical Quarterly* vol. XXXII/no. 4. Issue no. 128/December.

Oleka, Sam(1998). "The living God: Reflections on Acts 17 and African traditional Religion." Samuel Ngewa rev. *An Historian Theology. Kampala: East African Educational Publishers.*

Olowola, Cornelius(1998). "An Introduction to African Independent Churches." Samuel Ngewa rev. *Issues in African Christian Theology*. Kampala: East African Educational Publishers.

Ong, Walter J.(1982). *Orality and Literacy: the Technologizing of the Word*. London: Methuen.

Oosthuizen, G. C.(1967). *The Theology of a South African Messiah: An Analysis of the Hymnal of the "Church of the Nazarites"*. Leiden: E. J. Brill.

_____(1992). *The Healer-Prophet in Afro-Christian Churches*. Leiden, New York & Koln: E. J. Brill.

_____(1993). "Forward." H. L. Pretorius ed. *Ethiopia Stretches Out Her Hands Unto God*. Pretoria: Institute for Missiological Research, University of Pretoria.

_____(1994). "The Theology of Londa Shembe and the amaNazaretha of Ekuphakameni." Irving Hexham ed. *The Scriptures of the Amanazaretha of Ekuphakameni*. Canada: University of Calgary Press.

_____(1997). *African Independent Churches and small business*. Pretoria: Human Sciences Research Council.

Outka, Gene(1972). *Agape: An Ethical Analysis*. New Haven & London: Yale Univ. Press.

Palmer, Spencer J.(1967). *Korea and Christianity*. Seoul.

Pals, Daniel L.(1996). "The Reality of the Sacred: Mircea Eliade." *Seven Theories of Religion*. Oxford: Oxford Press.

Parratt, John(1987). "Current Issues in African Theology." John Parratt ed. *A Reader in African Christian Theology*. London: SPCK.

Parrinder, Geoffrey(1950). *The Bible and Polygamy*. London: SPCK.

Pato, Luke(1990). "The African Independent Churches: A Socio-Cultural Approach." *Journal of Theology for Southern Africa* no. 72/Sept.

Pauw, B. A.(1974). "The Influence of Christianity." W. D. Hammond-Tooke ed. *The Bantu-speaking Peoples of Southern Africa*. London & Boston: Routledge & Kegan Paul.

_____(1975). *Christianity and Xhosa Tradition*. Cape Town, London & New York: Oxford Univ. Press.

Pauw, C. M.(1995). "African Independent Churches as a 'people' s response' to the Christian Message." *Journal for the Study of Religion* 8/1. March.

Peerman, E. L.(1907). "First Impression of Korea." *The Korea Mission Field* July.

Peterson, Robin M.(2000) "Race, Racism and Non-Racialism in South Africa." J. R. Cochrane & B. Klein eds. *Sameness and Difference: Problems and Potentials in South African Civil Society*. Washington: The Council for Research in Values and Philosophy.

Phillips, Arthur(1953). *Survey of African Marriage and Family Life*. Oxford: Oxford University Press.

Pieterse, Edgar(1996). "Reflection on Postmodernism and Faith in a South African Context." *Journal of Theology For Southern Africa* March.

Pobee, John S.(1979). *Toward an African Theology*. Nashville: Pantheon Press.

Pretorius, Hennie(1990). "Nehemiah Tile: A 19th Century Pioneer of the Development of African Christian Theology." *Journal for the Study of Religion* vol. 3/no. 1.

______(1993). *Ethiopia Stretches Out Her Hands Unto God*. Pretoria: Institute for Missiological Research, University of Pretoria.

Prior, Michael(1995). *Jesus: The Liberator*. England: Sheffield Academic Press.

Proclaimers(1993). *Jehovah's Witnesses Proclaimers of God' s Kingdom*. New York: Watch Tower Bible and Tract Society of Pennsylvania.

Prozesky, Martin(2000). "Ethical creativity in a culture of uneasy religious pluralism, incomplete democratisation and economic justice." *Sameness and Difference: Problems and Potentials in South African Civil Society*.

Reasoning book(1989). *Reasoning from the Scriptures*. New York: Watch Tower Bible and Tract Society of Pennsylvania.

Ricouer, Paul(1970). *Freud and Philosophy: An Essay on Interpretation*. New Haven: Yale University Press.

Robinson, G. D.(1995). "Paul Ricoeur and the Hermeneutics of Suspicion: A Brief Overview and Critique." *Premise* vol. II/no. 8. September.

Roskam, K. L.(1960). *Apartheid and Discrimination, some remarks with regard to the relations between the white and respective non-white ethnic groups in the union of South Africa*. Leyden/Netherlands: A. W. Sythoff.

Roy, Kevin(2000). *Zion City RSA*. Cape Town: South African Baptist Historical Society.

Rudin, James A.(1976). "Jews and Judaism in Rev. Moon' s Divine Principle." J. Gordon Melton ed. *The Unification Church: Views from the Outside*. New York & London:

Garland Publishing.

Runes, Dabobert D. ed.(1968). *Dictionary of Philosophy(DOP).* New Jersey: Littlefield, Adams & Co.

Russell, Bertrand(1982). *History of Western Philosophy.* Minhong Choe trans. Seoul: Gypmundang.

Salala, Charles(1998). "The World of the Spirits." *Issues in African Christian Theology.* rev./ed. Kampala: East African Educational Publishers.

Sanders, A. J. G. M.(1997). *Homosexuality within Traditional African Society and the Missionary Position.* Bellville: University of Western Cape.

Sardar, Ziauddin(1998). *Postmodernism and the Other: The New Imperialism of Western Culture.* London: Pluto Press.

Scheiner, Irwin(1970). *Christian Converts and Social Protest in Meiji Japan.* Berkeley: University of California Press.

Schlosser, K.(1958). *Eingeborene Kirchen in Sued-und Sudwest Afrika.* Kiel: Muhlau.

Schutte, A. G.(1978). "Mwali in Venda: Some Observations on the Significance of the High God in Venda History." *Journal of Religion in Africa* 9.

Scranton, M. F.(1907). "Day Schools and Bible Women." *The Korea Mission Field* April.

Setiloane, Gabriel(1976). *The Image of God among the Sotho-Tswana.* Rotterdam: A. A. Balkema.

______(1979). "Where are we in African Theology?" Kofi Appiah-Kubi & Sergio Torres eds. *African Theology en route.* (eds.) Maryknoll/NY: Orbis Books.

Shembe, Londa(1994). "Some Prayers and Writings of the Servant of Sorrows: Isaiah Shembe." Irving Hexham ed./Londa Shembe trans. *The Scriptures of the Amanazaretha of Ekuphakameni.* Canada: University of Calgary Press.

Shorter, Aylward(1973). *African Culture and the Christian Church: An Introduction to Social and Pastoral Anthropology.* London: Geoffrey Chapman; Maryknoll/NY: Orbis Books.

______(1975). *African Christian Theology.* London: Geoffrey Chapman.

Shutte, Augustine(1993). *Philosophy for Africa.* Cape Town: UCT.

Shutte, Stephanie(1974). *The Ethiopian Church: A Study in African Christian Symbolism* M. A. thesis. Cape Town: University of Cape Town.

Sindima, Harvey J.(1999). *Drums of Redemption: An introduction to African Christianity.* Connecticut: Praeger.

Six Circuit(2001). "Watchtower Bible & Tract Society of New York, Inc., et. al. v. Village of

Stratton et. al." Argued 2000. 9. 21~Decided 2001. 2. 20. the United States Court of Appeals for Six Circuit. http://supct.law.cornell.edu/supct/html/00-1737.ZS.html.
Smith, Edwin W. ed.(1950). *African Ideas of God*. London: Edingurgh Hoouse Press.
Smith, Jonathan Z.(1978). *Map is Not Territory: Studies in the History of Religions*. Leiden: E. J. Brill.
_____(1982). "The Bare Facts of Ritual." *Imagining Religion: From Babylon to Jonestown*. Chicago: University of Chicago Press.
_____(1986). "The Domestication of Sacrifice." H. Kelly ed. *Violent Origin*. California: Stanford University Press.
_____(1990). *Drudgery Divine*. Chicago: University of Chicago.
Snowden, Frank M.(1979). *Blacks in Antiquity: Ethiopians in the Greco-Roman Experience*. Cambridge: Harvard University Press.
Stone, Philip J.(1966). *The General Inquires: A Computer Approach to Content Analysis*. Cambridge: MIT Press.
Sundkler, Bengt G. M.(1961). *Bantu Prophets in South Africa*. London: Oxford University Press.
_____(1976). *Zulu Zion and Some Swazi Zionists*. Oxford: Oxford University Press.
Sundker, Bengt and Christopher Steed(2000). *A History of the Church in Africa*. London: Cambridge University Press.
Supreme Court(2002). "Watchtower Bible & Tract Society of New York, Inc., et. al. v. Village of Stratton et. al." Argued 2002. 2. 26~Decided 2002. 6. 17. the verdict of the Supreme Court of the United States. http://supct.law.cornell.edu/supct/html/00-1737.ZS.html.
Swallen, S. L.(1907). *Sunday School Lesson on the Book of Exodus*. Seoul: Religious Tract Society.
Swearer, W. C.(1902). "Suwan, Inchon and Kongchu Circuits." Official Minutes and Reports of the Annual Session of Korea Mission Conference of the Methodist Episcopal Church.
Tempels, Placide(1959). *Bantu Philosophy*. Paris: Presence Africaine.
Thelle, Notto R.(1990). "The Unification Church: A New Religion." *The Unification Church: Views from the Outside*.
Toshio, Sato(1997). "The Second Generation." Yasuo Furuya ed./trans. *A History of Japanese Theology*. Michigan/Cambidge: William B. Eerdmans Publishing Company.
Tracy, David(1987). *Plurality and Ambiguity: Hermeneutics, Religion, Hope*. San Francisco:

Harper and Row.
_____(1990). *Dialogue with the Other: the Inter-Religious Dialogue.* Louvain: Peoters Press.
_____(1994). *On Naming the Present: Reflections on God, Hemeneutics and the Church.* Maryknoll: Orbis Books.

Tutu, Desmond(1972). "Some African Insight and the Old Testament." *Journal of Theology for Southern Africa* vol. 1/December.

_____(1983). "The Theology of Liberation in Africa." *African Theology en Route.*

_____(1987). "Black theology and African theology." John Parratt ed. *A Reader in African Christian Theology.* London: SPCK.

UC(1974). *Divine Principle.* Washington D. C.: Unification Church(The Holy Spirit Association for the Unification of World Christianity). original edn. 1957.

Ukpong, Justin S.(1994). "Christology and Inculturation." Rosino Gibellini ed. *Paths of African Theology.* New York: Orbis Books.

Van Warmelo, N. J.(1974). "The Classification of Cultural Groups." W. D. Hammond-Tooke ed. *The Bantu-speaking Peoples of Southern Africa.* London & Boston: Routledge & Kegan Paul.

Vilakazi, Absolom(1962). *Zulu Transformation: A study of the Dynamics of Social Change.* Pietermaritzburg: University of Natal Press.

Vilakazi, Absolom, Bongani Mthethwa & Mthembeni Mpanza(1986). *Shembe, the Revitalization of African Society.* Johannesburg: Skataville Publishers.

Villa-Vicencio, Charles(1994). "Theology and Culture in South Africa." *Theology Today* vol. 51/no. 1. April.

Vine, William E. et al(1981). *Vine's Expository Dictionary of Old and New Testament Words* vol. 3. Fleming H Revell Co.

Wade, Maurice L.(2000). "Racial Science: Continuity and Change." Berel Lang ed. *Race and Racism in theory and practice.* USA: Rowman and Littlefield Publishers.

Weber, Max(1965). *The Protestant Ethic and the Spirit of Capitalism.* Talcot Parsons trans. London: Unwin.

Welbourne, F. B. & B. A. Ogot(1966). *A Place to Feel at Home. A Study of Two Independent Chruches in Western Kenya.* London: Oxford.

West, Gerald O.(1991). *Biblical Hermeneutics of Liberation: Modes of Reading the Bible in the South African Context.* Pietermaritzburg: Cluster Publication.

_____(1993). *Contextual Bible Study.* Pietermaritzburg: Cluster Publication.

_____(1996). "Reading the Bible in Africa: Constructing our own Discourse." http://www.hs.unp.ac.za/theology/west1.htm.

Wilkins I. and H. Strydom(1978). *The Super-Afrikaners*. Johannesburg: Jonathan Ball Publishers.

Williams, Donovan(1978). *Umfundisi: A Biography of Tiyo Soga 1829~1871*. Lovedale: Lovedale Press.

Wilson, M.(1963). *Good Company*. Boston: Beacon Press.

Wink, Walter(2004). "Homosexuality and the Bible." http://www.melwhite.org/biblesays.html.

Wittig, Susan(1978). *The Participating Reader*. USA: Prentice Hall.

Witvliet, Theo(1985). *A Place in the Sun: An introduction to Liberation Theology in the Third World*. Maryknoll/NY: Orbis books.

WLSA(Women and Law in Southern Africa)(2002). *Lobola: Its implications for woman' s reproductive rights*. Harare: Women and Law in Southern Research trust).

Wuthnow, Robert(1991). "The Voluntary Sector: Legacy of the Past, Hope for the Future?" Robert Wuthnow ed. *Between States and Markets: The Voluntary Sector in Comparative Perspective*. Princeton: Princeton University Press.

Yamamori, Tetsunao(1974). *Church Growth in Japan*. South Pasadena/CA: William Carey Library.

Yearbook(2008/1998/1988/1976). *Yearbook of Jehovah's Witnesses*. New York: Watch Tower Bible and Tract Society of New York.

Zahan, Dominique(1979). *The Religion, Spirituality and Thought of Traditional Africa*. Chicago: University of Chicago Press.

Zulu, Alphaeus(1972). *The Dilemma of the Black South African*. Cape Town: University of Cape Town.